眉厨鼎銘新釋

《集成》2103 著録一件銅鼎，此鼎最初爲清代著名金石學家陳介祺收藏，現今不知歸於何處。鼎銘有五字"▨朕（厨），一斗料（半）"，始見於《簠齋吉金録》：

陳介祺將此鼎定名爲"眉朕鼎"，是把"朕（厨）"前一字當作金文中常見的"釁壽"之"釁"來看的，"釁"可以讀作與其音近的"眉"。何琳儀先生同意把此字釋爲"釁"，認爲"釁"在銘文中用爲地名，可以讀作《詩經·鄘風·桑中》"爰采唐矣，沫之鄉矣"之"沫",[1] 其地在今河南淇縣，戰國時期屬於魏國。黄盛璋先生則改釋此字爲"貴"，他說："相同之字亦見韓鄭故城出土的兵器，據辭例當是韓國的縣名。"[2]

---

[1] 參看何琳儀：《戰國古文字典——戰國文字聲系》，北京：中華書局，1998 年，第 1308 頁。
[2] 黄盛璋：《三晉銅器的國别、年代與相關制度》，《古文字研究》第十七輯，北京：中華書局，1989 年，第 19—20 頁。

上海博物館近年新收集到一件戰國有銘銅鼎，銘文共有兩處，一在銅鼎鼎蓋，一在銅鼎的口沿。其中鼎蓋的刻銘與所謂"眉朕鼎"相同。唐友波先生對銘文釋讀如下：[1]

二十三年釾（鑄），裏平，庤（容）少料（半）齋。

（鼎口沿）

朕（厨），一斗料（半）。　　　　　　　　　（鼎蓋）

魏國銅器習見以"庤"爲容量之"容"，[2] 如二十七年大梁司寇鼎和信安君鼎等；以"齋"爲量制單位，目前比較可靠的銘文也都是魏國器物。[3] 唐友波先生根據銘文的字體特點及容量制度把銅鼎口沿的銘文"二十三年釾（鑄），裏平，庤（容）少料（半）"定爲魏國所刻，是可信的。他又贊同黃盛璋把所謂"眉朕鼎"定爲韓器的意見，認爲銅鼎蓋的銘文" 朕（厨），一斗料（半）"是韓國所刻，並對比兩處銘文的量值，指出韓器的容制較小，這些意見應該也是正確的。但是唐友波先生認爲此鼎銘爲韓、魏先後刻成，[4] 則不可信。因爲銅鼎口沿的魏國銘文用的是"釾（鑄）"字，應早於鼎蓋的韓國刻辭銘文。李剛先生認爲此鼎蓋銘文乃是魏國銅鼎流入韓國後加刻，並據銘文分析出魏國的一齋相當於韓國的四斗半，[5] 其說可從。

唐友波先生不同意黃氏釋"朕（厨）"前面一字爲"貴"的

---

[1] 唐友波：《新見湏朕鼎小識》，《上海博物館集刊》第九輯，上海：上海書畫出版社，2002年，第54—56頁。

[2] 裘錫圭先生認爲三晉本假借"腴"來表示"容"。"臾"字不如"庚"字常用，便改"臾"爲"庚"，分化出"庤"字。見裘錫圭：《談談三年垣上官鼎和宜陽秦銅鑒的銘文》，《古文字研究》第二十七輯，北京：中華書局，2008年，第277—282頁。

[3] 吳良寶：《戰國魏合陽鼎新考》，《考古》2009年第7輯。

[4] 唐友波：《新見湏朕鼎小識》，《上海博物館集刊》第九輯，第57頁。

[5] 參看李剛：《三晉系記容記重銅器銘文集釋》，吉林大學碩士學位論文，2005年，第129頁。

意見，仍釋""爲"頮"，讀爲"鄎"，即位於河南新鄭附近的"大鄎山"，進而認爲此鼎爲"鄎"地官厨所擁有。[1] 可見"胏（厨）"前之字，迄今爲止，學者尚無一致的意見。那麽這個字到底應該如何釋讀呢？

我們先來看看"頮"字。甲骨文"頮"作""形，象人散髮就水洗面之狀，金文則多作兩手奉器皿之形：[2]

《集成》4223 追簋　　　《集成》0235 邵黛鐘

《集成》10008 欒書缶　　《集成》10361 國差繪

《集成》10145 毛弔盤　　《集成》9709 公孫竈壺

"頮"字與上舉鼎銘"胏（厨）"前之字""明顯有別，"頮"從"頁（首）"作，而"" ""實從"見"作，以下三晉從"見"之字可資比較：[3]

《璽彙》3218　　　《璽彙》1798　　　《璽彙》3459

古文字"見""首"一般不會相混，所以把鼎銘"胏（厨）"前面一字釋爲"頮"是不可信的。我們注意到，三晉文字中的一些姓名用字常加上兩手奉鬲之形，施謝捷先生認爲兩手奉鬲之形即見於《説文》的"𩰪"字。[4]

---

[1] 唐友波：《新見湞胏鼎小識》，《上海博物館集刊》第九輯，第57頁。
[2] 季旭昇：《説文新證》，福州：福建人民出版社，2010年，第831頁。
[3] 湯志彪：《三晉文字編》，吉林大學博士學位論文，2009年，第551—552頁。
[4] 施謝捷：《首陽齋藏子犯鬲銘補釋》，《中國古代青銅器國際研討會論文集》，上海博物館、香港中文大學文物館，2010年，第283—290頁。

《集成》11689 十七年春平侯鈹

《珍秦齋藏金·吳越三晉篇》宅陽令戟刺

《中國璽印集粹》26　　　《鴨雄綠齋藏中國古璽印精選》020

《璽彙》0743　　　《璽彙》2993

《璽彙》1484　　　《璽彙》1991

《古璽匯考》249 頁　　　《璽彙》3241

這些字多數用作人名，也有少數用作姓氏，如《璽彙》3241。我們認爲 "" 和以上姓名用字一樣，是在 "見" 上加了 "爾" 符的形聲字，當隸定爲 "覼"，與會意字 "覿" 沒有關係。

三晉銅器中含有 "厨" 字的鼎銘有以下幾種格式：

　　1. 上甾（范）床（厨），[1] 庚（容）四分。

　　　　　　　　　　　　　　（《集成》2104 上范床鼎）

　　2. 上樂床（厨），庚（容）厽（參）分。

　　　　　　　　　　　　　　（《集成》2105 上樂床鼎）

　　3. 右卜（外）胐（厨），三枓（斗）半（半）。

　　　　　　　　　　　　　　（《集成》2232 右外胐鼎）

　　4. 覼胐（厨），一斗枓（半）。　（《集成》2103 覼胐鼎）

從已有銘文來看，尚未發現 "厨" 前有明確的地名之例。上文

---

[1] 參看張亞初：《殷周金文集成引得》，北京：中華書局，2001 年。黃錫全：《介紹新見 "上范厨" 勺》，《古文字研究》第二十六輯，北京：中華書局，2006 年，第 219—223 頁；後收入氏著《古文字與古貨幣文集》，北京：文物出版社，2009 年。

已經指出,"覺"和三晉文字中用作姓名的一些字結構相同,古代文獻中人名、地名、族名常可相因,"覺"字用爲地名的可能性還是很大的。綜合考慮,頗疑"覺"可讀爲"管",二字古音同爲見母元部,可相通假。"管"故城在今鄭州北二里,[1] 戰國時屬韓,如《戰國策·魏策四》:"秦攻韓之管,魏王發兵救之。"《戰國策·魏策四》"魏攻管而不下"章載魏信陵君爲鞏固魏國的防守而攻打韓國管城之役,傳統說法一般認爲管地當時已經屬於秦國,楊寬先生分析各國形勢,認爲管仍當屬於韓國,並結合《韓非子·有度》"(魏安釐王)攻韓拔管"的記載認爲大概在魏安釐王三十年(公元前247年),管地最終被魏國占領。[2] 這一年應該就是覺厨鼎銘刻的年代下限。

(原載《古籍研究》第62輯,南京:鳳凰出版社,2015年)

---

[1] 繆文遠:《戰國制度通考》,成都:巴蜀書社,1998年,第221頁。
[2] 楊寬:《戰國史料編年輯證》,上海:上海人民出版社,2001年,第1058頁。

晉系兵器銘文考釋三則

一、二年陽邑戈

張光裕、吳振武先生《武陵新見古兵三十六器集錄》一文著錄的兵器中有一件"□陽"銅戈，[1] 銘文摹本"陽"前之字作""形，可謂奇詭難識，原釋文闕釋。今按，對比下面的"陽"字，可知字之右半爲"𨸏"形，左半當釋爲"二年"。晉系文字"年"除了常見的寫法外，還有這樣一種寫法：[2]

《集成》11546 七年宅陽令矛　　《集成》11355 十二年少曲令戈

《珍秦戰》200

"年"字下面一横筆的來源有兩個可能：一是由"年"字下部的"千"收縮豎筆所致；一是由春秋時期番君鬲、王孫鐘等金文從"土"的寫法省簡而來。[3] "陽"前之字右半之所以會有"𨸏"形，推測可能是工匠在刻寫銘文時，先誤刻"陽"字，刻完"𨸏"旁，意識到前面漏刻了年份，因此就在左半邊補刻了"二年"，所

---

[1] 張光裕、吳振武：《武陵新見古兵三十六器集錄》，見張光裕：《雪齋學術論文二集》，臺北：藝文印書館，2004 年，第 114 頁。

[2] 湯志彪：《三晉文字編》，北京：作家出版社，2013 年，第 1063—1080 頁。

[3] 參看季旭昇：《說文新證》，福州：福建人民出版社，2010 年，第 593 頁。

以這個字的"𨸏"旁可以不予理會。把"陽"前之字釋爲"二年"，也和晉系兵器銘文的一般格式互相吻合。這件戈的銘文可隸定爲：

二年，陽邑命（令）□□左工帀（師）□，冶□。

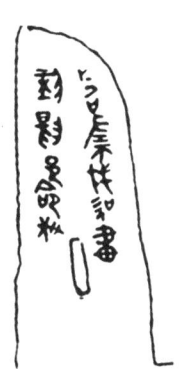

《雪齋二集》二年陽邑令戈摹本

"陽邑"見於以下戰國尖足布幣、方足布幣，[1] 用作地名，漢代是太原郡屬縣（《漢書·地理志》），地在今山西省太谷縣東北。《水經·洞過水注》引《竹書紀年》曰："梁惠成王九年（公元前361 年），與邯鄲榆次、陽邑。"據此可知，陽邑在戰國早中期屬於魏國，中後期屬於趙國。《珍秦齋藏金·吳越三晉篇》著錄有一件二十八年陽邑戈，[2] 銘文爲："二十八年，肖（趙）叙爲陽邑戈，冶千櫟釾（鑄）之。"兩件陽邑戈皆是戰國中期以後的銘文格式，應爲趙國兵器。

---

[1] 汪慶正主編：《中國歷代貨幣大系·先秦貨幣》，上海：上海人民出版社，1988 年。
[2] 董珊：《讀珍秦齋吳越三晉銘文札記》，載蕭春源：《珍秦齋藏金·吳越三晉篇》，澳門基金會，2008 年，第 290—303 頁。

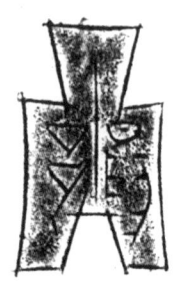

《貨系》983　　　　　　　《貨系》1684

二、二十七年涑鄡戈

韓自強先生在《古文字研究》第二十七輯公布了五件晉系有銘兵器,[1] 其中一件二十七年涑鄡戈,原釋文爲："二十七年,涑鄡嗇夫担,冶勻嗇夫雫,冶飤。"用作涑鄡嗇夫之名的所謂"担"字,摹本作"㞢旦"形,韓氏可能是把左面當成"又"形,認爲和"手"形可以相通。也有學者把這個字嚴格隸定爲"岨",不過這樣仍然無法真正認出此字。

晉系文字"春"的結構和其他幾系文字不同,常常把"日"形寫在"屯"形的上面:[2]

　《集成》11682 二年春平侯鈹　　　《集成》11324 二十五年戈

　《集成》9616 春成侯鍾

更有甚者,還會變成左右結構,右邊"日"形下又加上一橫筆,寫成好像"旦"的形體:　　(《珍秦齋藏金·吳越三晉篇》春

---

[1] 韓自強:《過眼雲煙——記新見五件三晉銘文兵器》,《古文字研究》第二十七輯,北京:中華書局,2008年,第323—327頁。
[2] 湯志彪:《三晉文字編》,第80頁。

晉系兵器銘文考釋三則　　17

成左庫戈），對比二十七年涞鄩戈的""，可以發現兩者結構基本相同，所不同的只是"屯"之斜豎筆的方向，晉系璽印文字"屯"有類似的寫法（《璽彙》2617）。因此，我們認爲""當釋"春"。可能摹本没能摹出"屯"形斜豎筆上的點畫，不過從上文列舉的"春"字寫法來看，即便斜豎筆上没有點畫，也不會影響我們的結論。"春"是戰國習見的人名用字，五年相邦葛得鼎有""字，用作御史之名，原釋文作"是"。[1] 此字與上引《集成》11682 二年春平侯鈹之"春"形體全同，也應該釋爲"春"。

三、二十三年平丘嗇夫戈

《集成》11301 著録一件銅戈，戈銘爲：

　　二十三年，□兵（丘）嗇夫□，工帀（師）□，冶鯀。

"丘"上一字僅殘存一横筆和部分豎筆，《殷周金文集成引得》釋爲"下"，[2] 檢三晉地名無"下丘"，頗疑"丘"上之字當爲"平"，戰國晉系文字"平"寫法如下，[3] 與銅戈"丘"上一字頗爲相合。

　　《上博集刊》9 覺脒鼎　　　　《集成》11713 十七年春平侯鈹

　　《考古與文物》2007 年第 6 期二年平陶令戈

若所釋不誤，則銅戈的鑄造地爲平丘。平丘原爲韓地，《水經·河水注》引《竹書紀年》云："梁惠成王十三年，鄭釐侯使許

---

[1] 董珊：《五年春平相邦葛得鼎考》，臺灣"中研院"歷史語言研究所"第三屆古文字與古代史國際學術研討會"會議論文，2011 年 3 月 25—27 日。後收入李宗焜主編：《古文字與古代史》第三輯，2012 年，第 287 頁。

[2] 張亞初：《殷周金文集成引得》，北京：中華書局，2001 年，第 169 頁。

[3] 湯志彪：《三晉文字編》，第 678 頁。

息來致地：平丘、户牖、首垣諸邑及鄭馳地。"是公元前357年平丘屬魏。[1] 據《新序·善謀》"楚使黄歇於秦章"記載，公元前278年（是年楚頃襄王東遷於陳）前後，秦軍曾兵臨平丘城下，[2] 不過此役秦並未占領平丘，直至始皇五年秦攻取魏的首垣、蒲、衍氏，處於三地附近的平丘才最終歸秦。[3] 二十三年平丘嗇夫戈的銘文格式與二十五年陽春嗇夫戈（《集成》11324）相同，陽春嗇夫戈是魏惠王時期的兵器，[4] 平丘嗇夫戈應該也屬於魏惠王時期，然則此戈的鑄造年代爲公元前347年。

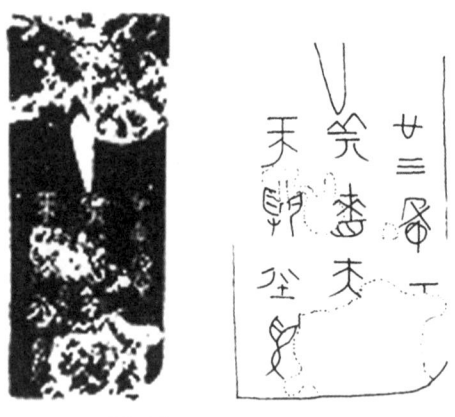

《集成》11301 平丘嗇夫戈

（原載《中國文字研究》第二十五輯，上海：上海書店出版社，2017年）

---

[1] 方詩銘、王修齡：《古本竹書紀年輯證》，上海：上海古籍出版社，2005年，第125頁。

[2] 石光瑛：《新序校釋》，北京：中華書局，2009年，第1191頁。

[3] 李曉傑：《中國行政區劃通史·先秦卷》，上海：復旦大學出版社，2009年，第622頁。

[4] 吴良寶、張麗娜：《戰國中期魏國兵器斷代研究》，《安徽大學學報（哲學社會科學版）》2013年第1期。

晉系兵器銘文續考三則

一、懷令戈

《集成》11300 號收録一件晉戈，戈之内部刻有三行銘文：

□年襄（懷）□……工帀（師）□，[冶] 明□。

學者或引此戈作爲戰國時期魏國已經設置"懷"縣的證據。[1] 由於"襄（懷）"後殘去數字，因此"襄（懷）"是否用作地名仍有待進一步論證。根據戈銘摹本"襄（懷）"後之字殘存筆畫來看，此字是可以釋出的。吴鎮烽先生把它隸定爲"庫"，[2] 恐不可信。

 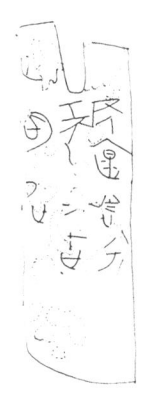

---

[1] 李曉傑：《中國行政區劃通史·先秦卷》，上海：復旦大學出版社，2017 年，第 346 頁。

[2] 吴鎮烽：《商周青銅器銘文暨圖像集成》17132 號，上海：上海古籍出版社，2012 年。

我們認爲"㕣"可隸定爲"命",晉系文字"命"作下列之形:[1]

《集成》11347 十三年䜌陽令戈

《集成》11302 二十九年高都令戈

《集成》11341 四年咎奴令戈

《考古》1991 年第 5 期十一年皋落戈

對比"㕣"字殘存筆畫,若合符節。晉系文字多用"命"表示縣令之"令",而根據兵器銘文的常見格式,"令"前一字多爲地名。然則戰國時期"懷"縣的設置有出土文獻與傳世文獻互相印證,可以視爲定論了。"懷"爲古邑,《漢書·地理志》河内郡屬縣,地在今河南武陟西南。王先謙云:[2]

《禹貢》"覃懷"在此,見《書》孔傳;後但稱"懷",武王伐紂至"懷"而壞,見《荀子·儒效》篇;周爲蘇忿生邑,以與鄭,見《左隱傳》;晉啓南陽,遂屬晉,赤狄圍焉,見《宣傳》;戰國分屬趙、魏,魏敗趙於此,安釐王時,爲秦所拔,見《趙》《魏世家》;傅寬從擊項籍待高祖於此,見《寬傳》。

《史記·范雎蔡澤列傳》載:"使五大夫綰伐魏,拔懷。"《六國年表》繫之於魏安釐王九年(前 268 年),雲夢秦簡《編年記》言"(秦)昭王三十九年,攻懷"(前 268 年),與《六國年表》同。[3]

---

[1] 湯志彪:《三晉文字編》,北京:作家出版社,2013 年,第 136 頁。
[2] 王先謙:《漢書補注》,上海:上海古籍出版社,2012 年,第 2253 頁。
[3] 楊寬:《戰國史》,上海:上海人民出版社,1998 年,第 718 頁。

因《史記·秦本紀》又載"(昭襄王)四十一年夏,攻魏,取邢丘、懷",有學者推測秦昭王在三十九年攻占"懷"地後旋即失去,二年後復得。[1] 若此說可信,則鑄造"懷令戈"的年代下限爲公元前 266 年。

二、十一年令少曲慎录戈

張光裕、吳振武先生曾公布一件戰國時期的晉戈,戈之内部刻兩行銘文:[2]

> 十一年,命(令)少匕(曲)昚(慎)录,工帀(師)戋(郤)㦷,冶鵑(?)。

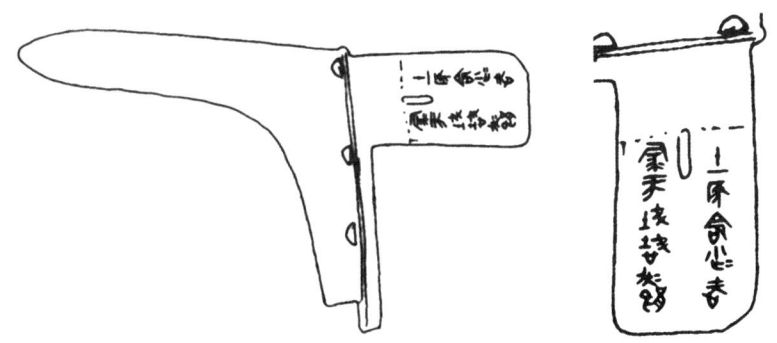

學者多認爲"昚"从"火""日"聲,是"熱"的本字。[3] 十一年令少曲慎录戈的"昚"字上部與晉系文字"火"的寫法迥異("火"形的兩點没有寫作橫筆的);其下部和"日"形也有不小的距離。雖說兵器銘文有時字迹比較草率,但還是很難將此字與"昚"字等同起來。

---

[1] 李曉傑:《中國行政區劃通史·先秦卷》,第 385 頁。
[2] 張光裕、吳振武:《武陵新見古兵三十六器集録》,張光裕:《雪齋學術論文二集》,臺北:藝文印書館,2004 年,第 79 頁。
[3] 劉樂賢:《釋〈說文〉古文慎字》,《考古與文物》1993 年第 4 期。

"脊"用作"慎"見於䎽公華鐘、叔弓鎛和《郭店·語叢一》，䎽公華鐘、叔弓鎛銘文是齊系文字，而《郭店·語叢一》是具有齊系風格的抄本，[1] 所以用"脊"爲"慎"可能是齊系文字獨具的特點。[2] 晉系文字"慎"多見於璽印文字，常作如下之形：

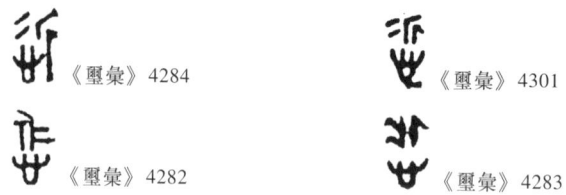

《璽彙》4284　　　　《璽彙》4301

《璽彙》4282　　　　《璽彙》4283

此字可以分析爲从"心""所"聲，"慎"之異體。晉系文字也或以"貴"爲"慎"，[3] 但沒有發現用"脊"爲"慎"的例子，從用字特點來看，"脊"字的釋讀也很可疑。

由於無法目驗銘文原拓，我們只能提供一些猜測性的意見。"少匕（曲）"爲三晉常用姓氏，可以聯繫到另外兩件"少匕（曲）"氏監造之戈，銘文如下：

　　十一年，咎（皋）茖（落）大[4]命（令）少匕（曲）啟（夜），工帀（師）舒惠，冶午。

　　□年，咎（皋）茖（落）大（？）命少匕（曲）夜［工帀（師）］高愀，冶午。

頗疑"脊"字就是"啟"或"愱"（晉系文字"心""口"的寫法往往相似）字的誤摹：

---

[1] 馮勝君：《論郭店簡〈唐虞之道〉、〈忠信之道〉、〈語叢〉一～三以及上博簡〈緇衣〉爲具有齊系文字特點的抄本》，《郭店簡上博簡對比研究》，北京：綫裝書局，2007 年，第 259 頁。

[2] 陳劍：《説慎》，李學勤、謝桂華主編：《簡帛研究二〇〇一》（上册），桂林：廣西師範大學出版社，2001 年，第 207 頁。

[3] 周波：《戰國時代各系文字間用字差異現象研究》，復旦大學博士學位論文，2008 年。

[4] 劉釗：《上皋落戈考釋》，《考古》2005 年第 6 期。

《考古》2005年第6期□年皋落戈

《考古》1991年第5期十一年皋落戈

《璽彙》0686　　　《璽彙》1404

《璽彙》2666　　　《璽彙》2668

另外，此戈的銘文形式也與常見晉戈有別，"命（令）"前並無監造地，所以"少曲"之後的"录"也可能與監造地有關。宜陽戈銘文地名刻於令之後，可資參考：

四年，命（令）軹（韓）䢔，宜陽，工帀（師）敉憙，冶孟。[1]　　　　　　　　　　　（《集成》11316）

二年，命（令）壼（詩），宜陽，[右]庫工帀（師）長（張）𦘘（埔），冶市。[2]

三、七年大梁司寇戈

新中國成立後至20世紀90年代，安徽阜陽地區出土了一批戰國兵器。[3] 其中有一件大梁戈，1958年出土於臨泉縣楊橋區，内部正面刻銘文三行，公布此戈的韓自强、馮耀堂先生把銘文隸定如下：

七年，大梁（梁）司寇（寇）綏，右庫工帀（師）纓，冶痰。

---

[1] 吴振武：《東周兵器銘文考釋五篇》，廣東炎黄文化研究會：《容庚先生百年誕辰紀念文集（古文字研究專號）》，廣州：廣東人民出版社，1998年，第551頁。
[2] 黄錫全：《新見宜陽銅戈考論》，《考古與文物》2002年第2期。
[3] 韓自强、馮耀堂：《安徽阜陽地區出土的戰國時期銘文兵器》，《東南文化》1991年第2期。

 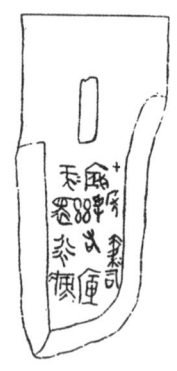

冶工之名隸定作"㒸",雖然看上去與照片和拓本頗相符合,却並不可信。晉系文字中的从"央"之字多作下列之形:[1]

《陶録》5·15·3　　　《璽彙》0533

《璽彙》2180　　　《鑒印菁華》17

《集成》10478 兆域圖版

"央"字上部豎畫多穿過横筆,唯一與七年大梁司寇戈寫法類似的是二十七年泌陽工師戈"㫃"字,不過,諦審照片,其字作" ","央"之上部橫畫也有豎畫穿過。且"㒸"不見於字書,用作人名缺乏文獻的佐證。我們懷疑所謂的"㒸"應該釋爲"瘂",乃"癡"字異體。晉系文字中多有名"瘂(癡)"者:

《飛諾藏金》三年邦司寇戈[2]　《璽彙》2137

---

[1] 湯志彪:《三晉文字編》,第 74、534、1154、1760 頁。

[2] 宛鵬飛:《飛諾藏金·春秋戰國篇》,鄭州:中州古籍出版社,2012 年,第 60 頁。

《璽彙》2398　　　　　《璽彙》1297

《説文》:"癡,不慧也。"以"疢(癡)"爲名,猶以"無智""不識"爲名。這種心理,在蘇軾的一首《洗兒戲作》詩中表現得最爲淋漓盡致:[1]

人皆養子望聰明,我被聰明誤一生。
惟願孩兒愚且魯,無災無難到公卿。

附記:拙文蒙周波、石繼承先生審閱指正,謹致謝忱!

(原載《出土文獻與中國古代史》,上海:中西書局,2021年)

---

[1] 蘇軾:《蘇軾詩集》,北京:中華書局,1982年,第2535頁。

荆州博物館藏五十二年秦戈銘文補正

《文物》2018年第9期公布了一件荆州博物館收藏的五十二年秦戈,王丹、夏曉燕二位先生對此戈的出土情況、形制作了詳細介紹,並對銘文和相關問題進行了深入研究。[1] 銅戈窄援上揚,長胡四穿,胡之上端兩面均刻有"丹陽"二字。内部亦有一横穿,近穿處一面刻有三行銘文,下面根據我們的理解,把銘文隸寫如下:

五十二年,蜀[叚(假)]
守竈造,東工[師□]
丞□,工云。

戈内照片　　　　　戈内摹本

---

[1] 王丹、夏曉燕:《荆州博物館藏"五十二年"秦戈考》,《文物》2018年第9期。

"蜀"後之字，原釋文補作"郡"，但是已經發現的蜀郡監造秦戈，銘文沒有稱作"蜀郡"的例子。[1] 細審戈銘照片與銘文摹本，首行"蜀"後確有筆畫殘存，如所摹不誤，參照下引珍秦齋藏上郡假守戈和遼寧旅順博物館所藏三年呂不韋戈銘文辭例，"蜀"後殘泐之字當補爲"叚（假）"。"假"在銘文中爲代理之義。[2]

  1. 卅八年，上郡假守毫造，漆工平、丞□□、工□・上郡武庫，廣武，二。　　　　　　　（《珍秦琳琅》第 134 頁）
  2. 三年，相邦呂［不韋，上］郡叚（假）守定，高工［龠］、丞申、工地。　　（《文物》1987 年第 3 期第 63 頁）

此戈所附銅鐏爲橢圓筒形，上有銘文二字，第一字爲模印文字，第二字類似刻畫文字：

 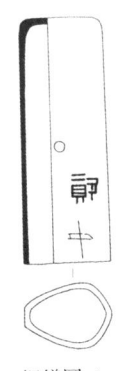

銅鐏圖一　　　　　　　　銅鐏圖二

原釋文把這兩個字釋爲"鄩中"。今按，首字與"鄩"明顯不同，當改釋爲"資"，秦文字中常見的"資"字形體如下：

《雲夢日乙》18 壹　　　《嶽・壹・占》一一正

---

[1] 參看王輝、陳昭容、王偉：《秦文字通論》，北京：中華書局，2016 年，第 62 頁。
[2] 董珊：《戰國題銘與工官制度》，北京大學博士學位論文，2002 年，第 74—80 頁。

《嶽·壹·占》一二正

與銅鐏"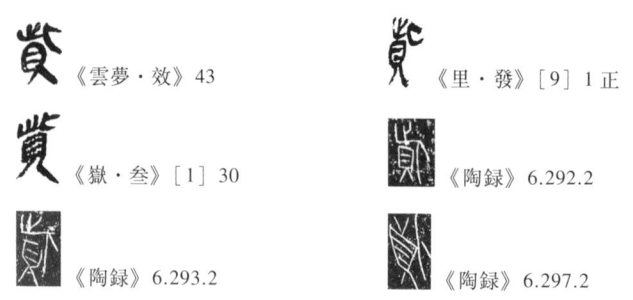"之區別，僅在於"欠"所占位置空間的不同，類似的結構變化可以參考秦文字中的"貲":[1]

《雲夢·效》43　　《里·發》[9] 1 正

《嶽·叁》[1] 30　　《陶錄》6.292.2

《陶錄》6.293.2　　《陶錄》6.297.2

"資中"爲地名，《漢書·地理志》"犍爲郡"屬縣，治所在今四川資陽市附近。《水經·江水注》云："雒水合綿水，自牛鞞來，東徑資中縣，下入江陽。""犍爲郡"是漢武帝建元六年開拓西南夷的產物，在秦代和漢朝初年，西南地區只有巴、蜀、漢中三郡之地，彼時"資中"隸屬於蜀郡所轄範圍之内：[2]

> 漢初蜀郡的面貌則和《漢志》所載大不相同。其北境至湔氐道，湔氐秦縣；東有《漢志》廣漢郡全部而無陰平、剛氐、甸氐三道，時爲白馬諸氐所屬；東南則有《漢志》犍爲郡之南安、僰道、資中、武陽、牛鞞諸縣地，《史記·鄧通傳》云鄧通爲蜀郡南安人可證；西南則至嚴道邛崍山爲止，比秦時有所收縮。

秦兵器上出現的地名十分豐富，有關問題也相當複雜。一些兵

---

[1] 單曉偉編著：《秦文字字形表》，黃德寬主編、徐在國副主編：《古漢字字形表系列（五種）》，上海：上海古籍出版社，2017年，第268頁；孟良：《新編睡虎地秦簡文字編》，安徽大學碩士學位論文，2017年，第115頁。

[2] 周振鶴：《西漢政區地理》，北京：商務印書館，2017年，第154—155頁。

器有時還刻有除了鑄造地以外的多個地名，研究者已經指出：這些地名或是秦兵器置用之地；或是在戰爭中輾轉沿用的重疊刻畫，還有些是在俘獲六國的兵器上加刻的秦縣。[1] 五十二年秦戈銅鐏上的"資中"二字，"資"是模印文字，當爲鑄造時所作，與一般秦兵器上的刻畫置用地名不同，再結合上文提到的"資中"的行政區劃歸屬看，"資中"很大可能就是五十二年秦蜀郡戈的鑄造地。[2]

戈銘的"五十二年"，王丹、夏曉燕先生已經正確指出當爲秦昭王五十二年，並繫聯張家山漢簡《奏讞書》之蒼梧守，認爲與蜀守"竃"當爲一人。珍秦齋所藏同屬秦昭王兵器的卌八上郡假守戈之假守竃，董珊先生推測即見於《史記·秦本紀》和《穰侯列傳》的"客卿竃"，[3] 我們在前面已經指出，竃在秦昭王五十二年蜀郡任上仍是假守，頗與四年之前任上郡假守的身份相合，二者確似同爲一人。

銅戈胡上的"丹陽"，應即置用地名。王、夏文以爲可以對應今河南南陽盆地丹水、淅水交匯處，似乎將問題過於簡單化（不知與誤釋"郿"字有無關係）。文獻中名"丹陽"的地望不止一處。楚之先祖所居之地"丹陽"（春秋時期楚武王始遷居郢）邈不可言，[4] 或説在枝江，或説在均州（湖北丹江口），甚或以爲在揚州之丹陽。[5]《漢書·地理志》"丹揚郡"（秦之故鄣郡）屬縣有丹陽，地在今當塗縣東。《史記·秦始皇本紀》載："三十七年十月癸丑，始皇出遊……浮江下，觀籍柯，渡海渚。過丹陽，至錢唐。"秦昭王五十二年（公元前255年）尚未歸屬秦國，故與此戈無關。

---

[1] 陳林：《秦兵器銘文編年集釋》，復旦大學碩士學位論文，2012年，第197—204頁。

[2]《珍秦琳琅》第157頁收録一件中陽鐓，上刻有"中陽"二字，"中陽"亦當爲鑄造地。

[3] 董珊：《戰國題銘與工官制度》，第74—80頁。

[4] 吴良寶：《戰國楚簡地名輯證》，武漢：武漢大學出版社，2010年，第39頁。

[5] 王先謙：《漢書補注》，上海：上海古籍出版社，2009年，第2520頁。

《史記·屈原賈生列傳》："秦惠文王後元十三年（公元前 312 年），秦發兵大破楚師於丹、淅，斬首八萬，虜楚將屈匄，遂取楚之漢中地。"《史記·張儀列傳》作"秦齊共攻楚，斬首八萬，殺屈匄，遂取丹陽、漢中之地"，司馬貞《索隱》以爲"丹水、淅水皆縣名，在弘農，所謂丹陽、淅"。張守節《正義》則信從徐廣説，云丹陽在湖北枝江一帶。秦惠文王時所攻占的"丹陽"既已屬秦，當即秦昭王五十二年銅戈的置用地。出土此戈的雞公山墓地在今江陵（荆州市）郢北村，距離湖北枝江不遠，似可佐證徐廣之説。

（原載《中國文字學報》第十一輯，北京：商務印書館，2021 年）

楚銅貝"圣朱"的釋讀及相關問題

銅貝是楚國特有的一種貨幣，形制與真貝相似。其面部多有一字或兩字，前人按照其幣面形象稱之爲"鬼臉錢"或"蟻鼻錢"。楚銅貝的發現可以追溯到宋代，南宋洪遵的《泉志》已經對這種貨幣進行了記載，建國以來則在湖北、河南、安徽、山東、湖南等地大量出土。其幣文有"巽""君""行""朱"等等。[1]

""形从夊从土，可隸作"圣"。除銅貝外，此字還見於金文、竹簡等楚文字資料：

《集成》10158 楚王酓悍盤[2]　　《包山》83

《包山》157　　《貨系》4153—4162

《文物》1980 年第 8 期鄘陵君豆

《集成》1801 石圣刀鼎

---

[1] 黃錫全：《先秦貨幣通論》，北京：紫禁城出版社，2001 年，第 356—371 頁。
[2]《集成》0978、2795、12040 皆有相同辭例"冶紹圣"。

江陵溪峨山木俑（摹本）[1]

亦有用作从"木""石"或"邑"之字偏旁的例子：

A. 　　《郭店·窮》7　　　　《包牘》1　　　　《包山》269

B. 　　《包山》261 二硳[2]

C. 　　《包山》163

用作偏旁的"坌"也見於周代金文：[3]

《集成》4346 䞈伯盨　　《集成》11209 䞈公穌曹戈[4]

《集成》4318 三年師兌簋"䞈"

《集成》9718 䞈史殿壺

學者對"坌"字有很多考釋意見，或釋爲坻，[5] 或以爲讀音近"罌"，[6] 或釋爲从"宛"，[7] 也有學者指出其和傳抄古文"在"

---

[1] 據高至喜《楚俑研究》，《中國古代陶俑論文集》，1998 年；又高氏《商周青銅器與楚文化研究》，長沙：嶽麓書社，1999 年，第 196 頁。此條材料承郭永秉先生指示。

[2] 陳偉主編《楚地出土簡冊十四種》（北京：經濟科學出版社，2009 年）據紅外影像把"硳"字釋爲"石坌"兩字，又在第 127 頁注 90 説"石"也許是"坌"的偏旁。今采用後説。

[3] 黃德寬主編：《古文字譜系疏證》，北京：商務印書館，2007 年，第 766 頁。

[4] 謝明文先生向我指出："䞈"作人名又見於《集成》4669 䞈叔簠、《新收殷周銅器銘文暨器影彙編》1457 晉伯甗等器。

[5] 白於藍：《郭店楚墓竹簡考釋（四篇）》，《簡帛研究二〇〇一》，桂林：廣西師範大學出版社，2001 年，第 192 頁。

[6] 何琳儀：《戰國古文字典》，北京：中華書局，1998 年，第 284 頁。

[7] 時兵：《釋楚簡中的"椊"字》，復旦大學出土文獻與古文字研究中心網站，2008 年 5 月 24 日。

字的一種形體相同：[1]

《古文四聲韻》3·14 籀韻　　《集古文韻》卷三 9 籀韻[2]

戰國文字一般用"才""在"表示{在}，[3] 因此傳抄古文的這個"在"字極有可能是誤置。李零、劉雨先生在《楚鄴陵君三器》的注文中指出：

  圣字，各書所無，惟《古文四聲韻》卷三收爲"在"字。我們分析夏氏並非別有所見，他所謂"在"字的這個字，應即《說文》"圣"字。圣字在《說文》中的解釋是"汝潁之間謂致力於地曰圣，从土从又，讀若兔窟"，是個方言字。《說文》所收"怪"字从之。怪，後世俗體作恠，夏氏取半邊爲讀，遂以爲"圣"與"在"可以相等。"圣"與"圣"字形相近，但不一定是一個字。

這個説法似較合理，由於"夂"訛爲"又"缺乏可以比照的字形例證，"圣"與"圣""怪"等字恐怕沒有必然的聯繫。[4]

《郭店·窮達以時》簡 7 在講到百里奚從"窮"變"達"的時候說："白（百）里迡（遻）[5] 適（鬻）五羊，爲敀（伯）牧（牧）牛，獸（釋）板桎而爲雪（名）卿，堣（遇）秦穆。"白於藍先生認爲"圣"从"夂"得聲，[6] 是"坻"之異體。《詩·齊

---

[1] 李零、劉雨：《楚鄴陵君三器》，《文物》1980 年第 8 期第 34 頁注 8。
[2] 徐在國：《傳抄古文字編》，北京：綫裝書局，2006 年，第 1361 頁。
[3] 周波：《戰國時代各系文字間的用字差異現象研究》，復旦大學博士學位論文，2008 年，第 166 頁。
[4] 李春桃先生認爲"圣"即"圣"字，也沒有給出"夂"訛爲"又"的例證。見其《傳抄古文綜合研究》，吉林大學博士學位論文，2012 年，第 306 頁。
[5] 周鳳五：《郭店楚簡〈忠信之道〉考釋》，《中國文字》新 24 期，臺北：藝文印書館，1998 年。
[6] 古文字"圣"多从"夂"作，個別寫作从"夊"，《說文》分"夂""夊"爲二，其實"夂""夊"形音皆近，當由一字分化。

風・南山》"雄狐綏綏",《玉篇》引作"雄狐夊夊",而"綏""垂"可以相通,所以"板桎"可以讀爲"鞭箠"。[1] 我們贊同"圣"從"夊"得聲的意見,郭永秉先生向我指出,他認爲"圣"從土、"夊"聲,應該就是"垂"字異體。【《論集》編按,劉國勝先生也持相似觀點】叔卣銘文"夊文遺工",當讀爲"垂文遺功",[2] 可資佐證。由於與"圣"字有關的其他古文字資料沒有得到很好的釋讀,白先生"鞭箠"的讀法似未被廣泛接受。其實楚銅貝"圣朱"等古文字資料恰好可以和白先生的讀法相互印證。

一

"圣朱"二字除見於楚銅貝外,又見於郲陵君器銘:"斀(?盍)[3] 壤(鑲)貯(重)三朱二圣朱四□。""圣朱"用在"三朱(銖)"之後,可見是比"銖"還小的單位。學者據此或讀楚銅貝"圣朱"爲"輕銖",[4] 或讀爲"小銖"。[5] 我們認爲"圣朱"可以讀爲"錘銖"。"錘"作爲重量單位,其重若干,説法不一。有認爲相當八銖,即三分之一兩,見《説文》及《淮南子·説山》注。[6] 也有認爲相當六銖的,《一切經音義》卷七五引漢應劭《風俗通》:"銖六則錘。"還有認爲相當十二兩的,《淮南子·詮

---

[1] 白於藍:《郭店楚墓竹簡考釋(四篇)》,"板桎"又有"板梏""鞭枚"等讀法,皆不如白説爲優。參看陳偉主編:《楚地出土簡册十四種》,北京:經濟科學出版社,2009年,第178頁注17。

[2] 董珊:《新見魯叔四器銘文考釋》,復旦大學出土文獻與古文字研究中心網站,2011年8月3日。

[3] 此豆盤口外壁銘文有"攸孳斀(造)□盍","盍"當爲器之自名,參上引李零、劉雨文。"斀"字左旁或釋爲"次",恐非。

[4] 黄錫全:《楚銅貝貝文釋義新探》,載《錢幣研究》1999年第1期;後收入《先秦貨幣研究》,北京:中華書局,2001年,第224頁。

[5] 何琳儀:《戰國文字通論(訂補)》,南京:江蘇教育出版社,2003年,第154頁。

[6]《淮南子·説山》注與《説文》同而與《淮南子·詮言》注異,段玉裁據之認爲此條乃許慎注。

言》高誘注："六兩曰錙，倍錙曰錘。"然而這些説法似乎都無法直接用來讀通鄔陵君器的銘文。

在解釋"錘銖"之前，我們先來談一下"錙錘"。古書在講到諸侯國之間割地的時候，有時用到"錙錘"這個詞：

《淮南子·詮言》："凡事人者，非以寶幣，必以卑辭。事以玉帛，則貨殫而欲不饜；卑體婉辭，則論説而交不結；約束誓盟，則約定而反無日；雖割國之錙錘以事人，而無自恃之道，不足以爲全。"

《吕氏春秋·應言》："魏令孟卬[1]割絳、汾、安邑之地以與秦王。王喜，令起賈爲孟卬求司徒於魏王……居三日，魏王乃聽起賈。凡人主之與其大官也，爲有益也。今割國之錙錘矣，而因得大官，且何地以給之？"

《荀子·富國》在講到割地的時候稱"錙銖"："割國之錙銖以賂之，則割定而欲無厭。"楊倞注："十黍之重爲銖，八兩爲錙。此謂以地賂强國，割地必不多與，故以錙銖言之。"認爲"國之錙銖"乃言其地之少。

《韓詩外傳》卷六有與上引《荀子·富國》基本相同的語句，作："割國之彊乘以賂之，則割定而欲無厭。"周廷寀《韓詩外傳校注》認爲"彊乘"乃"疆埵"形近而誤，"疆埵"就是邊隅的意思。[2]

研究《淮南子》和《吕氏春秋》的學者往往認爲"錙錘"和"錙銖"義近，信從楊倞注而把"錙錘"解釋成很少的土地。楊說實不可信。許維遹認爲《荀子·富國》的"錙銖"和《韓詩外傳》卷六的"疆埵"皆爲"錙錘"之誤，其説可從。[3] 致誤的原因大

---

[1] 畢沅以爲"卬"乃"卯"字之誤，"孟卯"即見於《戰國策》之"芒卯"。
[2] 引自屈守元：《韓詩外傳箋疏》，成都：巴蜀書社，1996年，第571頁。
[3] 許維遹：《韓詩外傳集釋》，北京：中華書局，1980年，第228頁。

概在於後人已經不明白"錙錘"一詞的真正含義了,《韓詩外傳》的"錙錘"訛成了"疆垂",又進一步訛作"強乘";《荀子·富國》的"錙錘"則被改成了習見的"錙銖"。

《淮南子·詮言》説:"雖割國之錙錘以事人,而無自恃之道,不足以爲全。"如果把"錙錘"解釋成很少的土地,文意顯然不通。《孔叢子·論勢》篇記載魏王問相國曰:"今秦負強,以無道陵天下,天下莫不患。寡人欲割國之半以親諸侯,求從事于秦,可乎?"子順對曰:"以臣觀之,殆無益也……"文意與上引《淮南子·詮言》相類,"割國之錙錘"和"割國之半"的意思應該差不多。

《吕氏春秋·應言》的"國之錙錘"當指上文"絳、翟、安邑之地"。這三邑之地當然不能用"少"來形容,吴汝綸以爲"國之錙錘"指國之重地的意思,[1] 對文意的理解是正確的。

"錘"字有一種作爲分數的用法。《韓非子·外儲説左上》有這樣一段話:"故中章、胥己仕,而中牟之民棄田圃而隨文學者邑之半;平公腓痛足痹而不敢壞坐,晉國之辭仕託者國之錘。"俞樾認爲:"'錘'字無義,疑古本止作'垂'……國之垂,猶邑之半,垂亦半也。"[2] 近世治《韓非子》者多從俞説,其實俞説不夠準確。不過俞氏注意到了"國之錘"和"邑之半"的對文,懷疑"錘"字可能用爲分數,是值得肯定的。

古書中還有"二垂"一詞,表示三分之二。[3]《淮南子·道應》:"文王砥德修政,三年而天下二垂歸之。"許慎注:"文王三分天下有其二也。"《淮南子·要略》:"文王四世累善,修德行義,

---

[1] 引自王利器:《吕氏春秋注疏》,成都:巴蜀書社,2002年,第2249頁。
[2] 俞樾:《諸子平議》,北京:中華書局,1954年,第425頁。
[3]《史記·春申君列傳》"今大國之地,遍天下有其二垂",張守節正義釋"二垂"爲"東西兩極",非是。蔡偉先生向我指出,"二垂"一詞也見於《莊子·天地》及《田子方》篇,皆當釋爲三分之二。

處岐周之間，地方不過百里，天下二垂歸之。"《太平御覽》卷八十九引"垂"作"分"。日本學者太田方《韓非子翼毳》認爲《呂氏春秋·應言》《韓非子·外儲説左上》的"錘"與上舉句子中的"垂"同，《説文》訓"錘"爲八銖，即三分之一兩，所以"錘"可以表示三分之一。[1] 王利器先生也把"錘"解釋爲三分之一，[2] 應該是正確的。但他同時又贊同《荀子》楊倞注，認爲"國之錙錘"是指很少的土地，則與文意難合。

"錙"也可以用來表示分數。李學勤先生指出在清華簡算表中，有"錙"用爲四分之一的例子。[3] 荆州黄山墓地出土有"才（錙）兩"砝碼，其重約四分之一兩。[4] "才（錙）"也是作爲四分之一來用的。"錘"也可以用在重量單位"兩"字之前，江陵溪峨山木俑文字有"圣（錘）兩"。[5] 《説文》訓"錙"爲六銖（四分之一兩），訓"錘"爲八銖（三分之一兩）。推測"錙"和"錘"本來表示的意思就是"四分之一"和"三分之一"。大概因爲"錙""錘"作爲分數常與重量單位"兩"連用，後來就固定地用來表示六銖和八銖了，這和秦漢時代常常用"半"表示半斗的情況類似。[6]

"國之錙錘"的意思就是國家四分之一到三分之一的領土，這

---

[1] 引自陳啓天：《韓非子校釋》，上海書店《民國叢書》第五編第8册（影印中華書局1940年版），第525頁。
[2] 王利器：《呂氏春秋注疏》，成都：巴蜀書社，2002年，第2250頁。
[3] 李學勤：《釋"針"爲四分之一》，載《三代文明研究》，北京：商務印書館，2011年，第136頁。
[4] 周波：《戰國時代各系文字間的用字差異現象研究》028條。又見董珊：《楚簡簿記與楚國量制研究》，《考古學報》2010年第2期。
[5] 參看高至喜《楚俑研究》文，但高氏釋文有誤，黄錫全《楚币新探》已釋讀爲"圣兩"，載《中國錢幣》1994年第2期。據高氏文摹本，"圣兩"前一字似爲"夌"字。
[6] 朱德熙、裘錫圭：《戰國時代的"料"和秦漢時代的"半"》，《文史》第8輯，北京：中華書局，1980年。

當然已經是很多的土地了。《淮南子·説山》有兩段話也用到"錙錘"這個詞："馬之似鹿者千金,天下無千金之鹿;玉待礛諸而成器,有千金之璧而無錙錘之礛諸。""萬乘之主,冠錙錘之冠,履百金之車。""錙錘"分别和"千金""百金"對文,"錙錘"應該是指四分之一到三分之一兩黄金。

"錙銖"一詞的本義應該是"四分之一銖",是非常小的重量單位,因此"錙銖"常被用來指代價值極小的物品。"錙錘""錙銖"容易相混,下面就討論一下文獻中兩處可能被誤改爲"錙銖"的"錙錘"。

《禮記·儒行》有這樣一段話:"儒有上不臣天子,下不事諸侯;慎静而尚寬,強毅以與人,博學以知服;近文章,砥厲廉隅;雖分國如錙銖,不臣不仕,其規爲有如此者。"鄭玄注認爲"雖分國如錙銖"的意思是"言君分國以禄之,視之輕如錙銖矣"。點校者多據鄭注將這句斷爲"雖分國,如錙銖"。[1] 單獨看《禮記》這段話,鄭注似乎有道理。但如果結合《淮南子·詮言》《吕氏春秋·應言》《荀子·富國》等文獻中的"割國之錙錘""割國之錙錘"來分析的話,此句恐怕不能按照鄭注來理解,"雖分國如錙錘"當作一句讀。這裏的"錙銖"很可能是"錙錘"的誤改,"雖分國如錙錘,不臣不仕"是説即便君王把國家的三分之一或四分之一分給儒者,儒者也不會接受而出仕。[2]

《莊子·達生》篇:"五六月累丸二而不墜,則失者錙銖;累三而不墜,則失者十一;累五而不墜,猶掇之也。"從文意看,"錙銖"表示一個比十分之一大的分數,應該也是"錙錘"之誤。

---

[1] 孫希旦:《禮記集解》,北京:中華書局,1989 年,第 1407 頁;朱彬:《禮記訓纂》,北京:中華書局,1996 年,第 863 頁。

[2]《孔子家語·儒行解》根據鄭注將此句改爲"雖以分國,視之如錙銖,弗肯臣仕"。雖然讀上去比較通順,卻和《禮記·儒行》原來的文意不同了,也正表明了今本《孔子家語》的成書年代較晚。

因爲"錘"可以表示三分之一，所以楚銅貝和鄴陵君器的"夆（錘）朱（銖）"即三分之一銖。前者指一種極小的貨幣，後者説"三朱二夆朱四□"，大概指鑲嵌此器用的金屬三又三分之二銖多。戰國時楚國衡制一銖大約合0.65克，[1] 而這些銅貝重量多在1.1—3.6克，遠大於三分之一銖。這是因爲此類貨幣的面文乃記録其價值（購買力），和重量無關，[2] 戰國楚地多用金餅和金版作爲貨幣，[3] "夆（錘）朱（銖）"表示的應該是三分之一銖金的價值。值得注意的是，楚國還有面文爲"視金一朱""視金二朱"和"視金四朱"的銅錢牌，分別可以兑换黄金一銖、二銖和四銖。[4] "夆（錘）朱（銖）"銅貝和這些銅錢牌之間可能存在3∶1、6∶1 和12∶1的兑换關係。

　　石夆刃（刀）鼎銘的"石夆（錘）刃（刀）"可能是"一石夆（錘）刃（刀）"的省稱。中山國銅器銘文常見以"一石+某某刀"的形式來記重，如舒蚉壺"冢（重）一石三百卅九刀之冢（重）"，朱德熙、裘錫圭先生認爲其義即此壺重量爲一石之外再加上三百三十九把刀的重量。[5] "刀"本來表示貨幣名稱和貨幣單位，後來逐漸演變爲正式的重量單位。[6] "石夆（錘）刃（刀）"的意思就是説鼎的重量就是一石再加上三分之一刀的重量。

---

[1] 丘光明:《試論戰國衡制》，《考古》1982年第5期。丘文根據戰國楚墓出土的銅砝碼的測量實重，認爲一銖約爲0.69克，此據丘文一兩爲15.6克計算而得。
[2] 參看吳良寶:《讀幣札記（一）》，《出土文獻與古文字研究》第四輯，上海：上海古籍出版社，2011年，第128頁。
[3] 劉和惠:《郢爰與戰國黄金通貨》，《楚文化研究論集》第一輯，武漢：荆楚書社，1987年，第119頁。
[4] 黄錫全:《楚銅錢牌"見金"應讀"視金"》，《中國錢幣》1999年第2期。
[5] 朱德熙、裘錫圭:《平山中山王墓銅器銘文的初步研究》，《文物》1979年第1期。
[6] 吳振武:《戰國貨幣銘文中的"刀"》，《古文字研究》第十輯，北京：中華書局，1983年。

二

現在討論一下包山簡的"坐"字及從"坐"之字。

《包山》157：司舟、舟斾、車輧坐斾、牢中之斾

《包山》261：一戈，二䃺□。

包牘1：一桎，縁毞（旄）首。

《包山》269：一桎，[1] 冒毞（旄）之首。

關於包山簡"桎"字，學者也有很多意見。[2] 例如白於藍先生讀爲"綏"，[3] 劉信芳先生認爲即"柊"字，[4] 劉國勝先生讀爲"旄"。[5]

包山簡157的"斾"字當表示職官。《說文》："輧，兵車也。"此言"車輧"，乃大名冠小名，與《左傳》"鳥烏"、《孟子》"草芥"、《禮記》"蟲蝗"同例。[6]

我們認爲"坐""䃺""桎"在以上簡文中指代的是同一件物品，這個物品可以建於兵車，還可以用雜色的旄注於首。[7] 劉信芳先生根據曾侯乙墓相同的文例認爲"桎"與曾侯乙墓的"柊"是同一器物，是很好的思路，但"柊""坐"古音遠隔，直接認爲

---

[1] "桎"字右旁稍有變異，學者或隸作從"宀"，似不必。《戰國古文字典》第881頁以爲從"坐"得聲。按，此形與"坐"形體有差異，仍以看作"坐"爲宜。

[2] 參看羅小華：《戰國簡册所見車馬及其相關問題研究》，武漢大學博士學位論文，2011年，第162頁。

[3] 白於藍：《郭店楚墓竹簡考釋（四篇）》，《簡帛研究二〇〇一》，桂林：廣西師範大學出版社，2001年，第192頁。

[4] 劉信芳：《包山楚簡解詁》，臺北：藝文印書館，2003年，第310頁；又《楚系簡帛釋例》，合肥：安徽大學出版社，2011年，第157頁。

[5] 劉國勝：《楚喪葬簡牘集釋》，武漢大學博士學位論文，2003年，第70頁。

[6] 俞樾：《古書疑義舉例》，北京：中華書局，1956年，第52頁。

[7] 李家浩：《包山楚簡的旌旆及其他》，《著名中年語言學家自選集·李家浩卷》，合肥：安徽教育出版社，2002年，第258頁。

"桎"即"殳"字是不可行的。

上文已經指出"𡈼"可讀爲"錘",而"垂"聲字與"叕"聲字可通,《説文》:"娺,疾悍也。从女、叕聲。讀若唾。"《詩·曹風·候人》:"何戈與祋。"《禮記·樂記》鄭注引"祋"作"綴",《禮記》正義引崔靈恩集注云"祋"本亦作"綴"。[1] 是"𡈼""碪""桎"可以讀爲"祋"。

《説文》:"祋,殳也。从殳、示聲。或説:城郭市里,高縣羊皮,有不當入而欲入者,暫下以驚牛馬曰祋,故从示、殳。《詩》曰:何戈與祋。"《説文》:"殳,以杸殊人也。《禮》:殳以積竹八觚,長丈二尺,建於兵車,車旅賁以先驅。从又、几聲。凡殳之屬皆从殳。"《詩·曹風·候人》:"彼候人兮,何戈與祋。"朱熹《集傳》:"祋,殳也。"《後漢書·馬融傳》:"祋殳狂擊,頭陷顱碎。"李賢注:"祋,亦殳也。"綜上可知,"祋"和"殳"是同一類兵器。"殳"爲《周禮·考工記》六建之一,《周禮·考工記·廬人》:"六建既備,車不反覆,謂之國工。"鄭玄注:"六建,五兵與人也。反覆,猶軒輖。"賈公彦疏:"廬人所造,有柄者戈、戟、殳與酋矛、夷矛五兵而已。上'車有六等',除軫與人,四兵。此云六建,建在車上,明無軫,自取人與五兵爲六建,可知也。"[2] 因此"祋"建於兵車也是很自然的,包山簡157的"車軺𡈼㕽"應該就是管理兵車之祋的職官。

包山簡261"一戈,二碪□"可讀爲"一戈、兩祋□"。由於簡文不够完整,所以兩祋的形制如何我們還不清楚。

包山楚墓出土"殳"三件,其中有籥殳兩件,即225號紅漆殳和290號黑彩殳,無籥殳一件。三殳首端皆有銅質圓帽,帽上有圓

---

[1] 高亨:《古字通假會典》,濟南:齊魯書社,1989年,第568頁。
[2] 戴震《考工記圖》以五兵與旌旗爲六建,錢玄從之,見錢玄:《三禮辭典》,南京:江蘇古籍出版社,1998年,第189頁。

鈕。李家浩先生指出兩件有籥殳分別對應包山簡269"朱旌"和簡273"儵旌"的旗杆。[1] 簡269的"一桱（殳）"很可能即指那件無籥殳。[2]

曾侯乙簡3相關的簡文作："一殳，二旆，屯八翼之翻……一晉殳，二旆，屯八翼之翻。""一殳""一晉殳"後面明言"二旆"，李家浩先生據此認爲包山225號紅漆殳（即簡269"朱旌"的旗杆）首端的銅帽鈕是用來繫旆的，鈕上殘留有絲帶，應該是朱旌的幅帛。[3] 不過包山簡"一桱（殳）"之後僅說"冒笔（庀）之首"，並沒有提到"旆"，所以無籥殳首端銅帽上的圓鈕也可能是注首用的。

三

楚王畲悍盤的"冶紹坙"，"坙"字用作人名。包山簡83"羅之廡國之坙者邑人"和包山簡163"郊邑"，"坙者"和"郊"皆用爲邑名。

周代金文的"脛""脛"爲氏族用字。《石鼓文·作原》篇的"□□"，李家浩先生認爲也是从"坙"聲的一個字。[4] 這些字到底應該如何釋讀，尚待研究【《論集》編按，"敱"或即《詩經·草蟲》"憂心惙惙"之"惙"的專字】。還有一種可能，它們所从的"坙"與楚文字中可以讀爲"錘"字的"坙"只是同形而已。[5]

---

[1] 李家浩：《包山楚簡的旌旆及其他》，《著名中年語言學家自選集·李家浩卷》，第258頁。

[2] 上引李家浩先生文指出包牘所記之物似未隨葬，可以不予討論。

[3] 李家浩：《包山楚簡的旌旆及其他》。

[4] 徐寶貴《石鼓文整理研究》（北京：中華書局，2008年，第796頁）引李家浩先生說。曾憲通先生《說跂毀及其它》認爲石鼓文此字所从"坙"乃"丮"字之訛，恐不可從。見《江漢考古》1992年第2期。

[5] 類似的例子如"睪"乃"狄"字古文，而楚文字用"睪"表示終卒、兵卒之{卒}。

附記：本文蒙裘錫圭先生、陳劍先生、郭永秉先生審閱指正，謹致謝忱！文中錯謬之處，概由作者本人負責。

（原載《出土文獻與古文字研究》第五輯，上海：上海古籍出版社，2013年；後收入《探尋中華文化的基因》，北京：商務印書館，2018年）

齊官璽釋地二則

《古璽彙編》0193 和 0285 著録了兩方戰國古璽，學者多根據文字風格和内容把它們歸入齊系官璽，以目前的認識水平來看，應該没什麽問題，小文主要談談這兩方璽印中首字的讀法。

《璽彙》0193　　　《璽彙》0285

兩璽文例相同，皆是"□+聞敀鉨"的形式。戰國齊系官璽中常見"聞[1]（門）司馬"（《古璽彙編》0028—0033）和"司馬敀[2]（《古璽彙編》0035—0036、0043）"等辭例，"聞（門）敀"不知是不是"聞（門）司馬敀"的省略形式。學者多認同聞

---

[1] 裘錫圭：《"司馬聞""聞司馬"考》，載《古文字論集》，北京：中華書局，1992年，第484頁。

[2] "敀"讀爲"廄"，爲軍隊中負責飼養牛馬的官署；參看朱德熙：《戰國文字資料裏所見的廄》，《出土文獻研究》，北京：文物出版社，1985年，第244頁。或讀爲"軌"，認爲是一種地方軍事編制；參看孫敬明：《齊陶新探》，《古文字研究》第十四輯，北京：中華書局，1986年，第221頁。單育辰先生認爲根據《容成氏》等出土資料，"敀"當依從李學勤先生的意見讀"搏"，爲製作陶器之義；參看《楚地戰國簡帛與傳世文獻對讀之研究》，北京：中華書局，2014年，第116頁。

（門）前面一字是地名，結合下面列舉的"鈺[1]聞（門）坕（祈）㗊（望）"[2] 和"鈺司徒師"兩方齊系官璽來看，在縣級地名和職官、機構中間加上聞（門）也比較普遍，可證《古璽彙編》0193 和 0285 的首字確實可以作爲縣一級地名使用。

《璽彙》0312　　　《璽彙》0019

一、𦣞（著）聞（門）敀鈂

我們先來看第一方璽。《古璽彙編》0193 的首字，朱德熙先生最早把它釋爲"𦣞"字省體，[3] 應該是正確的。我們認爲"𦣞"應與見於《漢書·地理志》濟南郡屬縣的"著"地有關。

據周振鶴先生研究，《漢書·地理志》是西漢成帝元延、綏和之際的行政區劃版圖。[4] 它記錄了 1 500 餘個漢縣的名稱，其中不少是從先秦古地沿革而來，所以《漢志》是研究先秦歷史地理的重要參考資料。然而經過歷代傳抄翻刻，書中所記郡縣名稱有個別訛誤。前代學者已經根據相關典籍，指出過一些因爲字形相近所導致的錯訛：例如錢大昕據《宋志》《蜀志》校改東海郡"海曲"當爲"海西"；[5]

---

[1] 此字曹錦炎先生釋爲"鈺"，讀爲"箕"，《漢志》琅琊郡下屬縣。參見《古璽通論》，上海：上海書畫出版社，1996 年，第 126 頁。
[2] 徐在國：《釋齊官"祈望"》，香港中文大學中國語言及文學系：《第四屆國際中國古文字學研討會論文集》，2003 年，第 565—572 頁。
[3] 朱德熙：《戰國文字資料裏所見的廄》，《出土文獻研究》，北京：文物出版社，1985 年，第 244 頁。
[4] 周振鶴：《西漢政區地理》，北京：人民出版社，1987 年，第 23 頁。
[5] 錢大昕：《廿二史考異》，上海：上海古籍出版社，2004 年，第 168 頁。

王念孫據《説文》校改丹陽郡"黝"當爲"黟",據《魏志》《隋志》校改武都郡"循成道"當爲"脩成道";[1] 王先謙據《續志》校改遼西郡"賓從"當爲"賓徒",[2] 皆是其例。

　　隨着出土文獻和考古資料的不斷發現,也有學者使用出土資料來校勘《漢志》所載縣名,取得了可喜的成績:如裘錫圭、陳雍先生據内蒙古出土的銅漏壺銘文考證西河郡"千章"當爲"干章";[3] 董珊先生據秦兵器銘文考證西河郡"徒經"當爲"徒淫";[4] 林澐先生據封泥、銀印考證樂浪郡"夫租"當爲"夭租"[5] 等等。

　　其實,早在20世紀初,王國維就曾根據齊魯故地的封泥資料成功地解決了一個《漢志》聚訟千年的問題。《漢志》濟南郡屬縣"著"下顏師古注:"音竹庶反,又音直庶反,而韋昭誤以爲菁蒩之菁字,乃音紀咨反,失之遠矣。"韋昭、顏師古各持一端,是非頗難辨析。[6] 孫慰祖先生主編的《古封泥集成》收錄有以下"菁丞之印"封泥資料:

《古封》878 　　《古封》879 　　《古封》880 　　《古封》1132

---

[1] 王念孫:《讀書雜志》,上海:上海古籍出版社,2014年,第660、671頁。

[2] 王先謙:《漢書補注》,上海:上海古籍出版社,2009年,第2723頁;《松談閣印史》著錄有"賓徒丞印",亦可佐證王説,參看趙平安:《秦西漢印章研究》,上海:上海古籍出版社,2012年,第168頁。

[3] 裘錫圭:《考古發現的秦漢文字資料對於校讀古籍的重要性》,《中國社會科學》1980年第5期;陳雍:《"干章"銅漏辨正》,《北方文物》1994年第3期。

[4] 董珊:《論陽城之戰與秦上郡戈的斷代》,《古代文明》第3卷,北京:文物出版社,2004年,第349頁。

[5] 林澐:《"夭租丞印"封泥與"夭租薉君"銀印考》,載《揖芬集》,北京:社會科學文獻出版社,2002年;又《林澐學術文集(二)》,北京:科學出版社,2008年,第182頁。據楊樹達《漢書窺管》,日本學者已經懷疑"夫租"乃訛誤。

[6] 王先謙指出"紀咨反"官本作"弛咨反"。參看《漢書補注》,第2440頁。

《古封》1133　　《古封》1134　　《古封》1135

其中880號和1134號最早著録於羅振玉所輯的《齊魯封泥集存》（1914年出版），王國維爲該書所作序言云：[1]

  濟南著縣，前後二志均爲著字，韋昭讀爲菁龜之菁，師古非之。然後魏濟南尚有菩縣，今封泥有菩丞之印，則韋是而顏非也。

《漢志》"著"乃"菩"的形近誤字，王説可謂定讞，後來楊樹達《漢書窺管》即贊同其説。[2] 不過遺憾的是，至今一些歷史地理的工具書對於這個正確結論並没有及時吸收，以致我們現在檢索相關辭書時，仍然無法查到"菩"這個地名詞條。

鬐、菩二字皆从耆聲，音近可通：

  《説文》："耆，老也。从老省、旨聲。"
  《説文》："鬐，馬鬣也。从髟、耆聲。"
  《説文》："蓍，蒿屬，生十歲百莖。《易》以爲數，天子蓍九尺，諸侯七尺，大夫五尺，士三尺。从艸、耆聲。"

因此，《古璽彙編》0193的"鬐聞（門）敀鈢"可以讀爲"菩聞（門）敀鈢"，當是菩地的門敀所用官璽。

二、在（茬）聞（門）敀鈢

《古璽彙編》0285的印文，羅福頤先生釋爲"在聞敀鈢"。朱

---

[1] 王國維：《齊魯封泥集存序》，載《王國維遺書·觀堂集林》，上海：上海古籍出版社，1983年，第960頁。
[2] 楊樹達：《漢書窺管》，上海：上海古籍出版社，1984年，第192頁。

德熙先生曾在《戰國文字資料裏所見的廄》一文中引用到這方璽印，把它釋爲"左聞敀鉨"，施謝捷先生從其説。[1] 單純從首字字形上看，兩種釋法似乎皆有理據。[2] 再從辭例分析，齊系官璽中雖然習見"左聞司馬""右聞司馬"和"左司馬敀""右司馬敀"等形式，但在"聞敀鉨"前面明確標"左、右"的官璽尚未發現。參考前文考證的"鬐聞（門）敀鉨"來看，《古璽彙編》0285首字用作地名的可能性更大，所以我們認爲此字仍當以釋"在"爲是。[3]

"在"可以讀爲"茬"，"茬"從"在"聲，《説文》："茬，艸皃。從艸、在聲。濟北有茬平縣。"《漢書·地理志》泰山郡有屬縣"茬"，顔師古注引應劭説云："茬山在東北，音淄。"泰山郡的"茬"和東郡（東漢改屬濟北國）的"茬平"之"茬"，宋祁認爲都應該改作"茌"。[4] 王先謙《漢書補注》據上引《説文》駁斥其説，陳直先生也曾引用東漢謁者景陽碑陰"濟北茬平"和楊叔恭殘碑"茬平"力證宋説之非。[5] 總之，作"茌"者是因形近所致的訛誤，[6] 不足爲據。

《古璽彙編》0285的"在聞敀鉨"可讀爲"茬聞（門）敀鉨"，是茬地的門敀所用官璽。《陶文圖録》著録有這樣一方秦代陶文，[7]

---

[1] 施謝捷：《古璽彙考》，安徽大學博士學位論文，2006年，第39頁。
[2] 其橫筆左上方似是泐痕，與齊系文字習見的"左"字手形寫法不同，且"左"字的工形豎筆雖偶有上穿橫畫的，但一般不會達到這樣的長度。
[3] 戰國燕系文字"才"有此類寫法，例如"載"作"[字]"（《集成》10583 燕侯載簋）、"[字]"（《集成》11219 燕侯載戈）。
[4] 或本作"茌"，非是。
[5] 陳直：《漢書新證》，北京：中華書局，2008年，第197頁。
[6] 學者多認爲"在"字是"才""土"構成的雙聲符字。參看施謝捷：《古璽複姓雜考（六則）》，王人聰、游學華編：《中國古璽印學國際研討會論文集》，香港中文大學文物館，2000年，第35—36頁。然則"茬""茌"二字形音皆近。
[7] 王恩田：《陶文圖録》，濟南：齊魯書社，2006年，第2260頁。該書以爲"茬"乃山東茌平，非是。

上有"茬市"二字,當是"茬"地市嗇夫所使用的印文。[1] 參照同類半通印文來看,"茬"在秦代時也作爲縣級機構存在。

《陶錄》6·414·3

䔷的治所在今山東濟陽區西,茬的治所在今山東濟南市長清區東南,[2] 戰國時期皆屬於齊國的範圍,這和我們考證的這兩枚官璽文字體現的國别特點也是相合的。若小文所釋不誤,則早至戰國時期,䔷地和茬地就已經開始設縣,後爲秦、漢相繼沿革。

(原載《戰國文字研究的回顧與展望》,上海:中西書局,2017年)

---

[1] 裘錫圭:《嗇夫初探》,《古代文史研究新探》,南京:江蘇古籍出版社,1992年,第482頁。
[2] 周振鶴:《漢書地理志匯釋》,合肥:安徽教育出版社,2006年,第215、216頁。

新鄭出土陶文考釋二則

一、釋"骷"

新鄭鄭國祭祀遺址出土東周時代的有些陶器上面刻有文字，多數文字整理者已經做出了正確的釋讀，但也有一些被誤釋的。比如下面列舉的兩件陶器各有兩字，當是陶工之名。[1]

陶盆口沿　　　　　　　陶罐肩部

兩器首字相同，整理者隸定爲"骷"。該字左邊是"骨"没有問題，但其右邊偏旁上部的豎筆帶有弧度，明顯與"古"不同。何家興先生隸定爲"骷"，認爲即見於《字彙補·骨部》的"骷"字。[2] 這樣隸定從字形上看是正確的，不過"骷"字到底對應後

---

[1] 河南省文物考古研究所編著：《新鄭鄭國祭祀遺址》，鄭州：大象出版社，2006年，第583頁。
[2] 何家興：《戰國文字分域研究》，安徽大學博士學位論文，2010年，第510頁。

世的哪個字還可以討論。《禮記·緇衣》引《詩經·大雅·抑》"慎爾出話"的"話"，郭店楚簡《緇衣》就寫作"舌"。趙平安先生據此考證出古文字中的"舌"字和用作偏旁的"舌"皆當隸定爲"舌（昏）"，[1] 其說可從。然則"骬"字即見於《說文》的"骬"。《說文·骨部》："骬，骨端也。从骨，昏聲。"段玉裁注以爲："骨當是骸之誤，《骨空論》云'膝解爲骬關'是也。關、骬雙聲，骬取機括之義。""骬"在陶文中用作姓氏。

二、釋"厷""肱"

新鄭出土的陶器上有如下兩字：[2]

《陶錄》5·2·4　　　　《陶錄》5·2·3

這兩個字在陶文中都用作人名。第一個字看起來像是从又、从日，第二個字是在第一個字的基礎上又加了"手"形（"手"形寫法可參考"掌"字：　《璽彙》1824、　《陶彙》6·20[3]）。第一個字的"又"下還多出一斜筆，在晉系文字中，"又"有時加一撇作裝飾筆畫，所以認爲上引陶文从"又"是沒有問題的。

《集成》9452 少府盉　　　　《商周青銅器銘文選》2.882 中山圓壺

《璽彙》3385

這兩個形體，一些陶文工具書和晉系文字字編都闕釋處理。[4]

---

[1] 趙平安：《續釋甲骨文中的"乇"、"舌"、"話"——兼釋舌的結構、流變以及其他古文字資料中從舌諸字》，《華學》2000 年第 4 期。
[2] 王恩田：《陶文圖錄》，濟南：齊魯書社，2006 年，第 1734 頁。
[3] 湯志彪：《三晉文字編》，吉林大學博士學位論文，2009 年，第 713 頁。
[4] 王恩田：《陶文字典》，濟南：齊魯書社 2007 年，第 420 頁。

我們認爲分別應該釋爲"厷"和"拡"。戰國文字和秦文字的"厷"和用作偏旁的"厷"常寫作"又"加一個圓圈：

《上博二·民之》09　　　《上博四·曹沫》56"忢"

《雲夢·日甲》70"雄"

也有的"厷"形在圓圈中加點或橫筆：

《璽彙》0846　　　《上博三·周易》51"拡"

其中寫作圓圈中加橫筆的"厷"很像是從"日"，和我們要考釋的陶文無疑就是一個字。尤其是《陶文圖錄》5·2·3的"拡"，其結構和前文所引上博三《周易》簡51之字如出一轍。不過上博簡《周易》"又"形上還有曲筆，應該是保留了古文"厷"的寫法。"拡"字從手、厷聲，當即"股肱"之"肱"的異體，"拡"在上博簡《周易》中也正是用作"肱"的。[1]《詩·小雅·無羊》："麾之以肱，畢來既升。"毛傳："肱，臂也。"《論語·述而》："飯疏食，飲水，曲肱而枕之，樂亦在其中矣。""肱"也是手臂的意思，所以其異體可以寫作從手。"肱"在古代可以用作人名，東漢時有彭城人姜肱，見《後漢書·周黃徐姜申屠列傳》：

> 姜肱字伯淮，彭城廣戚人也。家世名族。肱與二弟仲海、季江，俱以孝行著聞。其友愛天至，常共卧起。及各娶妻，兄弟相戀，不能別寢，以係嗣當立，乃遞往就室。肱博通五經，兼明星緯，士之遠來就學者三千餘人。諸公爭加辟命，皆不就。二弟名聲相次，亦不應徵聘，時人慕之。肱嘗與季江謁郡，夜於道遇盜，欲殺之。肱兄弟更相爭死，賊遂兩釋焉，但

---

[1] 馬承源：《上海博物館藏戰國楚竹書（三）》，上海：上海古籍出版社，2004年，第63頁。

掠奪衣資而已。既至郡中，見肱無衣服，怪問其故，肱託以它辭，終不言盜。盜聞而感悔，後乃就精廬，求見徵君。肱與相見，皆叩頭謝罪，而還所略物。肱不受，勞以酒食而遣之。後與徐穉俱徵，不至。桓帝乃下彭城使畫工圖其形狀。肱臥於幽闇，以被韜面，言患眩疾，不欲出風，工竟不得見之。中常侍曹節等專執朝事，新誅太傅陳蕃、大將軍竇武，欲借寵賢德，以釋衆望，乃白徵肱爲太守。肱得詔，乃私告其友曰："吾以虛獲實，遂藉聲價。明明在上，猶當固其本志，況今政在閹豎，夫何爲哉！"乃隱身遯命，遠浮海濱。再以玄纁聘，不就。即拜太中大夫，詔書至門，肱使家人對云"久病就醫"。遂羸服閒行，竄伏青州界中，賣卜給食。召命得蘄，家亦不知其處，歷年乃還。年七十七，熹平二年終于家。弟子陳留劉操追慕肱德，共刊石頌之。

（原載《中國文字學報》第六輯，北京：商務印書館，2015 年）

釋郭店簡的"閔嘍"

《郭店·忠信之道》8—9號簡有"氏（是）古（故）古之所以行虖（乎）閔嘍者如此也"句。[1] 其中"閔嘍"二字，周鳳五先生讀爲蠻貊；[2] 劉釗先生讀爲蠻貉；[3] 涂宗流先生讀爲開嘍。[4]

按，"閔"原字形作"䦋"，疑乃"闢"字省體。《説文》："闢，開也。從門辟聲。䦋，《虞書》曰'䦋四門'，從門從𠬞。"金文"闢"字從"門"從"𠬞"，會以兩手開門之義。戰國文字則多從"門"從"廾"作下列之形：[5]

䦋《郭店·語叢》3.42　　䦋《璽彙》4091　　䦋《陶彙》3.1220

已有學者指出："古文字中有許多所謂即形見義的'同文會意字'。如：'林''絲''品''齊'等。這類重文疊體作爲獨體出現，其'同文'部分不能省簡。如果作爲複體出現，則往往可以省簡'同文'中的一個或兩個部件，這就是所謂的删减同形。戰國文

---

[1] 荆門市博物館：《郭店楚墓竹簡》，北京：文物出版社，1998年，第45頁。
[2] 周鳳五：《郭店楚簡〈忠信之道〉考釋》，《中國文字》新24期，臺北：藝文印書館，1998年。
[3] 劉釗：《郭店楚簡校釋》，福州：福建人民出版社，2003年，第167頁。
[4] 涂宗流：《郭店楚簡平議》，北京：國際炎黃文化出版社，2004年，第347頁。
[5] 湯餘惠：《戰國文字編》，福州：福建人民出版社，2001年，第780頁。

字最爲習見。"[1]

然則"闢"字所從之"廾"自可省作"又"形。楚簡"龏"字或作"叟",曾侯乙鐘"鐸"或作"鏴",是其佐證。[2]

从"廾"	从"又"
![字形]《包山》41	![字形]《信陽》1.42
![字形]曾侯乙鐘	![字形]曾侯乙鐘

"閞嘍"可讀爲"辟陋"。閞从辟聲,閞、辟二字可通:《書·堯典》"闢四門",《史記·五帝本紀》作"辟四門",《漢書·梅福傳》引同。《周禮·天官·閽人》"凡外內命夫命婦出入,則爲之闢",《釋文》"闢,本又作辟",《唐六典·內寺省》引"闢"作"辟"。《史記·司馬相如列傳》"地可以墾辟",《文選·上林賦》"辟"字作"闢"。[3]

嘍、陋二字古音同屬來紐侯部,可相通假。从"婁"聲的字與从"扇"聲的字可通:《爾雅·釋器》"金謂之鏤",《釋文》"鏤,字又作鎘"。而"扇"聲的字又與"陋"字相通:《荀子·儒效》"雖隱於窮閻漏屋",《韓詩外傳》引"漏"作"陋"。[4]

"辟陋"一詞,典籍習見:

(1) 莒子曰:"辟陋在夷,其孰以我爲虞?"

(《左傳·成公八年》)

---

[1] 何琳儀:《戰國文字通論(訂補)》,南京:江蘇教育出版社,2003年,第208頁。
[2] 李守奎:《楚文字編》,上海:華東師範大學出版社,2003年,第159、797頁。
[3] 高亨、董治安:《古字通假會典》,濟南:齊魯書社,1989年,第484頁。
[4] 高亨、董治安:《古字通假會典》,第356頁。

（2）費無極言於楚子曰："晉之伯也，邇於諸夏，而楚辟陋，故弗能與爭。" （《左傳·昭公十九年》）

（3）今使人生於辟陋之國，長於窮櫚漏室之下，長無兄弟，少無父母，目未嘗見禮節，耳未嘗聞先古，獨守專室而不出門，使其性雖不愚，然其知者必寡矣。

（《淮南子·修務篇》）

簡文"是故古之所以行乎辟陋者，如此也"，"辟陋"指代楚、莒之類所謂的蠻夷之邦。《論語·衛靈公》："言忠信，行篤敬，雖蠻貊之邦行矣；言不忠信，行不篤敬，雖州里行乎哉？"與簡文可以參證。學者把"閖嘍"釋爲"蠻貊"雖不正確，但文意却是符合的。【《論集》編按，《荀子·議兵》："微子開封於宋，曹觸龍斷於軍，殷之服民所以養生之者也，無異周人。故近者歌謳而樂之，遠者竭蹙而趨之，無幽閒辟陋之國，莫不趨使而安樂之，四海之内若一家，通達之屬莫不從服，夫是之謂人師。"與簡文亦頗近似】

需要指出的是，《古文字類編（增訂本）》"閽"字條所收包山 28 簡之字其實是"阰門有敗"的"門又（有）"二字，與本文討論的字無關。[1]

（原載《中國文字學報》第四輯，北京：商務印書館，2012 年）

---

[1] 高明、涂白奎：《古文字類編（增訂本）》，上海：上海古籍出版社，2008 年，第 1257 頁。

據清華簡考釋新蔡簡二則

一、釋 "䰫"

新蔡楚簡中有這樣一段話：

□□。是▨切（創）而口，亦不爲大詾（訩），勿卹，亡（無）咎。□　　　　　　（零：115、22）

學者多將"是"後面的一個字隸定爲"䰫"。宋華强先生認爲此字從"册"得聲，把它讀爲"刺"。[1]

秦漢文字中又有下列兩種形體：

▨《秦代印風》92　　　　　▨《馬王堆帛書·五十二病方》

▨劉釗《"瘺"字源流考》　　▨劉釗《"瘺"字源流考》

劉釗先生把上揭兩形分別釋爲"瘺"和"翩"，認爲"瘺"字所從之"扁（扁）"最初是由"扁"字訛變而來的，"瘺"與見於《説文·疒部》的"瘺"很可能本爲一個字，後來因字形的訛混或詞義的區別，才分化出了"瘺"字。[2]

---

[1] 宋華强：《新蔡葛陵簡初探》，武漢：武漢大學出版社，2010年，第172頁。
[2] 劉釗：《"瘺"字源流考》，《第二十届中國文字學國際學術研討會論文集》；又復旦大學出土文獻與古文字研究中心網站，2009年5月8日。

高佑仁先生最早將新蔡簡的"▢"與上述秦漢文字聯繫起來，並根據楚文字中"首""自"兩種形體訛混的現象懷疑新蔡簡此字也有可能就是"痲"。[1] 劉釗先生在《"痲"字源流考》一文的結尾總結説：

> "痲"字所從之"鼎（鼏）"本是一個獨立存在的字，與"扁"並無關係的可能性還是很大的。從上釋秦文字中的"痲"和"翩"所從之"鼏"都從"朩"來看，"鼏"有可能最初就從"朩"，是後來才訛混成從"册"的。

我們認爲這個意見是正確的。"鼎（鼏）"字應當就是從新蔡簡"▢"演變而來的。上舉劉先生文已經列舉了一些"册""朩"訛混的例子：

厥　《温縣》WT4K6∶250　　　麻　《温縣》T1K1∶3797

《中山文字編》140頁玉飾　　　　《璽彙》2876

《清華簡·繫年》也爲此提供了一個堅實的證據。第十四章記載"郤克率晉師救魯，敗齊師于摩笄之山"，其中的"摩"字原形爲"▢"，從石、"朩"聲，當即"磨"字，假借爲"摩"。[2] "朩"也寫作"册"，與"▢"字所從全同。所以"▢"可以分析爲從"首""朩"聲，循音求之，當即"髍"之本字。《説文·骨部》："髍，痲病也。從骨、麻聲。"《疒部》："痲，半枯也。從疒、扁聲。"

秦漢文字的"痲"本當從"髍"得聲。"痲"字上古音在並紐

---

[1] 高説見劉釗先生《"痲"字源流考》後跟帖，復旦大學出土文獻與古文字研究中心網站，2009年5月8日。

[2] 李學勤主編：《清華大學藏戰國竹簡（貳）》，上海：中西書局，2011年，第169頁。

質部，"髍"在明紐歌部，聲近韻通，所以"髍"可以用作"瘑"的聲符。"扁"字的上古音聲在幫紐，韻或歸元部、或歸真部。"髍""瘑"二字聲義俱近，劉釗先生認爲"瘑"與《説文·疒部》的"㾻"本爲一個字的説法應該也是正確的。

回頭去看新蔡簡的簡文，"髍"在文中當有微小之意。《漢書·叙傳》"又况幺髍"，顏師古注："幺、髍，皆微小之稱也。"《讀書雜志·漢書第十五》："髍之言靡也，幺、髍二字連文，俱是微小之意。""髍"在典籍中又可寫作"麽"，《廣雅·釋詁二》"麽，小也"，王念孫疏證云：[1]

《衆經音義》卷七引《三倉》云："麽，微也。"《列子·湯問》篇"江浦之間有麽蟲"，張湛注云："麽，細也。"麽之言靡也，張注《上林賦》云："靡，細也。"靡、麽古同聲，《尉繚子·守權》篇云"幺麽毀瘠者并於後"，《鶡冠子·道端》篇云"任用幺麽"，《漢書·叙傳》"又况幺膺，尚不及數子"，鄭氏注云："膺，小也。"《文選》作麽，李善注引《通俗文》云："不長曰幺，細小曰麽。"

簡文"是髍切（創）而口，亦不爲大訽（詬）。勿卹，亡（無）咎"，可以理解爲：嘴巴受了小傷，但也不會帶來大耻辱。不用擔心，没有凶咎。

二、釋 "息"

新蔡簡零236、186號簡簡文如下：[2]

☐車，鄭公中、大司馬子礊、鄙（宛）公☐

（零：236、186）

---

[1] 王念孫:《廣雅疏證》，北京：中華書局，1983年，第54—55頁。
[2] 引文據宋華强:《新蔡葛陵楚簡初探》，武漢：武漢大學出版社，2010年。

其中的"鄎"字，原形作"🈳"，從"邑""寋"聲。"寋"即"賽"字異體，在新蔡簡中用爲"賽禱"之"賽"：

罤（擇）日於是見寋（賽）禱司命、司录☐　（甲三：4）

寋（賽）禱於訢（荆）王吕（以）逾，訓（順）至文王吕（以）逾☐　　　　　　　　　　　　（甲三：5）

"鄎"從"寋（賽）"聲，不過"鄎"到底應該讀爲何字，尚未有很好的意見。[1]《清華簡·繫年》的公布爲我們考釋"鄎"提供了綫索，簡23—28記載了楚文王滅蔡、息的事件（釋文用寬式）：

蔡哀侯取妻於陳，息侯亦取妻於陳，是息嬀。息嬀將歸于息，過蔡，蔡哀侯命止之，【二三】曰："以同姓之故，必入。"息嬀乃入于蔡，蔡哀侯妻之。息侯弗順，乃使人于楚文王【二四】曰："君來伐我，我將求救於蔡，君焉敗之。"文王起師伐息，息侯求救於蔡，蔡哀侯率師【二五】以救息，文王敗之於莘，獲哀侯以歸。文王爲客於息，蔡侯與從，息侯以文【二六】王飲酒，蔡侯知息侯之誘己也，亦告文王曰："息侯之妻甚美，君必命見之。"文【二七】王命見之，息侯辭，王固命見之。既見之，還。明歲，起師伐息，克之，殺息侯，取【二八】息嬀以歸，是生堵敖及成王。

其中"息"字清華簡本作"賽"。由此可知，把上引新蔡簡的"鄎"讀爲"鄎（息）"也是很自然的。《說文》："鄎，姬姓之國，在淮北。从邑、息聲。今汝南新鄎。"[2]《左傳》對楚文王滅息的具體年份記載不詳，據清華簡簡文，楚滅息之年爲魯莊公十一年（公元前683年，楚文王八年）。楚滅息後即設置息縣，但

---

[1] 參看吳良寶：《戰國楚簡地名輯證》，武漢：武漢大學出版社，2010年，第267頁；劉信芳：《楚系簡帛釋例》，合肥：安徽大學出版社，2011年，第63頁。

[2] 小徐本"鄎"作"息"，下有"是也"二字。

"息"之地望，古書所述不盡一致。徐少華先生認爲《後漢書》李賢注及《元和郡縣圖志》的記載是正確的，春秋時息縣當在北魏以來的新息縣以南。[1] "鄎公"即"息"縣之公，李曉傑先生曾推測戰國時"息"仍當爲楚縣，[2] 新蔡簡"鄎（息）公"的釋讀證明其說可信。

簡文又有"郍公"，學者多讀爲"宛"公，可從。"宛"本春秋楚"申"縣，在戰國時改爲"宛"。"申"和"息"都是南陽郡的屬縣，或據《說苑·指武》"吳起爲苑（宛）守，行縣，適息"的記載，將"申"更名爲"宛"的時間下限定在公元前385年。[3] 而根據宋華強先生的研究，新蔡簡的年代下限爲公元前398年（楚悼王四年）。[4] 這樣，"申"更名爲"宛"的時間下限亦可提前。

"息公中、大司馬子叴（叚—瑕）[5]、宛公☐"，這些人名皆不可考。古人名"句"者多字"瑕"：晉士句字伯瑕，楚陽句字子瑕，鄭駟乞字子瑕（"乞"有"句"義）。春秋晚期楚令尹有陽句，但與簡文年代似不合。

（原載《古文字研究》第三十輯，北京：中華書局，2014年）

---

[1] 徐少華：《周代南土歷史地理與文化》，武漢：武漢大學出版社，1994年，第86—87頁。
[2] 周振鶴、李曉傑：《中國行政區劃通史·先秦卷》，上海：復旦大學出版社，2009年，第353頁。
[3] 參看周振鶴、李曉傑：《中國行政區劃通史·先秦卷》，第352頁。據楊寬《戰國史》楚悼王時吳起爲宛守，悼王於公元前405—前385年在位。
[4] 宋華強：《新蔡葛陵楚簡初探》第三章。
[5] 參看徐在國：《說楚簡"叚"兼及相關字》，《簡帛語言文字研究》第五輯，成都：巴蜀書社，2010年。

釋《上博六·用曰》20 號簡的"裕"和"褊"

——兼説"扁"聲字的上古音歸部問題

《上博六·用曰》20 號簡文云：

民亦弗能望。又（有）怛之深，而又（有）弔之濈（淺）。又（有）夒=（夒夒）之給，而又（有）㮃=（㮃㮃）之袞。凡民之終頪（類），隹（唯）善是善。■善，古（故）君之。

其中的"給"字也見於 18 號簡，與 20 號簡之字略有不同，其左右偏旁的位置發生了互換：

《上博六·用曰》20　　《上博六·用曰》18

古文字的形體方向和偏旁位置一般並不固定，戰國文字中"左右互作"的現象則更爲常見，[1] 所以上舉兩形爲同一個字是沒有問題的。此字可分析爲從"糸""谷"聲，楚簡文字中的"谷"字和從"谷"之字作如下之形：

《郭店·成之》17　　《上博一·孔》3

[1] 何琳儀：《戰國文字通論（訂補）》，南京：江蘇教育出版社，2003 年，第 227 頁。

《郭店·緇衣》6　　　　　《上博五·鮑》5

　　《上博六·用曰》的整理者把這個字隸定爲"綌"是可信的。不過需要注意的是，它和見於《說文》的"綌"並非同一個字。《說文》："綌，粗葛也。从糸、谷聲。帢，綌或从巾。"《詩經·葛覃》："爲絺爲綌，服之無斁。"陸德明《釋文》云："綌，去逆反。"明確了訓爲粗葛的"綌"字聲符爲"𧮫"，上古音在溪紐鐸部。而簡文中的"綌"字則以"谷"作爲聲符，"谷"的古音在見紐屋部，與"𧮫"的讀音有一定的距離，二字有不同的來源，在早期文字中判然有別，隸楷階段才變得容易混淆。[1] 另外，上博簡《姑成家父》的"郤"（从"𧮫"聲）字用"坿"表示，《孔子詩論》中可能用爲"絺綌"的"綌"字，也以"丯"作爲聲符。[2] 這些用字習慣從另外一個角度說明《用曰》篇的"綌"和典籍中訓爲粗葛的"綌"僅僅是由於字形變化而造成的同形字而已。[3]

　　簡文的"綌"對應後世的哪個字呢？"綌"當爲"裕"的異體。《說文》："裕，衣物饒也。从衣、谷聲。《易》曰：有孚裕無咎。""衣""糸"形旁互通，古文字中不乏其例，[4] 所以，"糸"可以作爲"裕"的義符。

　　《用曰》18號簡文"番煮綌衆"，"綌衆"即"裕衆"。"衆"亦"民"也，如《公羊傳·昭公二十五年》："季氏得民衆久矣。"《史記·龜策列傳》："諸侯賓服，民衆殷喜。""民衆"皆同義連

---

[1]《廣雅疏證·釋詁》"袪，開也"條（北京：中華書局，2004年，第107頁），王念孫云："袪，各本訛作裕。""𧮫""去""谷"形皆近。

[2] 陳劍：《〈孔子詩論〉補釋一則》，載《經學今詮三編》（《中國哲學》第二十四輯），瀋陽：遼寧教育出版社，2002年。後收入陳劍《戰國竹書論集》，上海：上海古籍出版社，2013年，第1—3頁。

[3] 裘錫圭：《文字學概要（修訂本）》，北京：商務印書館，2013年，第208頁。

[4] 高明：《古文字學通論》，北京：北京大學出版社，1996年，第150頁。

言。古漢語中"裕民"一詞習見：

  1. 乃由裕民，惟文王之敬忌。乃裕民曰：我惟有及。
（《尚書·康誥》）

  2. 膺保明德，以佐王室，可謂廣裕民人矣。
（《國語·周語下》）

  3. 輕田野之税，平關市之征，省商賈之數，罕興力役，無奪農時，如是則國富矣。夫是之謂以政裕民。
（《荀子·富國》）

  4. 文王囿百里，民以爲尚小；齊宣王囿四十里，民以爲大。裕民之與奪民也。
（《漢書·揚雄傳》）

  王引之認爲《尚書·康誥》"裕民"的意思是"道民"，即"引導民衆"之義。[1] "番惹"，學者或讀爲"播圖"，[2] 應當可信。《楚辭·九章·懷沙》："章畫志墨兮，前圖未改。"王逸注云："圖，法也……以言人遵先聖之法度，修其仁義。""番（播）惹（圖）綌（裕）衆"的意思就是説"傳播法度以引導民衆"。也有另外一種可能，"綌（裕）衆"與上引《荀子·富國》等文獻中的"裕民"義同，可以解釋爲"寬裕民衆"。

  20號簡的"衾"字之形有些殘泐，原整理者闕釋。我曾經在一篇小文中把它隸定爲"衾"，[3] 從"衣""金"（鞭之古文）聲。"衣"形的寫法可以參考比較下列楚簡中一些從"衣"之字：

    《上博六·用曰》20   《上博三·周易》53 "裹"

---

[1] 王念孫《廣雅疏證·釋詁》"裕，道也"條（第90頁）引王引之説。

[2] 陳偉：《讀〈上博六〉條記》，簡帛網，2007年7月9日；張崇禮：《釋〈用曰〉的一個編聯組》，簡帛研究網，2007年11月29日。

[3] 劉剛：《上博六〈用曰〉篇初步考察》，復旦大學出土文獻與古文字研究中心網站，2008年10月31日。

釋《上博六·用曰》20號簡的"裕"和"褊"　　65

《望山》2·2"裹"

除去"衣"的那一部分，正與楚簡文字"仝"的寫法相同：

《郭店·老甲》1　　　　　《郭店·老丙》1

《上博六·慎》2　　　　　《上博二·容》16

另外，把"而又（有）纆＝（纆纆）之"後面的字釋作"裒"，和簡文前後的"淺""善"同爲元部字，正合乎本章韻例。《用曰》全篇内容多相對爲言，如19號簡的"不見"與"甚明"，又如本簡的"又（有）但之深"與"而又（有）弔之濘（淺）"。"而又（有）纆＝（纆纆）之裒"和前面的"又（有）鼗＝（鼗鼗）之綹（裕）"也應該是相對而言的。

綜合考慮，"裒"當即"褊"字異體。"仝"聲之字與"扁"聲之字可以通假：郭店《老子（丙）》簡8"仝將軍"，今本《老子》作"偏將軍"。[1] 即將公布的安徽大學藏戰國竹簡《詩經》中也有"裒"用爲"褊"的例證。《説文》："褊，衣小也。从衣、扁聲。"段玉裁注云："引伸爲凡小之偁。"《楚辭·東方朔〈七諫〉》："淺智褊能兮，聞見又寡。"王逸注："褊，狹也。"《詩·魏風·葛屨》："維是褊心，是以爲刺。"王先謙集疏："《説文》'急'下云：'褊也。''褊'下云：'衣小也。'《廣韻》：'褊，衣急。'《賈誼書》：'反裕爲褊。'褊小、褊陋，皆自衣旁推之。"[2] 上面提到的《賈誼書》見於今本《新書·道術》篇："曰：'請問

---

[1] 白於藍：《戰國秦漢簡帛古書通假字典》，福州：福建人民出版社，2012年，第768頁。

[2] 王先謙：《詩三家義集疏》，北京：中華書局，1987年，第400頁。

品善之體何如？'對曰：'……包衆容易謂之裕，反裕爲褊。'"
"褊"和"裕"恰好構成一組反義詞，放在簡文中是非常順適的。

《用曰》20號簡文"又（有）鼜ˬ（鼜鼜）之綌（裕），而又（有）繓ˬ（繓繓）之衾（褊）"，簡14句首有"用曰：母（毋）事繓ˬ（繓繓）"，"繓繓"之義與20號簡應當相同。依照《用曰》整篇體例，此句上文應該有描述或表現"狹隘（褊急）"的文字，這對於簡文的編聯也是很有幫助的。簡7的"贛ˬ（贛贛）險ˬ（險險）"，不知與"又（有）鼜ˬ（鼜鼜）之綌（裕）"有無聯繫。結合前後文義，推測"綌（裕）"和"衾（褊）"可能表示君主的寬容和褊急。

最後附帶討論一下"扁"聲字的上古音歸部問題。

古音學家一般把"扁"字歸入真部，[1] 主要根據是《廣韻》"扁"字"方典切"的先韻開口四等讀音，和《詩經》中从"扁"得聲的"翩"字押韻情況：[2]

　　緝緝翩翩，謀欲譖人。慎爾言也，謂爾不信。
　　　　　　　　　　　　　　　　　　　　（《小雅·巷伯》）

　　四牡騤騤，旟旐有翩。亂生不夷，靡國不泯。民靡有黎，具禍以燼。於乎有哀，國步斯頻！　　（《大雅·桑柔》）

董同龢先生把"扁"字歸入元部，依據的是《廣韻》"扁"字另外兩個"芳連切""符善切"的仙韻開口三等讀音。[3] 何九盈先生認爲董說不如江永以降古音學家的意見，也贊同"扁"聲字應該歸入真部。

我們知道，根據諧聲字歸納古音聲紐韻部，可謂古音學家"不

---

[1] 陳復華、何九盈：《古韻通曉》，北京：中國社會科學出版社，1987年，第118頁。

[2] 何九盈：《古韻三十部歸字總論》，收入《音韻叢稿》，北京：商務印書館，2004年，第111頁。

[3] 董同龢：《上古音韻表稿》，"中研院"歷史研究所單刊甲種之二十一，1944年，第207頁。

得已而爲之"的技術手段。由於許多字在先秦文獻的韻文中根本没有作爲押韻字出現過，使用繫聯韻腳的方法受到一定限制，段玉裁在《六書音均表·古諧聲説》中提出了"一聲可諧萬字，萬字而必同部，同聲必同部"的原則。諧聲字表現出的系統與押韻系統大體相合，後人在討論上古音時往往使用"把諧聲偏旁分别列出，凡從某某偏旁得聲的字就屬於某某韻部"的方法。[1] 而實際情況是：同一諧聲偏旁的字，其產生並不完全同時。把處於不同歷史層面的語言學資料作共時的研究，出現一些枝節問題也就在所難免了。

從出土古文字資料來看，"翩"字本來是从"扁（䐑）"得聲的。[2] "䐑"之古音在歌部，"翩"之古音當轉入元部。"褊""偏"等字皆从"佥"聲，[3] 也應歸入元部。從《用曰》篇的用韻情況看，把"褊"歸入元部也較真部爲優。總之，即便不能把"扁"聲字都歸入元部，我們至少也可以説：在戰國楚地出土的簡帛文獻中，後世从"扁"得聲的"褊""偏"等字應該歸入元部。

（原載《安徽大學學報（哲學社會科學版）》2017 年第 5 期）

---

[1] 李方桂：《上古音研究》，北京：商務印書館，1980 年，第 3 頁。
[2] 劉釗：《"瘺"字源流考》，復旦大學出土文獻與古文字研究中心網站，2009 年 5 月 8 日；劉剛：《據清華簡考釋新蔡簡二則》，《古文字研究》第三十輯，北京：中華書局，2014 年，第 419—421 頁。
[3] 佥（鞭）的歸部參看何九盈：《古韻三十部歸字總論》，《音韻叢稿》，第 110 頁。

夕陽坡竹簡新探

　　1983 年冬，湖南省常德市德山夕陽坡 2 號楚墓出土了兩支竹簡。1987 年，楊啟乾先生的《常德市德山夕陽坡二號楚墓竹簡初探》首次披露了竹簡釋文。[1] 1998 年，劉彬徽先生的《常德夕陽坡楚簡考釋》公布了簡文摹本。[2] 2010 年 9 月，湖南省常德市文物局等單位編著的《沅水下游楚墓》一書公布了兩支竹簡的照片。[3] 竹簡寬 1.1 釐米，一支長度完整，爲 68 釐米；另一支簡首略有殘損，長 67.5 釐米。簡文共計 54 字。下面先根據學者們已有的研究成果，結合我們的理解，把竹簡的釋文寫出，再進行討論（釋文用寬式隸定）。

　　　　越湧君嬴將其衆以歸楚之歲，荆尸之月，己丑之日，王處於葴郢之遊宮。士尹邵之上與悼哲王之愚、造卜尹郘逯以王命賜舒方御歲愲（饋）。

　　第二字楊啟乾先生隸作"湧"，認爲是"湧"字異體，簡文

---

[1] 楊啟乾：《常德市德山夕陽坡二號楚墓竹簡初探》，載《楚史與楚文化研究》（《求索》增刊），求索雜志社，1987 年，第 336 頁。
[2] 劉彬徽：《常德夕陽坡楚簡考釋》，"紀念徐中舒先生九十壽辰暨中國古文字學國際學術討論會"文稿（油印本），成都，1998 年。又劉彬徽：《早期文明與楚文化研究》，長沙：嶽麓書社，2001 年，第 215 頁。
[3] 湖南省常德市文物局等編著：《沅水下游楚墓》（下冊），北京：文物出版社，2010 年，彩圖十五。

"湧"指見於《左傳·莊公十八年》及《水經·江水注》的湧水（在湖北沙市南），"湧君"是楚國封於湧水地區的封君。劉彬徽先生則認爲"越湧君"即公元前333年楚威王興兵敗越之後越地的某個小君長。何琳儀先生認爲"湧"可以讀爲"甬"，"甬"即見於《左傳·哀公二十二年》和《史記·吳太伯世家》的越地"甬東"，地在浙江海東之翁山。[1] 李學勤先生亦持相同意見，並據《國語·吳語》韋昭注"甬、句東，今句章東浹口外州也"，把"甬"和"句章"聯繫起來，認爲簡文的"越湧君歸楚之事"與《戰國策·楚策一》"楚王問於范環"章的"（懷）王嘗用滑於越而納句章"實爲同一事件的不同記載形式。[2] 在此基礎上，李先生把"越湧君嬴將其衆以歸楚之歲"定於公元前307年（楚懷王二十二年）。

我們認爲所謂的"湧"字釋讀有誤，從文字部件的組合習慣來看，楚文字中"甬"及從"甬"之字，尚未見到有從"又"作的：

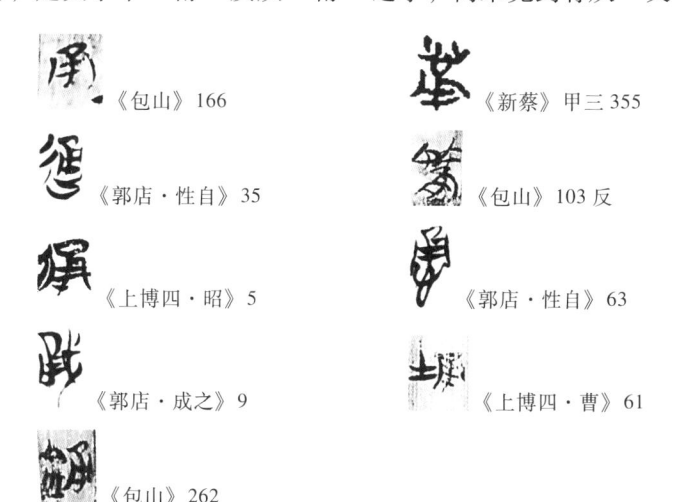

《包山》166　　　　　　《新蔡》甲三355

《郭店·性自》35　　　　《包山》103反

《上博四·昭》5　　　　《郭店·性自》63

《郭店·成之》9　　　　《上博四·曹》61

《包山》262

夕陽坡竹簡彩版照片此字作"　"，從"水""隻（獲）"

---

[1] 何琳儀：《舒方新證》，《古籍研究》2000年第1期。
[2] 李學勤：《越湧君嬴將其衆以歸楚之歲考》，《古文字研究》第二十五輯，北京：中華書局，2004年，第311頁。

聲，應釋爲"蒦"，可參考下列"隻（獲）"及从"隻（獲）"之字。楚文字"隻（獲）"的"隹"旁和"甬"形體相近，但"甬"字上部三角連接一豎筆直下，不會寫作類似"卩"形；摹本將其摹作"𨖷"，[1] 不過從照片來看，其右上部並沒有一豎筆，所以釋"湧"之說實不可信。

《九店》56·31　　　　《集成》2794 會悍鼎

《包山》153　　　　　《上博五·季》12

既然"越湧君"之說子虛烏有，那在此基礎上的種種解釋自然也就不可信了。且《戰國策·楚策一》"楚王問於范環"章明言"且王嘗用滑於越而納句章"，可知"納句章"即"用滑於越"的結果。若據上引李學勤先生文之結論，"召滑受命伐越之年在公元前 311 年"而"納句章之年在公元前 307 年"，兩者之間不應懸隔四年之久。

簡文"越蒦君嬴將其衆以歸楚之歲"乃楚國習見的"以事紀年"，[2] 此句關係到楚滅越的時間問題，非常重要。關於越國滅亡的具體年代，以往主要有三種觀點：或以爲楚威王時滅越，或以爲楚懷王時滅越，或以爲越至秦王政時始爲秦所滅。"楚威王滅越"說的主要根據是《史記·越世家》，針對此說，李學勤先生已經指出：《越世家》只是說楚威王"大敗越"，並沒有說"滅越"。[3]"秦王政滅越"說的主要根據是《史記·秦始皇本紀》"（二十五年）王翦遂定荆江南地，降越君，置會稽郡"的記載。[4] 楊寬先

---

[1] 滕壬生：《楚系簡帛文字編（增訂本）》，武漢：湖北教育出版社，2008 年，第 947 頁。

[2] 吳良寶：《楚簡地名輯證》，武漢：武漢大學出版社，2010 年，第 11 頁。

[3] 李學勤：《關於楚滅越的年代》，《江漢論壇》1985 年第 7 期；後收入《當代學者自選文庫·李學勤卷》，合肥：安徽教育出版社，1999 年，第 218 頁。

[4] 蒙文通：《越史叢考》，北京：人民出版社，1983 年，第 39 頁。

生梳理相關史料，認爲楚滅越當在楚懷王二十三年，滅越以後，保留越君系統在會稽，使服朝於楚以便統治越族。越國實久已亡矣。[1] 其説最爲可信。蒙文通曾經對《史記·越世家》"服朝於楚"的記載表示懷疑，[2] 從夕陽坡簡簡文來看，"越濩君嬴將其衆以歸楚"正是越"服朝於楚"的確證。

"越濩君"不見於文獻記載，不過文獻多載越王無強之後的君長稱"君"。如前舉劉彬徽先生文引到的《史記·越世家》："楚威王興兵而伐之，大敗越，殺王無彊，盡取故吳地至浙江，北破齊於徐州。而越以此散，諸族子爭立，或爲王，或爲君，濱於江南海上，服朝於楚。"此外《越絶書·越絶外傳記地傳》也有類似的記載："（楚）威王滅無彊，無彊子之侯，竊自立爲君長。之侯子尊，時君長。尊子親，失衆，楚伐之，走南山。親以上至句踐，凡八君，都琅琊二百二十四歲。無彊以上，霸，稱王。之侯以下微弱，稱君長。"簡文"越濩君"當即"親"以下的某個越君。越濩君迫於楚國攻越的壓力，率領其衆向楚國歸附，這也成爲越國滅亡的標誌。由於"越濩君"是主動歸順，所以楊寬先生提出的"（楚）保留越君系統在會稽，使服朝於楚以便統治越族"也就很自然了。"越濩君嬴將其衆以歸楚之歲"即楚滅越之歲，在公元前306年（楚懷王二十三年），據張培瑜《中國先秦史曆表》，該年荆尸之月（寅月）丙寅朔，己丑日爲二十四日。[3]

再來看簡文的第二句。董珊先生認爲"邵之上"是楚昭王之族名爲"上"者，"悼哲王之愄"應指楚悼王之族名爲"愄"者，此

---

[1] 楊寬：《戰國史料編年輯證》，上海：上海人民出版社，2001年，第611—612頁。
[2] 蒙文通：《越史叢考》，第31頁。
[3] 張培瑜：《中國先秦史曆表》，濟南：齊魯書社，1987年，第204頁。楊寬《戰國史料編年輯證》將楚滅越之年定於楚懷王二十三年（公元前306年），但又肯定黄以周定楚滅越於楚懷王二十二年（公元前307年）的結論。若楚滅越在懷王二十二年，與曆法亦不衝突，則該月辛未朔，己丑爲十九日。

二人爲正、副"士尹"。[1] 舒方，何琳儀先生指出：先秦方國多稱某方，見諸甲骨、金文的例子很多，舒方當與傳世先秦典籍中常見的舒國有關，其範圍大致在安徽的淮南、江北之間。[2]

"愲"字在包山簡中用爲"滑"，但夕陽坡簡此處讀"滑"則文意不通，上引諸文或讀爲"禄""課"，似皆不可信。疑"愲"當讀爲"餼"，"骨""氣"古音聲韻皆近，《集篆古文韻海》入聲"没韻"引"鶻"作"鳥鳥"，可資佐證。[3] "餼"可指諸侯國（主客）之間贈送的糧食、牲口等物。《周禮·秋官·掌客》："掌四方賓客之牢禮、餼獻、飲食之等數與其政治。"《國語·周語中》："膳宰致饗，廩人獻餼。"韋昭注："生曰餼，禾米也。"《左傳》桓公六年："齊人餽之餼。"杜預注："生曰餼。"陸德明釋文："腥曰餼。""餼"亦可用作動詞，表贈送義。《左傳》僖公十五年："是歲，晉又饑，秦伯又餼之粟。"《禮記·聘義》："主國待客，出入三積，餼客於舍，五牢之具陳於内，米三十車，禾三十車，芻薪倍禾，皆陳於外。"孫希旦《集解》："餼客，致饔餼於客也。""愲"也有可能當讀爲"出"，[4]《周禮·天官·職歲》："職歲掌邦之賦出，以貳官府都鄙之財，出賜之數，以待會計而考之。""歲出"指每年的財政支出。

總之，簡文"士尹邵之上與悼哲王之嬰、造卜尹邵逯以王命賜舒方御歲愲（餼）"即指士尹和卜尹按照楚懷王之命贈送舒方歲用之糧食、牲口。

（原載《江漢考古》2018 年第 3 期）

---

[1] 董珊：《出土文獻所見"以諡爲族"的楚王族——附説〈左傳〉"諸侯以字爲諡因以爲族"的讀法》，《出土文獻與古文字研究》第二輯，上海：復旦大學出版社，2008 年，第 110—130 頁。

[2] 何琳儀：《舒方新證》，《古籍研究》2000 年第 1 期。

[3] 丁治民：《集篆古文韻海校補》，北京：中華書局，2013 年，第 81 頁。

[4] 高亨：《古字通假會典》，濟南：齊魯書社，1989 年，第 521、523 頁。

釋 "淼"

古文字中有這樣一個形體，學者多把此字隸定爲"沝"：

[圖] 《天星觀》卜筮簡（舉禱沝京瀆豢酉飤）[1]

[圖] 《清華簡·繫年》085　　[圖] 《清華簡·繫年》130

[圖] 《璽彙》0018 沝□都司徒　　[圖] 《璽彙》0055 沝□都左司馬[2]

[圖] 《集成》10426 沝單罩小器

"沝"又或从皿，或从水，可分別隸定爲"盨"和"淼"：

[圖] 《集成》2782 哀成叔鼎　　[圖] 《新蔡簡》甲三 414、412

[圖] 《清華簡·楚居》

新蔡簡甲三 414、412 簡文"鄎於淼□"，"淼"用作地名。宋

---

[1] 滕壬生：《楚系簡帛文字編（增訂本）》，武漢：湖北教育出版社，2008年，第950頁。

[2] 同形辭例尚有《古璽彙編》5545"沝□都司工"、《中國書法全集·篆刻·先秦璽印》"沝□都岳"，參看施謝捷《古璽匯考》，安徽大學博士學位論文，2006年，第86頁。

華强先生認爲"淋"字應該是"沑"之異體,可信。"淋"也可能是"沑"作爲水名的專字。《玉篇·水部》有用作水名的"沑"字,根據反切當从"禾"聲,與古文字"沑"應該無關。[1] 學者或把這些字和仲虨父盤中的"㳄"字聯繫起來,把它們釋爲"黍",[2] 宋華强先生指出:"淋"形與新蔡簡"㳄(黍)"字寫法不同,似乎有利於説明"淋"不是"黍"字。[3] 甲骨文"黍"字多作散穗形,或在黍旁加"水"形或水點形,加了水形的"黍"又可以寫得和"禾"形類似。[4] 這種形體的"黍"有演變爲"沑"字的條件,所以宋文認爲也不能排除"淋"是"黍"異體的可能性。不過,戰國文字中較確定的"黍"字没有寫成从水的,[5] 把"沑"字釋爲"黍",也並不能讀通上揭古文字資料,因此"沑"字的釋讀應該考慮别的可能。

《清華簡·繫年》的原文爲:

> 第十六章:楚共王立七年,令尹子重伐鄭,爲"沑"之師。
> 第二十三章:明歲,郎莊平君率師侵鄭,鄭皇子、子馬、子池、子封子率師以交楚人,楚人涉"沑",將與之戰,鄭師逃入於蔑。楚師圍之於蔑,盡逾(降)鄭師與其四將軍,以歸於郢,鄭太宰欣亦起禍於鄭,鄭子陽用滅,亡(無)後於鄭。

與第十六章對應的文句,《左傳·成公七年》作:"楚子重伐鄭,師於氾。"杜預注:"鄭地,在襄城南。"董珊先生認爲:"沑"

---

[1] 參看何琳儀:《戰國古文字典》,北京:中華書局,1998年,第538頁。
[2] 仲虨父盤"㳄"字的釋讀參看周法高《金文詁林》,香港:香港中文大學出版社,1974年,第4529頁。
[3] 宋華强:《新蔡葛陵楚簡初探》,武漢:武漢大學出版社,2010年,第449頁。
[4] 參看裘錫圭:《甲骨文中所見的商代農業》,《古文字論集》,北京:中華書局,1992年,第155頁。
[5] 如秦簡的 黍《雲夢》日乙47、黍《周》354,齊陶文 黍《陶録》2·50·1、黍《陶録》2·50·2,三晉貨幣 黍《貨系》310、黍《貨系》309等等。

即"氾"字,"沭"字的右旁"禾"形是"朿"的訛體,"朿"與"氾"古音很近。[1] 今按,曾侯乙鐘有"朿"字,[2] 和所謂的"禾"形體不近,認爲"沭"就是"氾"字的説法不可信。

我們認爲"沭"字當釋爲"染"。傳抄古文"染"字作:[3]

　《集古文韻》卷三 21 籀　　　　　《古文四聲韻》3·29 籀

前一形體右旁和"禾"形相近,都是在"木"形上加一斜筆,它和我們上文討論的"沭"應該是一個字,不同之處主要是"木"形上斜筆的方位一在左而一在右。傳抄古文中當然也有部分不可靠的字形,有些形體是後人根據篆文隸書逆推臆造而成的,[4] 但從邏輯上説,後人不會僞造這種和篆文形體差別很大的"染"形。我們認爲"染"字的這種形體是淵源有自的,比《古文四聲韻》所録更接近"染"字的原貌。

《清華簡·楚居》的"淋"字,同樣用爲地名,復旦讀書會疑其與《關沮秦漢墓竹簡》周家臺秦簡 315.24 的"沭"是一字之繁簡體,應該是正確的。[5] 周家臺秦簡的"沭"字,學者多讀爲"和",[6] 陶安、陳劍先生指出其形"禾"旁左上角還多出一筆,應該釋爲"染",[7] 我們贊同此説。雖然兩位先生認爲周家臺秦簡

---

[1] 董珊:《讀清華簡〈繫年〉》,復旦大學出土文獻與古文字研究中心網站,2011年12月26日。參看董文後"有鬲散人"的跟帖及"戰國時代"(董珊先生)的回帖。
[2] 李守奎:《楚文字編》,上海:華東師範大學出版社,2003年,第436頁。
[3] 徐在國:《傳抄古文字編》,北京:綫裝書局,2006年,第1121頁。
[4] 張富海:《漢人所謂古文之研究》,北京:綫裝書局,2007年,第329頁。
[5] 復旦讀書會:《清華簡〈楚居〉研讀札記》(蔣文執筆),復旦大學出土文獻與古文字研究中心網站,2011年4月16日。
[6] 張顯成主編:《秦簡逐字索引》,成都:四川大學出版社,2010年,第361頁;方勇:《秦簡牘文字彙編》,吉林大學博士學位論文,2010年,第263頁。
[7] 陶安、陳劍:《〈奏讞書〉校讀札記》,《出土文獻與古文字研究》第四輯,上海:上海古籍出版社,2011年,第395頁。

"㮔"字右旁實不從"禾",但這並不影響把"㮔"和"沃"視爲一字的結論(説詳下文)。周家臺秦簡原文是:

> 去黑子方:取橐(槁)本小弱者,齊約大如小指。取束灰一升,漬之。沃橐(槁)本束灰中,以靡(摩)之,令血欲出。

"束灰"可讀爲"楝灰"。《説文》:"楝,木也。"《考工記·慌氏》用來"湅帛"的"欄灰",孫詒讓認爲就是"楝灰"。[1] "楝灰"是古代湅絲帛時常用的漂白劑,因此可以用來去黑子。《考工記·鍾氏》:"淳而漬之,三入爲纁,五入爲緅,七入爲緇。"記載的是染羽的方法,其中的"漬之"和關簡的"漬之"皆是用水浸潤之義。簡文的意思是説把橐本放入漬後的楝灰中浸染,《左傳·宣公四年》"子公怒,染指於鼎,嘗之而出","染"字的用法與簡文類似。[2]

《馬王堆帛書·養生方》有"染"字作:[3]

《養生方》049 輒複染　　　《養生方》059 水染其汁

《説文》:"染,以繒染爲色。从水、杂聲。"徐鍇曰:"《説文》無杂字。裴光遠云:从木,木者,所以染梔茜之屬也。从九,九者,染之數也,未知其審。""杂"是從"雜"字分離出來的一個部件,其出現當不至於太早,但也不會晚於東漢。從《説文》對"染"字的解釋來看,人們對"染"字的造字本義已經不清楚了。

史侯家染杯有"染"字作"染",[4] 與帛書"染"字形體相

---

[1] 孫詒讓:《周禮正義》,北京:中華書局,1987年,第3318頁。
[2] 上引陶安、陳劍文也舉出了一些從文意上把周家臺簡此字釋爲"染"的依據,可參看。
[3] 陳松長編著:《馬王堆帛書文字編》,北京:文物出版社,2001年,第441頁。
[4] 徐中舒主編:《秦漢魏晉篆隸字形表》,成都:四川人民出版社,1986年,第812頁。

近。陶安、陳劍先生認爲"染"字本從"朵",[1] "朵"爲聲符("染"古音屬日母談部,"朵"爲端母歌部),並援引"那"(泥母歌部)從"冉"(日母談部)得聲爲據,可信。《説文》:"朵,樹木垂朵朵也。從木、象形,此與采同意。"段注云:"枝葉華實之垂者皆曰朵朵。""采"即"穗"字,禾穀的穗子也是下垂的,《甲骨文合集》19804的"✹"形和9464正的"✹"形,突出成熟的穀子穀穗下垂的特點,有學者認爲就是"穗"字的初文,可能是正確的。[2] 或許因爲"穗"字的造字方法和"朵"字類似,所以《説文》用"采"來和"朵"比附。回過來再看本文開頭所列舉的那些"㳂"字,其實都不是從禾的。所謂的"禾"形本來是在"木"上加一斜筆,來表示草木枝葉華實的下垂之形,其真正指代的應該是"朵",這些字如果嚴格隸定的話當爲"染"。雖然"㳂"字右旁在外形上和"禾"無法區分,不過因爲有"水"這個偏旁的制約,還是可以把"㳂"字的右旁看作"朵"形。"朵"字在先秦典籍中僅見於《周易·頤》,而上博楚簡《周易·頤》的"朵"字用假借字"敳"來表示。這表明"朵"最開始的時候或許並不單獨使用,而是從"染"中割裂出來的。從這個意義上講,與其說"染"從"朵"聲,不如説"朵"從"染"聲。後來,單獨出現的"朵"字爲了和"禾"字相區別,同時爲使字義更加明確,又加上了指事符號,變成秦漢文字中的"朵"。傳抄古文的"✹染(染)"字右旁可能反映了早期"朵"字的寫法,其斜筆上也還沒有指事符號。很難設想在戰國文字裏還有另外一個在"✹"右旁"禾"形上再多加一斜筆的"染"字。

"染"字所從的"朵"可能也兼表義的作用,這大概和古人用

---

[1] 秦漢簡"朵"字作:✹《嶽麓簡·爲吏治官及黔首》0925 毋朵不年別、✹《馬王堆十六經》103 我將觀其往事之卒而朵焉。
[2] 參看裘錫圭:《甲骨文中所見的商代農業》,《古文字論集》,北京:中華書局,1992年,第155頁。

以染色的材料有關。我國染色的歷史開始很早，《周禮》一書記載的與染色有關的職官就有"染人""掌染草""鍾氏"等。古代染色方法主要有"石染""草染"兩種，[1]"石染"用"丹、青"等礦物染料，"草染"則用植物染料，古人染色以植物染料爲主。[2]而這些植物被用爲染料的大多都是它們的枝葉華實，所以古人就造了从水、从朵（表示枝葉華實）的"染（淉）"字。

《金文總集》6753 仲叔父盤銘文"〿〿 籾（梁）〿〿[3]麥"。"〿〿"字右旁所从仍是標準的禾形，和"朵"有別。根據其在銘文中的用法，仍以釋"黍"爲宜。"〿〿"可能確實是由加了水形的甲骨文"黍"字演變而來的。前面已經指出，戰國時代的"黍"字已經不作"汖"形，不會和"淉"相混。爲了討論的方便，下文我們仍采用通行的隸定。

一

《清華簡·繫年》第十六章的"淉（染）"字，《左傳》對應之字作"氾"。"氾"即古書所謂的"南氾"，在今河南中牟縣北七十里，清《一統志》云："氾水亦名七里河，由北折而南，至城東七里入於汝。""氾"字古音滂母談部，"染"字日母談部，兩者韻部相同，聲母有一定的距離，恐怕不是通假的關係。[4]

《左傳》和楚簡在叙述同一場戰爭所用名稱或有不同，比如《左傳·宣公十二年》記載的晉楚"邲"之戰，《上博七·鄭子家喪》就作"兩棠之役"。孫人和考證"兩棠"即"狼湯渠"，是

---

[1] 錢玄：《三禮辭典》，南京：江蘇古籍出版社，1993年，第561頁。
[2] 孫機：《漢代物質文化資料圖說》，上海：上海古籍出版社，2008年，第84頁。
[3] 周忠兵《說仲叔父盤的"菽麥"》把此字隸從"采"，讀爲"菽"，參見《典籍與文化：古委會第三屆青年學者學術研討會文集》，南京，2011年10月。
[4] 文獻中雖然有與兩者音韻地位相似的"貶"和"黏"間接通假的例證，《論語·陽貨》："古之矜也廉。"《釋文》："魯讀廉爲貶。"《考工記·輪人》："亦弗之溓也。"鄭注："鄭司農云：'溓讀爲黏。'"但讀"染"爲"氾"，終覺難安。

"濟水"的支流,而"郲"是"濟水"流經滎陽一段的名稱。[1] 推測楚人是以自己軍隊的駐扎地爲戰役命名。

"染"或即文獻所見之"湛水",《周禮·夏官·職方氏》:"其川江漢。其浸潁湛。"《説文》:"湛水,豫州浸。"《水經·汝水注》云:"《春秋》襄公十六年,晉伐楚,楚公子格及晉師戰於湛阪……湛水之北,山有長阪,蓋即湛水以名阪,故有湛阪之名也。""湛水"源出今河南寶豐縣西南,經平頂山市葉縣,至襄城縣入北汝河。[2] "湛"古音屬澄母侵部,與"染"聲韻皆近。"染"與"苒"字可通,《詩·小雅·巧言》:"荏染柔木。"《説文》引"染"作"苒"。而"冉"聲字、"甚"聲字皆可與"占"聲字通,《爾雅·釋蟲》:"蝎,蛣蚍。"《釋文》:"蚍字或作蚶。"《爾雅·釋宫》:"棋謂之棳。"《釋文》:"棋本或作砧。"[3] 所以"染"可以讀爲"湛"。"湛水"位於"氾"之南,[4] 是楚軍在"氾"攻鄭的必經之地。所以《清華簡·繫年》第二十三章説"楚人涉沶(染—湛),將與之戰"。

《清華簡·楚居》的"淋"字相關的簡文是:

> 至文王自疆浧(郢)遷(徙)居淋=郢=(淋郢,淋郢)遷(徙)居䲧=郢=(䲧郢,䲧郢)遷(徙)居爲=郢=(爲郢,爲郢)遝(復)【8】遷(徙)居免郢,女(焉)改名之曰福丘。
> 至獻惠王自娩郢遷(徙)袭(襲)爲郢。白公起(起)禍,女(焉)遷(徙)袭(襲)淋郢,改爲之,女(焉)

---

[1] 參看孫人和:《左宧漫録·兩棠考》,《文史》第二輯,北京:中華書局,1963年,第45頁;葛亮:《〈上博七·鄭子家喪〉補説》,載《出土文獻與古文字研究》第三輯,上海:復旦大學出版社,2010年,第246頁。
[2] 史爲樂主編:《中國歷史地名大辭典》,北京:中國社會科學出版社,2005年,第2601頁。
[3] 高亨:《古字通假會典》,濟南:齊魯書社,1989年,第239、259頁。
[4] 譚其驤主編:《中國歷史地圖集》第一册,北京:中國地圖出版社,1982年,第29—30頁。

  曰肥【13】遺，以爲尻（處）於䣇=漢=（䣇漢，䣇漢）遷（徙）居䣄=郢=（鄢郢，鄢郢）遷（徙）居鄂吁。王大（太）子以邦返（復）於湫郢，王自鄂吁遷（徙）郜（蔡），王大（太）子自湫郢【14】遷（徙）居疆郢。王自郜（蔡）返（復）䣄（鄢）。

可知自楚文王都"湫"以來，"湫"郢只在"白公之亂"時被楚惠王用爲陪都。《史記·楚世家》有關此事的記載語焉不詳，只説"惠王從者屈固負王亡走昭王夫人宮"。昭王夫人宮處於何地不得而知，《新序》言："白公勝將弑楚惠王，王出亡。"説明楚惠王還是逃離了當時的郢都。"白公之亂"的結果是葉公"帥方城外以入，殺白公而定王室"。[1] 楚惠王的出亡方向，當然是以方城之外有勤王之師的地方爲宜，所以楚惠王選擇"湛水"之濱的"湫郢"作爲避難的陪都是很自然的事情。且"湫郢"近鄭，"白公之亂"的直接原因就是白公勝怨鄭人殺其父，屢欲伐鄭而執政子西不許。以"湫郢"爲都，一旦葉公勤王之事不遂，還可以逃入鄭國，不管從哪方面説都是很好的選擇。

  天星觀卜筮簡的"沐京"和新蔡簡的"湫"也是地名，都用作祭禱對象，很可能與《楚居》的"湫郢"爲一地。"湫郢"作爲楚國舊都，與其用爲祭禱對象的地位也很相稱。

二

  《集成》2782 哀成叔鼎的"㵱"字从水、从朵、从皿，因爲染色要用到器皿，所以這個字可能是"染"之繁體。哀成叔鼎銘文爲：

  正月庚午，嘉曰：余鄭邦之産，少去母父，乍（作）鑄飤

---

[1] 參（清）馬驌著、王利器整理：《繹史》，北京：中華書局，2002 年，第 2297 頁。

器黄鏤。君既安叀（惠），亦弗其盉蒦，嘉是隹（唯）哀成弔（叔）。哀成弔（叔）之鼎，永用禋祀。死于下土，台（以）事康公，勿或能訇（台一怠）。

多數學者都認爲銘文中的"君"指下文的"康公"，但是這樣理解銘文很難讀通。趙振華先生將"安"字解釋爲"安息"，"叀"屬下讀爲"唯"，似有未安。[1]"盉蒦"一詞張政烺先生讀爲"專（布）濩"，李學勤先生讀爲"顧護"，[2] 趙平安先生讀爲"黍臞"，[3] 皆是據"黍"字爲說。既然"盉"字不是"黍"，這些讀法也就不可信了。劉宗漢先生認爲"盉"從"禾"得聲，把"盉蒦"讀爲"跋扈"，亦不可從。[4]

彭裕商先生把"叀"字屬上讀爲"惠"，[5] 張政烺先生認爲"哀成叔"乃謚號，此鼎乃其家人爲其作器，[6] 陳英傑先生指出"君"可以是作器者對已逝先人的稱謂，[7] 這些意見應該都是正確的。我們認爲銘文此處的"君"即指哀成叔，"君既安叀（惠），亦弗其盉蒦"這句話是作器者對哀成叔品行的概括，然後下面引出謚號。"弗"作爲否定詞與"其"連用，甲骨卜辭習見。[8] "盉

---

[1] 趙振華:《哀成叔鼎的銘文與時代》,《文物》1981 年第 7 期。
[2] 李學勤:《考古發現與東周王都》,《歐華學報》1983 年第 1 期；又《新出青銅器研究》, 北京: 文物出版社, 1990 年, 第 234 頁。蔡運章《哀成叔鼎銘考釋》(《中原文物》1985 年第 4 期) 贊同李說。
[3] 趙平安:《哀成叔鼎"盉蒦"》解,《中山大學學報（社會科學版）》1992 年第 3 期。
[4] 劉宗漢:《哀成叔鼎"君既安惠, 亦弗其盉蒦"解》,《洛陽考古四十年——1992 年洛陽考古學術研討會論文集》, 北京: 科學出版社, 1996 年, 第 274 頁。
[5] 彭裕商:《嘉鼎銘文考釋》,《考古與文物》叢刊第二號《古文字論集》（一）, 1983 年, 第 36 頁。
[6] 張政烺:《哀成叔鼎釋文》,《古文字研究》第五輯, 北京: 中華書局, 1981 年, 第 27 頁。
[7] 陳英傑:《金文中"君"字之意義及其相關問題探析》,《中國文字》新 33 期, 臺北: 藝文印書館, 2007 年。但陳氏認爲此銘"君"指鄭康公, 與我們的意見不同。
[8] 裘錫圭:《說弜》,《古文字研究》第一輯, 北京: 中華書局, 1979 年。

蔓"可以讀爲"染汙"。"蔓"聲字和"于"聲字可通，《楚辭·漁父》之"溫蠖"即《韓詩外傳》卷一之"混汙"，[1] 是其佐證。"汙"可以用來修飾品行，《呂氏春秋·審分》："贊以潔白，而隨以汙德。""染汙"這個詞也可以用來説明魂靈、品行：

> 且馮貴人塚墓，爲賊所掘，骸骨發露，與賊並屍，魂靈染汙，不宜配至尊。　（《後漢孝靈皇帝紀上卷第二十三》）
> 當竇、鄧、閻氏之盛，直道而進，無所屈撓。三家既敗，多有染汙者，敬居然自適，引謗不及己，當世以此奇之。
> 　　　　　　　　　（《後漢孝順皇帝紀上卷第十八》）

"君既安更（惠），亦弗其染汙，嘉是佳（唯）哀成弔（叔）"，這句話的意思就是："哀成叔安仁和惠，也從來沒有沾染不好的品行，嘉的諡號就是哀成叔。"之所以强調"（哀成叔）亦弗其染汙"，可能與下文説"死於下土，台（以）事康公"有關。古人認爲只有品行無污染的人死後才能繼續侍奉地下的君王，上引《後漢孝靈皇帝紀》"（馮貴人）魂靈染汙，不宜配至尊"是從反面立説，可資參證。

三

燕系古文字資料常見"某某都"和"某某罼（縣）"，趙平安先生認爲"某某"應該都是燕國的縣。[2]《集成》10426"沃（染）"後一字可以釋作"單"。"沃單"，讀爲"黏蟬"。[3]《漢書·地理志》樂浪郡下有"黏蟬"，《地理志》多存先秦古地名，"黏蟬"在戰國時可能是燕國屬縣。《一統志》言其故城在平壤西

---

[1] 湯炳正：《釋"溫蠖"兼論先秦漢初屈賦傳本中兩個不同的體系》，載《屈賦新探》，濟南：齊魯書社，1984年，第110頁。
[2] 趙平安：《論燕國文字中的所謂"都"當爲"縣"字》，《語言研究》2006年第4期。
[3] 關於"染""黏"二字的通假可以參看前文注。

南，治今朝鮮平安南道南浦市北。[1]《史記·朝鮮列傳》："自始全燕時，嘗略屬真番、朝鮮，爲置吏，築障塞。"《索隱》云："始全燕時，謂六國燕方全盛之時。"又引如淳注曰："燕嘗略二國以屬己也。"[2] 可證戰國時期燕國的勢力範圍確實已到達朝鮮。考古發現也能爲此提供一些證據，朝鮮半島北起慈江道、平安北道、平安南道，南至全羅南道都出土過燕國的主要貨幣燕明刀。[3]

《璽彙》0018 "沃□都司徒" 和《璽彙》0055 "沃□都左司馬"，"沃" 後一字作 " 、 "，頗疑也是 "單" 字。戰國文字中 "單" 字的寫法有兩類，一種豎筆上有短橫，還有一種下部作三叉形：

《璽彙》0297　　　　　　　　《璽彙》0361

《陶錄》3·36·3　　　　　　《陶錄》3·37·5

《璽匯》0018、0055 的 "單" 字可能是由下部作三叉的形體省變而成的。這種 "某某都" 和 "某某睘（縣）" 同名的情況在燕系古文字資料中也不是絕無僅有的，"方城睘（縣）" 小器在《璽匯》0016 中又作 "方城都"，可以類比。

附記：本文是提交給 2013 年 9 月在吉林大學召開的 "中國文字學會第七屆年會" 的會議論文。寫作過程中曾得到鄔可晶先生和劉洪濤先生的幫助，謹致謝忱。

---

[1] 周振鶴：《〈漢書·地理志〉匯釋》，合肥：安徽教育出版社，2006 年，第 423 頁。
[2]《史記》標點本，北京：中華書局，1982 年，第 2985 頁。
[3] 李學勤：《沖繩出土明刀論介》，《中國錢幣》1999 年第 2 期；又《李學勤文集》，上海：上海辭書出版社，2005 年，第 307 頁。

【《論集》編按，黃德寬先生《釋新出戰國楚簡中的"湛"字》（《中山大學學報（社會科學版）》2018年第1期）和《清華簡新見"湛"字說》（《清華大學學報（社會科學版）》2020年第1期）對相關字有新的釋讀意見，讀者可以參看。本文關於"染"字形體結構的説解不確，不過，因"染"字來源不明，"染""湛"二字形、音關係密切，尚無法排除"染"字是在"湛"之古字基礎上改造而成的可能性，故小文存以備參】

（原載《中國文字學報》第八輯，北京：商務印書館，2017年）

釋戰國文字中的"縫"

一

戰國文字中有這樣一個形體，見於楚簡、陶文、璽印等文字資料：

A. 《上博二·容》22　　《上博九·卜》7

　　《九店》56·36

B. 《陶錄》2·526·2　　《陶錄》2·538·1

　　《陶錄》3·41·4　　《陶錄》2·546·3

C. 《璽彙》5610

張振謙先生把陶文 B 形隸定爲"袤"。[1] 在一些常用的古文字工具書中，《上博二·容成氏》《九店·叢辰》的 A 形與《古璽彙編》的 C 形一般被放在字頭"表"下。《説文》："表，上衣也。从

---

[1] 張振謙：《齊系文字研究》，北京：科學出版社，2019 年，第 380 頁。

衣、从毛。古者衣裘，以毛爲表。襮【襮】，古文表从麃。"也就是説，A與C中除去"衣"的那部分形體是被當作"毛"來看待的。學者多把《上博二・容成氏》簡21—22"裝（制）A牌專"中的"A"讀作"服"。[1]

戰國文字中的"毛""丰"形似易混，《上博九・卜書》公布以後，魏宜輝先生根據簡7"三末食墨且A"中的"A"與其同句的"邦""凶"押"東部"韻，把A形改隸作"表"。程少軒先生讀"表"爲"蒙"，並懷疑《上博二・容成氏》中的"……表（蒙）牌（皮）專（敷）"之義爲製鼓，與後文的"建鼓於廷"照應。[2] 按照《容成氏》整理者的編聯意見，處於簡22句首的"表牌專"與簡21句末的"裝（制）"應當連讀。張峰先生在批判釋"表"舊説的基礎上，肯定了《上博二・容成氏》"表"字的考釋，同時也指出簡21與22連讀不宜否定，"裝（制）表牌專"的具體含義有待進一步研究。[3]

"表"字的隸定無疑是可信的，但它到底對應秦漢文字的哪個字呢？安徽大學藏戰國竹簡《詩經》爲我們解決了這一難題。《葛屨》篇"可以縫裳"的"縫"字，安大簡本寫作"表"，從"衣""丰"聲。楚系文字中，"糸"與"衣"作爲義符可以通用，李家浩先生曾撰文予以揭示，[4] 我們也舉過一些"糸"與"衣"互相替換的例子：[5]

---

[1] 白於藍：《〈上博簡二〉〈容成氏〉編聯問題小議》，《華南師範大學學報（社科版）》2004年第4期。

[2] 參看程少軒：《小議上博九〈卜書〉的"三族"與"三末"》，復旦大學出土文獻與古文字研究網站，2013年1月16日。

[3] 張峰：《楚文字訛書研究》，上海：上海古籍出版社，2016年，第372—390頁。

[4] 李家浩：《楚簡中的袷衣》，《著名中年語言學家自選集・李家浩卷》，合肥：安徽教育出版社，2002年，第297頁。

[5] 劉剛：《釋〈上博六・用曰〉20號簡的"裕"和"褊"——兼説"扁"聲字的上古音歸部問題》，《安徽大學學報（哲學社會科學版）》2017年第5期。

釋戰國文字中的"縫" 87

	从"糸"	从"衣"
裏	《包山》268	《包山》261
裕	《上博六·用》20	左塚漆梮

《説文》："縫，以針紩衣也。从糸、逢聲。""逢"的基本聲符也是"丰"，所以"表"當即"縫"字異體。下面談談 A 形的這幾個"表（縫）"字在簡文中的用法。

《上博二·容成氏》簡 21—22"裘（制）表（縫）韡專"的"韡專"大意當指獸皮，[1]《説文》"制，裁也"；"製，裁也"。簡文"制縫"連言，是因爲"裁制"與"縫紩"是製作衣服的兩個主要步驟。《韓非子·難二第三十七》晉平公問叔向曰："昔者齊桓公九合諸侯，一匡天下，不識臣之力也？君之力也？"叔向對曰："管仲善制割，賓胥無善削縫，隰朋善純緣，衣成，君舉而服之，亦臣之力也，君何力之有？"太田方注曰："制，裁也。割，裂也。以女工制衣爲喻。"[2]《上博二·容成氏》簡文記載禹縫製獸皮爲衣，而不用華美的服飾，正與上文"行以儉"照應。

程少軒先生認爲《上博九·卜書》中的"三族"和"三末"皆指占卜時產生的卜兆，"三族"指三條卜兆裂紋起始處，"三末"指三條卜兆裂紋的末端，[3] 其説可從。簡文"表（縫）"取其

---

[1] 異説頗多，相關的討論可參看蘇建洲：《上海博物館藏戰國楚竹書（二）校釋》，新北：花木蘭出版社，2006 年，第 184—185 頁。
[2] 太田方：《韓非子翼毳》，引自張覺：《韓非子校疏》，上海：上海古籍出版社，2010 年，第 967 頁。相似的文句也見於《新序·雜事第四》。
[3] 程少軒：《小議上博九〈卜書〉的"三族"與"三末"》。

"匯合"之義,《廣雅·釋詁》:"繪、彌、厲、設、遝、縫、灋、際、接、稽、交、連,合也。"[1]《左傳·昭公二年》:"敢拜子之彌縫敝邑,寡君有望焉。""彌""縫"同義連用,杜預注:"彌縫,猶補合也。"《上博九·卜書》簡7"三末食墨且表(縫)"是指三條卜兆裂紋的末端既"食墨",又交織在一起。

《九店·叢辰》簡 36"折(制)衣綌(裳),表(縫)紌(織)",[2] 以"表(縫)""折(制)"對文,也是用其本義。簡文叙述了不同日期時辰的宜忌活動,"制衣裳""縫織"是其中的一種。此處"表"中"丰"形的寫法,底畫最長,和楚簡一般"毛"字仍有顯著不同。

B 形(或隸定爲"襃")和 C 形的"表(縫)"在陶文、璽印文字中用作人名。陶文另有 ▣(陶錄 2·527·3)字,頗疑也是"縫"之異體。

二

楚簡文字裏還有一個从"糸""奉"聲的形聲字,常用於記録車馬器的遣策中。望山簡的整理者讀此字爲"縫",認爲簡文"紃縫"指在皮革或織物的縫合之處嵌紃條爲飾。[3]

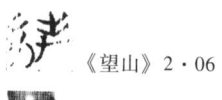

▣《望山》2·06　　　▣《包山》268

▣《仰天湖》25·16

"綍"字很可能也是"縫"的一種異體。《詩·召南·騶虞》

---

[1] "連"字原脱,據王念孫《廣雅疏證》(北京:中華書局,2004 年,第 64 頁)補。
[2] "紌"字的釋讀參看湖北省文物考古研究所、北京大學中文系編:《九店楚簡》,北京:中華書局,2000 年,第 98 頁。
[3] 湖北省文物考古研究所、北京大學中文系編:《望山楚墓》,北京:中華書局,1995 年,第 117 頁。

"彼茁者蓬", 安大簡本"蓬"寫作"莑", 是其佐證。如此看來, 在楚系文字中, 既可以用從"衣""丰"聲的"衭"表示"縫", 也可以用從"糸""奉"聲的"綼"表示"縫"。無獨有偶, 戰國文字"表"除了可以寫作從"衣""毛"聲外, 也可以寫作從"衣""麃"聲, 還可以假借從"糸"的"緐"字表示。[1]

《上博七·吴》5	《説文》古文"襬"	《上博三·彭2》"緐"

楚系簡帛文字中, 有大量的"一音義用多字現象", 陳斯鵬先生曾把這種現象歸納總結爲六大類, 其中第五類是"由字形訛混造成的一音義用多字形":[2]

    楚系簡帛中有一些字由於形體相近, 有時會出現混用的現象。當甲字形被當做乙字形使用時, 則本來由乙字形記録的音義便可能因擁有甲字形而變成一音義用多字形。當訛混雙向變動時, 則可能造成本來甲、乙二字形記録的音義都對應多字形。

根據陳文所舉的具體字例(如"天"與"而"), 可知其較多關注因形體訛混而在客觀上造成的多形, 雖然和我們討論的"易混字交互出現的多種形體"有所差别, 却極具啟發意義:"衭"和"衭(縫)"形體過於接近, 在書寫和閱讀中容易帶來辨識的不便, 二字在戰國文字中對應的多種寫法, 可能是書寫者主觀上有意對二者加以區分。

---

[1] 徐在國:《上博竹書(三)札記二則》,《安徽大學漢語言文字研究叢書·徐在國卷》, 合肥: 安徽大學出版社, 2013年, 第266頁。
[2] 陳斯鵬:《楚系簡帛中字形與音義關係研究》, 北京: 中國社會科學出版社, 2011年, 第167頁。

學者對字形發展演變規律的研究，大致可以分爲簡化、音化、分化、規範化四類。[1] 黄德寬先生指出：漢字形體的發展，一方面總體趨向省簡便捷，另一方面形體的區別性特徵也越來越明顯。"增益別形"就是保證字形沿着既便利又清晰的方向發展的重要手段之一。[2] 除了由同一字根增益不同的偏旁分化文字的功能之外，形近易混文字也通過增益和更換偏旁部件來達到"涇渭分明"的效果。本來簡單的"表"發展到秦漢文字的系統中，最終選擇了較爲繁複的从"糸""逢"聲的"縫"作爲記錄這個詞的形體，當非偶然。

《荀子·賦篇》有這樣一段話：

王曰：此夫始生鉅，其成功小者邪？長其尾而鋭其剽者邪？頭銛達而尾趙繚者邪？一往一來，結尾以爲事。無羽無翼，反覆甚極。尾生而事起，尾邅而事已。簪以爲父，管以爲母。既以縫表，又以連裹：夫是之謂箴理。

"縫""表"二字連文，十分有趣，不知以後會不會有戰國版本的《荀子》出土，讓我們一睹古人爲"避混"而做的努力。

（原載《古文字研究》第三十三輯，北京：中華書局，2020年）

---

[1] 參看黄德寬：《理論的探索和體系的構建》，《開啟中華文明的管鑰——漢字的釋讀與探索》，北京：北京師範大學出版社，2011年，第342頁。

[2] 黄德寬：《書同文字》，南京：江蘇人民出版社，2017年，第113頁。

釋戰國文字中的"觺（觽）"及相關之字

戰國文字中有一個從"虍（虎）"從"角"的字，可隸定爲"觺"。此字多見於楚地出土的遣册簡文，也見於晉系姓名私璽。有時，"觺"也可以用作從"糸"或"衣"之字的聲符。今據其辭例用法略作分類，列舉如下：

A. 用作器物名稱

（1）包山 253：二牆白之觺，皆敝；二翠（羽）觺，皆彤中剝外；二金。

（2）包山 254：四鍚，一鍚盍（蓋）；二觺盍（蓋）；一臭（鼎）；一金比；二刀；二牆白之觺，皆敝；二素王絵（錦）之綉（韜）；二翠。

（3）信陽 2·011：二牆白觺，屯雀韋之襮紃。

（4）信陽 2·019：一友兜[1]觺，絵（錦）襮，又（有）盍（蓋）。

---

[1] 徐在國：《談楚文字中的"兜"》，《中原文化研究》2017 年第 5 期。

(5) ▢（䏯）仰天湖 25：咒膚一堉（偶）。

(6) ▢（䏯）仰天湖 30：羽膚一堉（偶）。

(7) ▢ 望山 2·47：四膚，皆叕（文）宮。

(8) ▢ 望山 2·58：二膚，丹緅之宮。

(9) ▢ 老河口安崗楚簡：四膚，一盍（蓋）。[1]

B. 用作姓氏

▢《璽彙》3123：膚告（尚）

C. 用作服飾之名

(1) ▢ 信陽 2·07：一繡緅衣。

(2) ▢ 上博四·昭王 6：牀（將）取車，大尹遇之，被（披）襦=（襦衣）。

(3) ▢ 上博四·昭王 6：被（披）襦=（襦衣）。

(4) ▢ 上博四·昭王 7：至於定（正）冬而被（披）襦=（襦衣）。

―――――――
[1] 劉國勝、胡雅麗：《湖北老河口安崗楚墓竹簡概述》，《文物》2017 年第 7 期。

"膚"字舊有釋"虘""盧""觴""罎"諸說，似皆證據不足。胡雅麗讀"膚"爲"㲉"（《說文》："盛觵卮也，一曰射具。"），認爲包山簡"二㫃白之膚"即"二妝碧之㲉"，指包山楚墓兩件鑲嵌緑松石的鏤孔杯（圖一、二）（信陽楚墓、望山楚墓、曾侯乙墓均有出土）；"二翠（羽）膚"指兩件器蓋邊緣裝飾四個鳳鳥環鈕的銅樽（圖三）。[1] 不過，鏤孔杯和銅樽形制頗有區別。劉信芳利用《說文》"㲉"字釋義二說，把銅樽和飲酒器對應，鏤孔杯解釋爲射具（投壺之器）。[2] 其後，諸家對"膚"字續有討論，釋讀意見並不統一。[3]

圖一　鏤孔杯 2∶172　　圖二　鏤孔杯 2∶195　　圖三　樽 2∶167

上博四《昭王與龔之脾》公布以後，給相關研究帶來一綫曙光。學者開始把整理者誤釋爲"襦（裋）"的字與"膚"聯繫起來，隸作"襦"。"襦衣"在簡文中與"衽袍"對言，顯然是指單薄的衣物。陳斯鵬將其改讀爲"㲉"，引《後漢書·安帝紀》"至

---

[1] 胡雅麗：《包山二號楚墓遣策初步研究》，收入湖北荆沙鐵路考古隊編：《包山楚墓》，北京：文物出版社，1991年，第515頁。

[2] 劉信芳：《楚簡器物釋名（上篇）》，《中國文字》新42期，臺北：藝文印書館，2016年，第205—206頁。又見劉信芳《包山楚簡解詁》，臺北：藝文印書館，2003年，第255頁。

[3] 參看田河：《出土戰國遣册所記名物分類匯釋》，吉林大學博士學位論文，2007年，第259頁；曾憲通、陳偉武：《出土戰國文獻字詞集釋》，北京：中華書局，2018年，第2538—2540頁。

有走卒奴婢被縠綺"李賢注訓爲"紗衣"。[1] 張崇禮據《集韻·蟹韻》指出"觓"爲"鷹"字異體,可讀爲"觶"。"褋衣"即"禪衣"或"褋衣",《説文·衣部》:"禪,衣不重。"《釋名·釋衣服》:"有裏曰複,無裏曰禪。"[2] 但他後來又放棄了這個説法。[3] 單育辰讀"褋"作"苴"(或"麤""粗"),義爲麻布做的粗衣。[4] 陳劍初從上博簡整理者的意見,後來認爲根據上下文意,把"褋衣"解釋爲"單(禪)衣"較爲合適,但"褋"具體是何字,還有待進一步研究。[5]

對"觓"和"褋"字的釋讀出現如此大的分歧,主要是因爲該字的形體結構不夠明確。從"觓"字在遣册簡文中的用法來看,把"角"視爲形符的觀點應該是正確的。[6] 古人利用獸角製作酒器,"觚""觸""觳"等字皆从"角"作。何景成認爲"觓"當隸定爲"觥",从"角""虍"聲,讀作"巵"。[7] 釋"巵"之説有其合理之處,不過,李學勤考釋出東周銅器銘文中的器物名"鉔"即"巵",[8] 這種器型與圓筒形銅杯"觓"有着不小的差距,[9] 二者可能並非同一種器。王志平認爲"觓"从"角""虎"聲,可讀爲"觥",遣册簡文"咒觓"即《詩經·周南·卷耳》"我姑酌彼咒觥"的"咒觥"。[10]

---

[1] 陳斯鵬:《初讀上博竹書〈四〉文字小記》,簡帛研究網,2005年3月6日。
[2] 張崇禮:《讀上博四〈昭王與龔之脾〉札記》,簡帛網,2007年5月1日。
[3] 張崇禮:《談上博四〈昭王與龔之脾〉中與裋衣有關的問題》,《漢語史與漢藏語研究》2018年第1期。
[4] 單育辰:《佔畢隨録之六》,簡帛網,2008年8月5日。
[5] 陳劍:《楚簡"羿"字試解》,《簡帛》第四輯,第136頁脚注1;後收入《戰國竹書論集》,上海:上海古籍出版社,2013年,第354頁。
[6] 李天虹:《〈包山楚簡〉釋文補正》,《江漢考古》1993年第3期。
[7] 何景成:《試釋"觥"》,《中國文字學會第五屆年會暨漢字學國際學術研討會論文集》,福建師範大學,2009年,第30—34頁。
[8] 李學勤:《釋東周器名巵及有關文字》,《第四屆國際中國古文字學國際研討會論文集》;後收入《文物中的古文明》,北京:商務印書館,2008年,第330頁。
[9] 朱鳳瀚:《中國青銅器綜論》,上海:上海古籍出版社,2009年,第262頁。
[10] 王志平:《〈莊子·齊物論〉"葆光"新解》,《文獻語言學》2019年第2期。

此説雖有傳世文獻辭例的佐證，却也難以爲憑，因爲安大簡《詩經》"兕觥"作"兕衡"，[1]用"衡"記録"觥"一詞，應當反映了戰國時期楚系文字的用字習慣，也暗示遣册簡文的"䖒"字另有所指。樊波成贊同"䖒"從"虍"聲，讀作"𥳑"或"籧"（二字皆爲"筥"之異體，又可讀爲"居"），認爲楚簡"二牆白䖒"即"酒居"，對應《方言》《説文》等典籍中的"牆居"，用於薰衣或盛放罰爵。[2] 我們認爲，把"二牆白䖒"與"牆居"强行關聯的説法似嫌過於主觀。

將"䖒""襦"二字綜合起來考察，釋"䖒"爲"觶"無疑是最直截了當的。"觶"是先秦時期常用的飲酒器。《説文》："觶，鄉飲酒角也。《禮》曰：一人洗舉觶，觶受四升。从角、單聲。觗，觶或从辰。𧣴，《禮經》觶。"釋"觶"之説未能引起足够重視，大概有以下兩點原因：（一）宋代以來的金石學家把流行於商代晚期和西周早期的侈口、束頸、圓腹或橢圓腹、圈足、大多有蓋的飲酒器稱作"觶"。（二）包山楚墓、信陽楚墓、望山楚墓出土的圓筒形銅器多爲鏤孔雕刻，有食器、投壺之器、薰器[3]等異説，自然也就和酒器"觶"無關了。

近年謝明文對宋人定名爲"觶"的青銅器提出了新的見解，認爲西周時期這種器物的專名爲"鑵"，目前没有積極證據證明它們和東周禮書中的"觶"存在傳承關係。[4] 這樣的話，上述第一點

---

[1] 黄德寬、徐在國主編：《安徽大學藏戰國竹簡（一）》，上海：中西書局，2019年，第8頁。

[2] 樊波成：《東周銅箪銅筥考——兼論"樽"與"觶"》，《考古與文物》2020年第2期。

[3] 高至喜：《楚文物圖典》，武漢：湖北教育出版社，2000年，第200—202頁。

[4] 謝明文：《談談金文中宋人所謂"觶"的自名》，《中國文字》新24期，臺北：藝文印書館，2016年，第135—144頁。謝文認爲《集成》6515收録的"萬杯器"（自銘爲"髶"）、河南淅川下寨出土的紅陶杯以及"亞若癸觶"等筒形杯很可能才是傳世文獻的"觶"，崎川隆對"萬杯器"的器型和自銘有不同意見，他認爲此器是截取大型鬲足而成，"髶"（崎川隆隸定該字下部爲"卄"）應指代鬲形器。見《關於自銘爲"鸞"的青銅器》，《青銅器與金文》第二輯，上海：上海古籍出版社，2018年，第412—422頁。

疑問已經不復存在。在以往的討論中，除了把"膚"與鏤孔杯對應外，學者還將"二翠（羽）膚"與兩件有鳥形裝飾的銅樽對應，這兩件銅樽是可以作爲酒器使用的。結合傳世文獻中的"兕觥"和"羽觴（羽杯）"來看，把簡文中的"兕膚（觶）"和"羽膚（觶）"理解爲酒器才更合適。至於那種鏤孔雕刻的銅杯，已經不具備直接盛酒的功能，之所以仍然稱作"觶"，應該主要是根據其器型來命名的。銅樽和鏤孔杯的共通之處在於都像截取獸角中的一段，所以我們認爲東周禮書中的"觶"很可能是指那種器型正視圖像一段獸角的器物（軸截面爲等腰梯形，數學術語稱之爲"圓檯"）。"觶"與"巵"讀音頗近，王國維認爲二者爲同一種器，[1] 漢代以後多把飲酒器中的圓筒型耳杯稱作玉巵，此器和鏤孔杯的形狀也頗爲近似，不排除其命名是受到"觶""巵"音近的影響。

"膚"字結構當從何景成說，从"角""虒"省聲，可隸定爲"觓"，"觶"字異體。"觓"字所从的"虒"常省寫作"虎"形，也是可以解釋的：古文字中有一類用作聲符的形體，在與固定的偏旁搭配時，會省略爲與之相近的常用字。類似的例子可參考"家"字所从的"豕"，[2] 後世文字"肘"所从的"寸"也屬於同樣的變化。上古音"觶"屬章母支部，"虒"屬心母支部，《禮經》中"觶"的異文"觝"屬禪母支部，三字聲近韻同。因此，"虒"可以用作"觶"的聲符。[3] 上引何景成文已經正確把《璽彙》3123"膚訾（尚）"讀爲"觓尚"，"觓"用作姓氏見於《列子·湯

---

[1] 王國維：《釋觶觛卮鱓觛》，《觀堂集林》，北京：中華書局，1959年，第291頁。

[2] 羅琨、張永山：《家字溯源》，參看季旭昇：《說文新證》，福州：福建人民出版社，2010年，第611頁。

[3] 《說文》訓"虒"："委虒，虎之有角者也。"段玉裁注："虎無角，故言者以別之。"從古文字"膚"與"虒"的密切關係考慮，《說文》的解釋或許保留了漢代經師對"虒"字古文"膚"的形體分析。《說文》："雀，依人小鳥也。從小隹。"是其參證。

問》。上博四《昭王與龔之脾》的"襦衣"當讀爲"襌衣",信陽簡 2·07"一繡緅衣"指一件緅色的"單(襌)衣"。

順便討論一下上博六《用曰》中可能與"膚"有關係的一個字。簡 6"繼(絶)原(源)流浽(瀰—澌),丌(其)古(胡)能不沽(涸)?用曰:廥(脣)亡齒倉(寒)",[1] 與"脣"對應之字作"❀"形,此字結構頗難分析,或認爲其下所從乃"晨"之訛省,恐不可信。聯繫《説文》"虎"之古文"❀"來看,這個字應該分析爲從角、從虎,釋爲"膚(觲)","觲"有異體作"觟",所以"膚(觲)"在簡文中可讀作"脣"。[2]

附記一:研究生程治軍代爲收集電子資料,初稿寫成後,又蒙郭理遠兄提出修改意見,在此一併致謝。

2023 年 5 月 18 日

附記二:新近出版的《清華大學藏戰國竹簡(拾叁)·大夫食禮》簡 32 有"❀"字,整理者根據禮書類文獻將其釋作"觲",並將此字與見於包山簡、望山簡的"膚"聯繫起來。清華簡"觲"的特殊寫法爲討論相關形體的源流演變提供了更多可能。"❀"除去"角"形後的那一部分,很可能和西周中晚期金文中"象兩手張網捕虎之形"的"❀"(《集成》9732 頌壺)等形體存在沿革關係(雖然二者字形的差距仍然不小,很難從筆畫和部件演變方面做出合理解釋),然則"❀""膚"皆爲省略後的形體,本文關於"膚"字原本從"虒"得聲的結論就不夠準確了。不過,"觲"

---

[1] 釋文參看陳劍:《讀〈上博(六)〉短札》五則,簡帛網,2007 年 7 月 20 日;後收入《戰國竹書論集》第 221—230 頁。
[2] 此外,還有一種可能,這個"觲"字當如字讀,傳世文獻中的"脣亡齒寒"也許是誤讀。《莊子·胠篋》《吕氏春秋·權勳》《淮南子·説林》或作"脣竭齒寒",可資佐證。

"虎"古音畢竟相近,"▨"在金文中多與"康"字連用,表示福祿一類的意思,前人或釋作訓爲"福"的"襥",仍可備一説。

2023 年 12 月

（原載《第二届古文字與出土文獻青年學者"西湖論壇"論文集》，杭州：中國美術學院，2023 年 5 月）

清華叁《良臣》爲具有晉系文字風格的抄本補證

近年來，戰國楚國故地出土了大批竹簡，內容包含大量先秦古書。先秦時期古書的傳播方式主要是抄寫，而抄手的書寫風格和字體差異有時又可以作爲簡文分類和拼聯的重要依據，[1] 因此除了對文獻本身的研讀外，學者也逐漸開始對竹簡的抄手問題和字迹特徵進行關注和研究。[2] 另一方面，"楚地出土的簡是否一定可以稱爲楚簡"、"楚人抄寫的簡是否一定可以稱爲楚簡" 等問題也引發了學者的討論。既然竹簡是抄寫的，那就不可避免地受到底本因素的影響。馮勝君先生指出，抄寫底本對於竹簡所反映的國別特徵具有重要的決定性。[3] 他還以上博簡《緇衣》《彭祖》《競公瘧》三篇爲例，說明了同一抄手在面臨不同底本時所產生的種種可能：[4]

> 如果楚人抄寫的是來自其他國家的文獻，情況就會複雜一些。一種可能是，抄手面臨的底本已經被完全"馴化"爲楚文字寫本……在他國文字抄本被"馴化"爲楚文字抄本的過程

---

[1] 李零：《簡帛古書與學術源流》，北京：生活·讀書·新知三聯書店，2004年，第120頁。
[2] 參看李松儒：《戰國簡帛字迹研究》，吉林大學博士學位論文，2012年。
[3] 馮勝君：《有關戰國竹簡國別問題的一些前提性討論》，《古文字研究》第二十六輯，北京：中華書局，2006年，第314—319頁。
[4] 馮勝君：《從出土文獻看抄手在先秦文獻傳布過程中所產生的影響》，《簡帛》第四輯，上海：上海古籍出版社，2009年，第411—424頁。

中，那些具有國別特點的文字形體往往被"馴化"得較爲徹底，而具有國別特點的用字習慣則相對容易被保留下來……還有一種可能是，抄手面臨的底本是一個尚未"馴化"，保存較多他系文字特點的文本。在這種情況下，抄手會有兩種選擇：一種情況是在抄寫過程中盡量將底本中的他系文字特點轉化爲楚文字特點（如郭店簡《五行》）；另一種情況是抄手較爲忠實地複製底本，盡量保留底本的本來面貌（如上博簡《緇衣》）。

馮勝君先生還認爲應該把字形特徵和用字特點作爲判斷抄本地域和國別的主要因素。他從這兩方面入手，論證了郭店簡《唐虞之道》《忠信之道》《語叢》（一～三）以及上博《緇衣》是具有齊系文字特點的抄本。[1]

"楚地出土的竹簡中有些篇章是具有齊系文字特點的抄本"這一意見目前已爲大多數學者所接受，那"楚簡"中有沒有具有晉系文字特點的抄本呢？清華簡《良臣》爲我們回答了這一問題。

一、《良臣》具有晉系文字的特徵

《清華大學藏戰國竹簡（叁）》近日由中西書局出版，其重要價值已有多位學者闡明，在此無須贅言。其中有《良臣》一篇，叙述了自黄帝至春秋時期著名的佐治之臣，整理者已經指出：簡上的文字有的屬於三晉一系的寫法，如"百"字寫作"全"（按，"百"的此類寫法也見於齊、燕刀幣背文）。又據簡文內容突出了與鄭國執政子產有關的臣子，懷疑"作者可能與鄭有密切關係"。[2]

整理者認爲《良臣》篇是具有晉系文字風格抄本的意見應該是

---

[1] 馮勝君：《論郭店簡〈唐虞之道〉、〈忠信之道〉、〈語叢〉一～三以及上博簡〈緇衣〉爲具有齊系文字特點的抄本》，北京大學博士後研究工作報告，2004年，第38—52頁；又馮氏《郭店簡上博簡對比研究》，北京：綫裝書局，2008年。

[2] 李學勤主編：《清華大學藏戰國竹簡（叁）》，上海：中西書局，2013年。

清華叁《良臣》爲具有晉系文字風格的抄本補證　　101

可信的，下面試作補充論證：

首先，從書寫特點來看，《良臣》篇文字筆畫豐中鋭末，用筆謹飭，和三晉一系的《侯馬盟書》字形很類似，而與楚文字那種以曲綫取美的綫條特徵不同。[1]

其次，在字形特點上，除了整理者已經指出的"百"字寫作"全"（簡4"奭"字所從的"百"也作"全"）之外，《良臣》與晉系文字相合而和楚文字不同的還有不少。下面試舉例説明。[2]

1. 寺字所從的"又"加飾筆作"寸"

良臣	《良臣》06
晉系	《侯馬》九八：五　　《集成》157 驫羌鐘 《陶録》5·56·1　　《先秦貨幣研究》76 頁
楚系	《清華叁·琴舞》12　《清華叁·芮良夫》21 《郭店·緇》3　　《新蔡》零 353

2. 肥字所从的"配"省形作直角的寫法

良臣	《良臣》10

---

[1] 當然楚文字也有用筆比較嚴謹如《孔子詩論》者，但大多楚簡文字的用筆還是比較隨意的。
[2]《良臣》字形皆取自《清華大學藏戰國竹簡（叁）》後所附字表，晉系文字多取自湯志彪《晉系文字編》，吉林大學博士學位論文，2009 年。

續　表

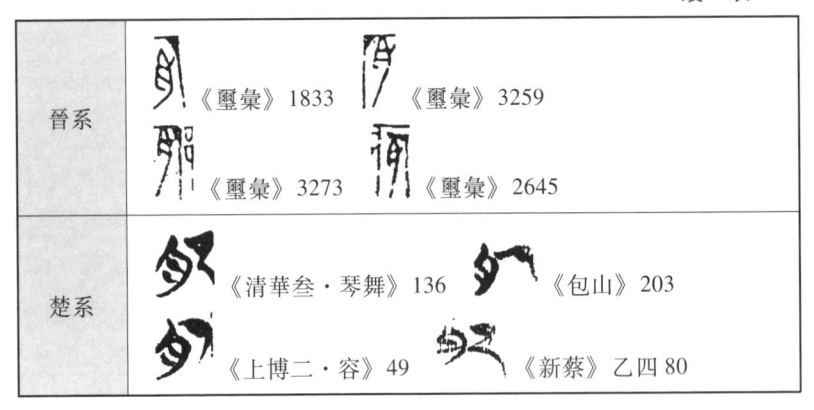

晉系	［圖］《璽彙》1833　［圖］《璽彙》3259 ［圖］《璽彙》3273　［圖］《璽彙》2645
楚系	［圖］《清華叁·琴舞》136　［圖］《包山》203 ［圖］《上博二·容》49　［圖］《新蔡》乙四80

3. 向字的"宀"不作 M 形寫法[1]

良臣	［圖］《良臣》05
晉系	［圖］《集成》1349 向遊子鼎 ［圖］《集成》11565 二十三年襄城令矛 ［圖］《璽彙》3059　［圖］《陶錄》5·98·4
楚系	［圖］《包山》99　［圖］《郭店·魯穆》3 ［圖］《九店》56·44　［圖］《上博三·彭》8 ［圖］《清華叁·説命》上11

［1］公朱右官鼎"向"作"［圖］"，應當屬於較晚的寫法，也可能是受到楚系文字的影響。參張光裕《萍廬藏公朱右官鼎跋》，載《中國文字》新23期，臺北：藝文印書館，1997年，第73—78頁。

清華叁《良臣》爲具有晉系文字風格的抄本補證　　103

4. 弔字加飾筆[1]

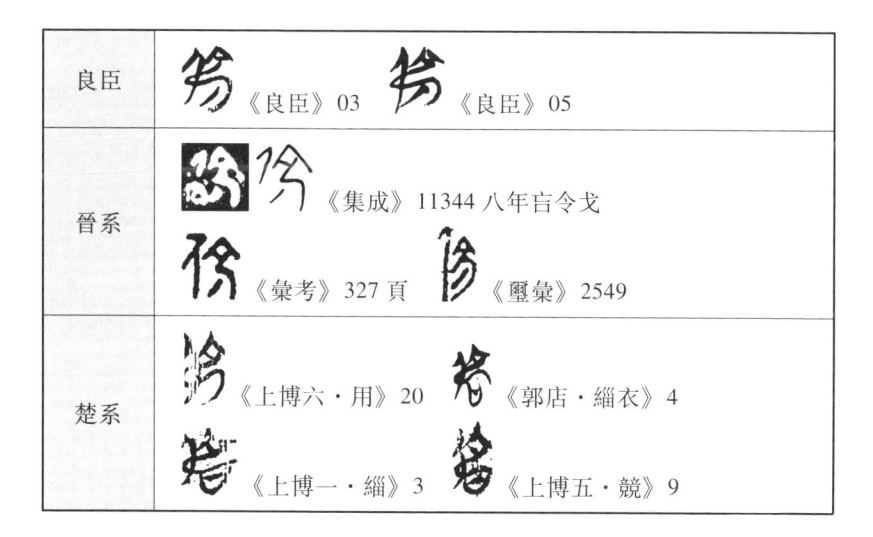

良臣	《良臣》03　　《良臣》05
晉系	《集成》11344 八年吂令戈 《彙考》327 頁　　《璽彙》2549
楚系	《上博六·用》20　　《郭店·緇衣》4 《上博一·緇》3　　《上博五·競》9

5. 範从岂（范）作（包山簡 122 有从岂的寫法，僅一見）

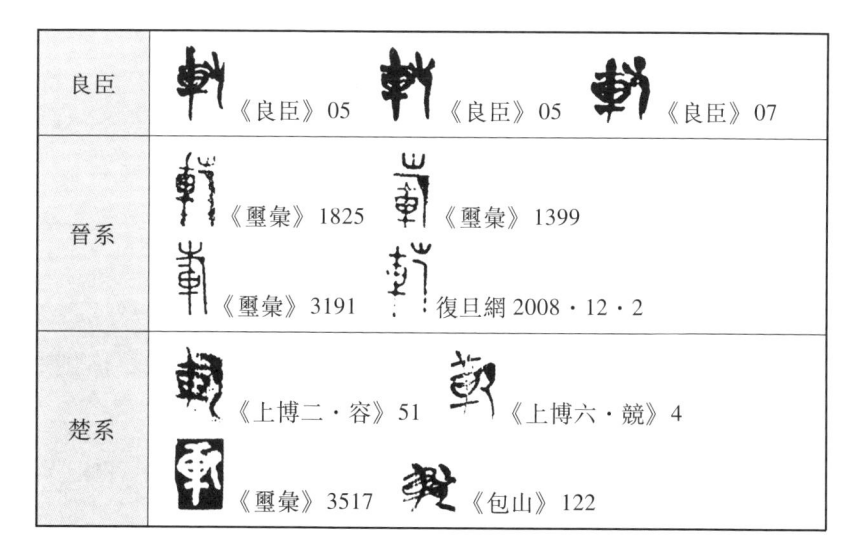

良臣	《良臣》05　　《良臣》05　　《良臣》07
晉系	《璽彙》1825　　《璽彙》1399 《璽彙》3191　　復旦網 2008·12·2
楚系	《上博二·容》51　　《上博六·競》4 《璽彙》3517　　《包山》122

[1] 參看吳振武：《古璽姓氏考（複姓十五篇）》，《出土文獻研究》第三輯，北京：中華書局，1998 年，第 79—81 頁。蘇建洲指出相同形體也見於清華簡《繫年》018、057 簡，可能是受到晉系文字的影響。

接下來從用字特點方面談《良臣》與晉系文字的關係。整理者已經做出了很準確的釋文，通過研究此篇文字的用字，也可以發現不少是與楚文字用字特點不同而與晉系文字相合的：

1. 簡 2 伊君（尹）　簡 5 令君（尹）

楚文字用"尹"爲令尹、人名之｛尹｝，見於上博簡《緇衣》《柬大王泊旱》、清華簡《尹至》《尹誥》等。

晉系文字用"君"表示｛尹｝，[1] 如《集成》11701 十五年守相杢波鈹"大攻君（尹）公孫桴"、《集成》11689 十七年春平侯鈹"大攻君（尹）鈌（韓）端"。

2. 簡 6 雩（越）王勾踐

楚文字用"郕"表示國名、地名和姓氏｛越｝，楚簡多見。

晉系文字用"雩"爲越國之｛越｝，如晉璽"孫雩（越）人"（《戰印》1783）、中山王鼎"昔者吳人並雩（越）""雩（越）人修教備信"。[2]

3. 簡 6 巠（隰）朋

楚文字用"級""汲"表示地名、姓氏之｛隰｝，[3] 見於上博五《鮑叔牙與隰朋之諫（競建内之）》。

晉系文字用"巠"爲"隰"，如方足小布"巠（隰）城"（《貨系》1487—1491）。[4]《集成》11371 十七年鄭令戈"奠命巠恒"即"鄭令隰恒"。

4.《良臣》簡 5 䎂（昭）王

《良臣》用"䎂"來表示"昭"王之｛昭｝，也和楚文字的用

---

[1] 燕系文字也用"君"爲｛尹｝，與晉系文字同。
[2] 參看周波《戰國時代各系文字間用字差異性現象研究》038 條，復旦大學博士學位論文，2008 年。
[3] 楚文字也用从"巠"之字表示原隰、平隰之｛隰｝，見《孔子詩論》《容成氏》等。
[4] 吳良寶認爲應從《古今錢略》釋爲"隰城"，從隰城小布出土範圍來看，多在山西西南部，戰國屬韓。參看吳良寶《戰國布幣四考》，《考古與文物叢刊》第四號《古文字論集（二）》，2001 年，第 169 頁；又吳良寶《中國東周時期金屬貨幣研究》，北京：社會科學文獻出版社，2005 年，第 182 頁。

字特點不同。[1] "䚃"字見於晉系文字，常用作人名：[2]

《溫縣》WT4K6：315	《古研》1 沁陽 1	《文物》1992·4 三十年塚子韓春鈹
《璽彙》0559	《璽彙》3310	《鑒印菁華》12

以上諸字皆可據《良臣》讀爲"昭"。上引三十年塚子韓春鈹，屬於韓國文字資料，這說明整理者所謂"作者可能與鄭有密切關係"的看法也有一定的可能性。

二、《良臣》也具有楚文字的特徵

《良臣》篇有些文字形體和用字也具有明顯的楚文字特點，而與一般晉系文字不合：

1. 黃

《良臣》"黃"字寫法與楚文字類似，晉系文字"黃"一般上面似"者"頭，與《良臣》有別。

良臣	《良臣》01
楚系	《曾乙》5　《上博一·孔》9　《上博七·武》1

---

[1] 蘇建洲：簡帛網論壇帖子"清華簡叁《良臣》札記"第 3 樓發言，2013 年 1 月 9 日，又參上引周波論文 173 條。
[2] 參看湯志彪：《晉系文字編》，吉林大學博士學位論文，2009 年，第 428 頁。

續 表

晉系	《集成》10901 黃戈　《璽彙》0750
	《集成》12052 私庫嗇夫蓋杠接管

2."申"

《良臣》"陣"所從"申"形寫法與楚文字類似，而和晉系文字寫法有別。

良臣	《良臣》04"又（有）君陣（陳）"
楚系	《上博三·恒》4　《上博四·柬》6 《上博五·鬼》4　《新蔡》甲二 40
晉系	《侯馬》一六：二四　《温縣》WT4K6：211 《三代》20.49.1 行氣玉銘

3. 龠（蓳）

《良臣》06 簡"龠寺（夷）虖（吾）"之"龠"原作"龠"，整理者認爲：

　　龠寺虖當即管夷吾。管仲名夷吾，古常云"管龠"，簡文龠疑爲管字之誤，寺則以音近通於夷。管仲在《人表》上中。

今按，整理者認爲"龠寺虖當即管夷吾"是正確的，但對"龠"字的解釋不可信。楚文字中，"蓳"形的上部和"龠"形往往寫得很相似：

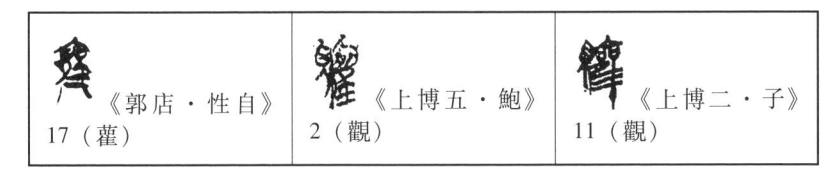

清華叁《良臣》爲具有晉系文字風格的抄本補證　　107

《郭店·性自》17（蓳）	《上博五·鮑》2（觀）	《上博二·子》11（觀）

所以兩字容易發生訛混，如《郭店簡·老子》的"箟"就寫成從"蓳"之形（《郭店·老甲》23）。"蓳""管"古音相近，自然可以相通。管夷吾又見於郭店簡《窮達以時》，作"完寺虐"，以"完"爲"管"。所以借"蓳"爲"管"是晉系文字用字特點的可能性也無法排除，如果真是這樣的話，恰好算是一個晉系文字的形體被抄手改寫爲具有楚系文字特徵的例子。

4. 旻（文）

《良臣》用"旻"表示｛文｝，和楚文字的用字特點相同。晉系文字則用"文"表示｛文｝（《銘文選》2.881 中山王方壺"隹（唯）朕皇褪（祖）文武"）。

良臣	《良臣》05"命（令）君（尹）子旻（文）"
楚系	《包山》190　　　《郭店·尊德1》7 　《上博一·孔》28　　　《新蔡》零234

三、餘　　論

此外還需要指出的是，《良臣》篇的有些字形雖然與晉系文字相合，但早期楚文字也具有這樣的寫法特點。這些形體是受到晉系文字的影響還是因爲《良臣》是時代較早的抄本所致，目前還不好判斷。[1]

1. 左及从左之字

晉系文字"左"从"工";楚文字"左"戰國早期寫法从"工",較晚的寫法从"口"(西周早期就有从"口"的"左"字)。

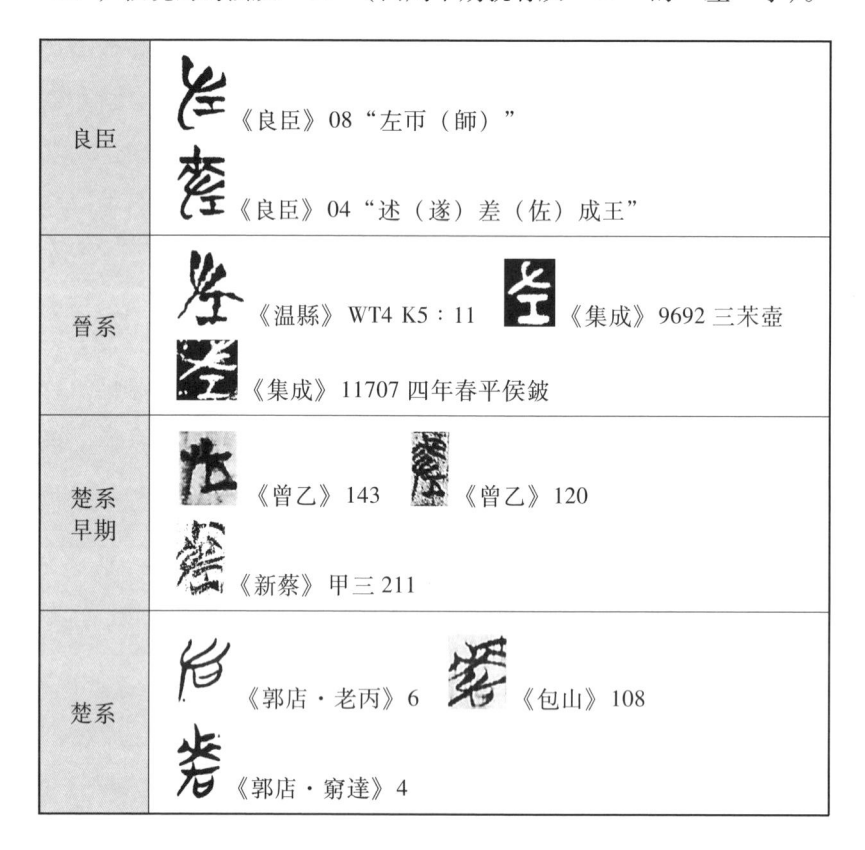

良臣	《良臣》08 "左帀(師)" 《良臣》04 "述(遂)差(佐)成王"
晉系	《溫縣》WT4 K5:11　《集成》9692 三朱壺 《集成》11707 四年春平侯鈹
楚系早期	《曾乙》143　《曾乙》120 《新蔡》甲三 211
楚系	《郭店·老丙》6　《包山》108 《郭店·窮達》4

2. 帀(師)字上有一橫筆(晉系繼承商周文字)

良臣	《良臣》03 "又(有)帀(師)上(尚)父"

---

[1]《良臣》篇中有一些文字保存了早期文字的寫法特點,如《良臣》07 簡 "秦" 字从 "白" 作 " "。

清華叁《良臣》爲具有晉系文字風格的抄本補證　　　109

續　表

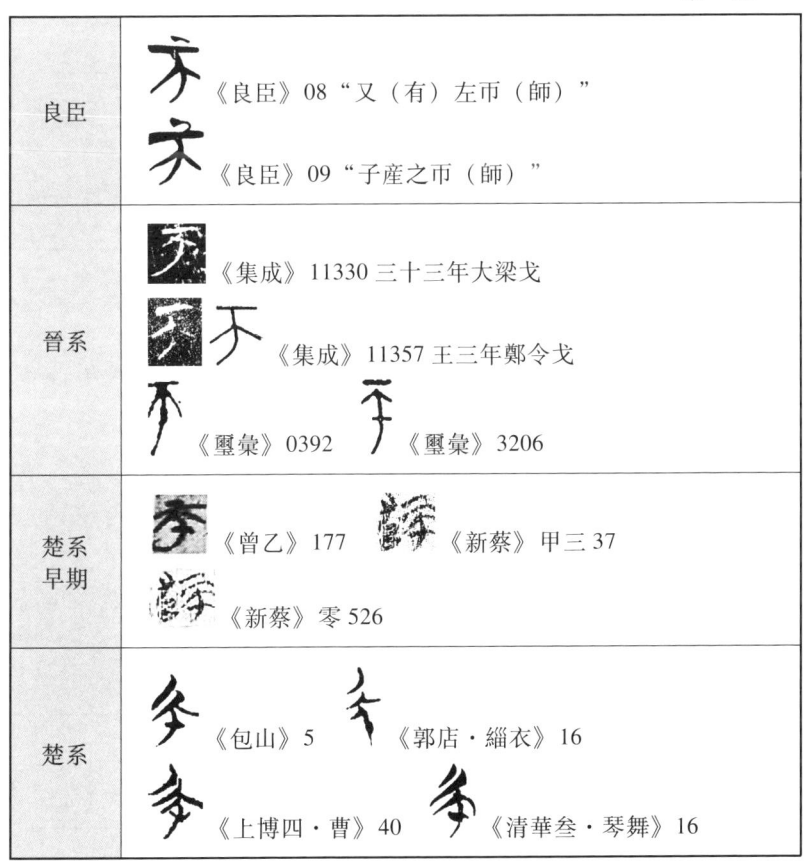

良臣	《良臣》08 "又（有）左帀（師）" 《良臣》09 "子產之帀（師）"
晉系	《集成》11330 三十三年大梁戈 《集成》11357 王三年鄭令戈 《璽彙》0392　　《璽彙》3206
楚系早期	《曾乙》177　　《新蔡》甲三 37 《新蔡》零 526
楚系	《包山》5　　《郭店·緇衣》16 《上博四·曹》40　　《清華叁·琴舞》16

還有一些字例，從目前的資料來看，僅見於三晉文字。但考慮到《良臣》篇內容的特殊性（多爲人名），而三晉璽印兵器文字也以人名的資料最爲豐富，這些字能不能算是晉系文字特有的，還不能確定。

1. 嵩（高）

良臣	《良臣》06 "葉公子嵩（高）"

| 晉系 | 《璽彙》1518　　《璽彙》0919　　《璽彙》0425 《璽彙》3783（《三晉文字編》902頁）此字或釋"上高"合文，非是。 |

劉雲認爲：

  "嵩"字從"上"，從"高"，所從之"上"，顯然是在"高"的基礎上後贅加上去的形旁。由此聯想到戰國文字中一類從"上"從"尚"之字。由於這類字所從之"上"和"尚"，語音相近，語義相通，所以這類字究竟是贅加了兼表音義的"上"的"尚"字，還是贅加了兼表音義的"尚"的"上"字，着實難辨。現在看來，這類字很可能是贅加了兼表音義的"上"的"尚"字。[1]

《璽彙》1075　　《璽彙》2357　　《程訓義》1—53

2. 㞋（㞋）

| 良臣 | 《良臣》02 "臣㞋（㞋）" |
| 晉系 | 《璽彙》2867 |

---

[1] 劉雲（苦行僧）：《清華簡叁〈良臣〉札記》，武漢大學簡帛網學術論壇，2013年1月9日。

清華叄《良臣》爲具有晉系文字風格的抄本補證　111

續　表

| 晉系 | ▦ | 《璽彙》2869（可據清華簡《良臣》讀爲"扈"） |

3. 郮（伯）

| 良臣 | ▦ | 《良臣》11"郮（伯）州利（犁）" |
| 晉系 | ▦ ▦ ▦ ▦ | 《戰國九店墓》231頁十一年郮令戈
《璽彙》2150　　《璽彙》2151
《璽彙》2152 |

4. 邵（召）

| 良臣 | ▦ | 《良臣》04"又（有）邵（召）公" |
| 晉系 | ▦ ▦ ▦ | 《侯馬》一五六：二二
《銘文選》2.881 中山王方壺
《侯馬》一八五：二 |

　　值得一提的現象還有：《良臣》篇從"邑"之字，"邑"旁的方位皆在右，舜、禹等字不從土，都和楚文字的一般寫法有別。

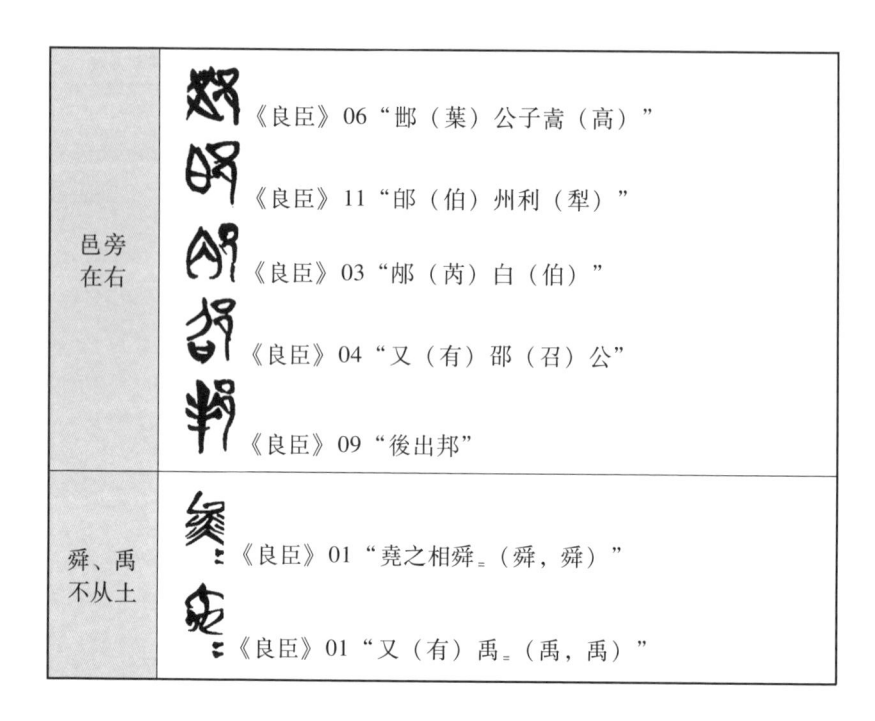

邑旁在右		《良臣》06"邺（葉）公子嵩（高）" 《良臣》11"邯（伯）州利（犁）" 《良臣》03"郂（芮）白（伯）" 《良臣》04"又（有）邵（召）公" 《良臣》09"後出邦"
舜、禹不从土		《良臣》01"堯之相舜＝（舜，舜）" 《良臣》01"又（有）禹＝（禹，禹）"

結　論

通過以上的比較，可以得出以下結論：《良臣》篇可能是楚人用晉系底本抄寫的，其中保存了大量晉系文字的字形特徵和用字特點，是具有晉系文字風格的抄本。在抄寫的過程中，有些字形也不可避免地受到楚文字書寫習慣的影響。清華叁《祝辭》篇與《良臣》篇當爲同一抄手所抄寫，《祝辭》篇的情況如何，擬另文討論。

（原載《中國文字學報》第五輯，北京：商務印書館，2014年）

楚文字"同形字"舉隅

隨着楚系簡帛文獻的不斷發現，楚文字已經成爲古文字研究領域的大宗，其考釋成果和研究方法也進一步影響着甲骨文和金文的研究，帶來許多借鑒和參考。[1] 有學者開始呼籲在綜合整理有關資料的基礎上，重視楚文字的理論探討，逐步建立起一個科學系統的楚文字學。[2] 楚文字學的構建當然是無法一蹴而就的，需要學者們共同努力。小文擬對楚文字中一類特殊的文字——"同形字"作一些嘗試性的探索，不當之處，敬請方家批評指正。

一、"同形字"的概念

狹義的同形字，指那些分別爲不同的詞所造的、字形偶然相同的字；廣義的同形字，包括所有表示不同的詞的相同字形（如被借字和假借字等）。通常來說，被研究者納入研究範圍的同形字，除了狹義的同形字外，還包括因"形借"而產生的同形現象，由字體演變、簡化和訛變等原因變成的同形字。[3] 從文字記錄詞的專屬性和規範性來看，同形字的產生應該是具有異時、異域特點的。

---

[1] 李學勤：《楚文字研究的過去和現在》，《歷史語言學研究》第七輯，北京：商務印書館，2014年，第1頁。
[2] 李守奎：《楚文字研究和"楚文字學"的構建》，《漢字學論稿》，北京：人民美術出版社，2016年，第173—182頁。
[3] 裘錫圭：《文字學概要（修訂本）》，北京：商務印書館，2013年，第201—202頁。

早期文字中的"一形表多詞"現象（通常是同時同地），大多與詞義引申有關；文字體系發展已經成熟的戰國秦漢時期的共時同形字，一般都是由字形的訛寫產生的（如楚文字中的某些"天"與"而"）。[1] 這些同形字，都不屬於我們討論的對象。本文主要梳理楚文字與戰國其他系文字（異域）、後世文字（異時）發生的同形現象。

二、楚文字"同形字"的類型

裘錫圭先生把"同形字"分爲文字結構性質不同、同爲表意字、同爲形聲字、由字形變化造成等四種類型。[2] 楚文字"同形字"也可以按照這幾種類型進行劃分。

（一）文字結構性質不同的同形字

采（卒）—采（裼）

楚文字用"采"表示終卒、兵卒之"卒"，見於《包山》197、《郭店·緇衣》7、《上博二·昔者》4、《上博三·中弓》23 等。在"卒"或"衣"上加"爪"形，或以爲屬繁化現象，或以爲表示區別符號。石經古文《春秋·僖公》"狄侵齊"之"狄"作"采"，從爪、從衣會意，當即"裼"字。[3]

（二）同爲表意字的同形字

隻（獲）—隻（單個）

楚文字沿襲商周文字，用"隻"表示獲取之"獲"，見於楚王鼎（集成2794）、九店楚簡等。《説文》："隻，鳥一枚也。从又持隹。持一隹曰隻，二隹曰雙。"《後漢書·方術傳上·王喬》："於是候鳧至，舉羅張之，但得一隻舄焉。"

---

[1] 陳偉武：《戰國秦漢同形字論綱》，《愈愚齋磨牙集》，上海：中西書局，2014年，第198頁。

[2] 裘錫圭：《文字學概要（修訂本）》，第204—208頁。

[3] 林澐：《古文字研究簡論》，長春：吉林大學出版社，1986年，第114頁。

(三) 同爲形聲字的同形字[1]

1. 脰（厨）—脰（頸項）

楚文字用"脰"表示"厨"，見於集厨太子鼎（《集成》2095）、大后厨官鼎（《集成》2395）、《信陽》簡2—12等。《説文》："脰，項也。从肉、豆聲。"傳世文獻中的"脰"一般用來表示"人或動物的頸項"，例如《左傳·襄公十八年》："射殖綽，中肩，兩矢夾脰。"楊伯峻注："脰音豆，頸項。"《史記·田單列傳》："遂經其頸於樹枝，自奮絕脰而死。"《周禮·考工記·梓人》："以脰鳴者，以注鳴者，以旁鳴者，以翼鳴者，以股鳴者，以胸鳴者，謂之小蟲之屬，以爲雕琢。"鄭玄注："脰鳴，鼀黽屬。"賈公彥疏："'脰鳴，鼀黽屬'者，鼀黽即蝦蟇也。脰，項也，以其項中鳴也。"

2. 箸（書）—箸（竹筴）

楚文字用"箸"表示"書"，見於《郭店·六德》24、《上博一·性情論》8等。《説文》："箸，飯攲也。从竹、者聲。"傳世文獻中的"箸"作名詞時，一般用來表示"竹筴"，例如《荀子·解蔽》："從山下望木者，十仞之木若箸。"《漢書·周勃傳》："上居禁中，召亞夫賜食。獨置大胾，無切肉，又不置箸。""箸"表示"竹條編成的書籍"這個義項與表示"竹筴"這個義項，其實無法完全排除詞義引申的可能性，但秦文字系統裏表示"書"的文字與楚文字截然不同，因此把這一組也作爲同形字列出，以備參考。

(四) 由於字形變化造成的同形字

1. 裕（裕）—裕（粗葛）

楚文字用"裕"表示富裕、寬裕之"裕"，見於《上博六·用曰》18、20，與从"合"的"裕"聲符並不相同。[2]《説文》：

---

[1] 參看譚生力：《秦楚同形字對比研究》，吉林大學碩士學位論文，2011年。
[2] 參看劉剛：《釋〈上博六·用曰〉20號簡的"裕"和"褊"——兼説"扁"聲字的上古音歸部問題》，《安徽大學學報（哲學社會科學版）》2017年第5期。

"綌，粗葛也。从糸、谷聲。綌，綌或从巾。"傳世文獻中的"綌"多表示"粗葛"，例如《詩經·葛覃》："爲絺爲綌，服之無斁。"毛傳云："精曰絺，麤曰綌。"《禮記·玉藻》"浴用二巾，上絺下綌"，用法與《詩經》相同。

2. 㝛（蒐）—㝛（寂寞）

楚文字或用"㝛"表示"蒐"，見於《郭店·唐虞之道》9、《上博三·周易》45、《上博九·陳公治兵》2。[1]"㝛"當即由"蒐"字訛變而成。後世出現的表示"寂寞"的"㝛"，在《說文》裏有兩個異體字："㝱，死宗㝱也。""㝱，宗也。""寂寞"一詞見於《楚辭·劉向〈九歎〉》："幽空虛以寂寞。"《文選·江淹〈別賦〉》："造分手而銜涕，感寂寞而傷神。""寂寞"或寫作"宋漠"，《楚辭·宋玉〈九辯〉》："燕翩翩其辭歸兮，蟬宋漠而無聲。"

3. 綉（韜）—綉（五采）

楚文字用"綉"表示"韜"，見於《仰天湖》25·18、《包山》254、《包山》261等。[2]"綉"是"繡"的簡化字，在文獻裏一般表示"五采"，例如《周禮·考工記·畫繢》："五采備謂之繡。"或指"五采錦衣"，《詩·唐風·揚之水》："素衣朱繡，從子于鵠。"《史記·項羽本紀》："富貴不歸故鄉，如衣繡夜行，誰知之者？"

4. 逐（邇）—逐（追趕）

楚文字用"逐"表示"邇"，見於上博簡、清華簡等。[3]

---

[1] 參看流行（網名）：《讀上博楚簡九札記》，簡帛網，2013年1月8日。mpsyx（孟蓬生）：《郭店簡〈唐虞之道〉"䏿叟"之"叟"可以論定了》帖子及網友評論，簡帛網論壇，2013年1月8日。

[2] 李家浩：《仰天湖竹簡剩義》，《簡帛》第二輯，上海：上海古籍出版社，2007年，第31—38頁。

[3] 楊澤生：《〈上博五〉零釋（十二則）》，簡帛網，2006年3月20日。鄔可晶：《釋上博楚簡的所謂"逐"字》，《簡帛研究二〇一二》，桂林：廣西師範大學出版社，2013年，第22—24頁。趙平安：《試說"邇"的一種異體及其來源》，《安徽大學學報（哲學社會科學版）》2017年第5期。

"逐"可能是由甲骨文"遍"字的一種形體省簡而來的。《説文》："逐，追也。从辵、豚省。"傳世文獻中的"逐"一般用來表示"追趕"，例如《左傳·隱公十一年》："公孫閼與穎考叔爭車，穎考叔挾輈以走，子都拔棘以逐之。"《漢書·李廣傳》："其先曰李信，秦時爲將，逐得燕太子丹者也。"

三、楚文字"同形字"的特點和判斷方法

漢字是一個歷時動態演變的系統，所以在戰國楚文字中出現與異域、異時漢字同形的現象並不奇怪，而這些同形字存在哪些特點，又有哪些判斷標準呢？

（一）"同形字"在楚文字系統内部一般不會造成訛混。

在分析上面列舉的那些同形字的字形時，我們使用了"訛變"這一概念。此處所説的"訛變"，和前面提到共時同形字時所用的"訛寫"有所不同。"蒐"字訛成的"寞"，勉强可以算作一種俗體。它們不會與其他字產生混同，也不會給當時的讀者帶來疑惑。因爲楚文字系統内部並没有表示"寂寞"的"寞"（或者説並不使用"寞"來表示"寂寞"這個詞）。在可能出現訛混時，文字系統則使用另外的手段進行調節。如楚文字用"逐"表示"遍"，同時用从犬的"逑"來表示追趕義的"逐"。[1]

（二）由於字形變化而造成的同形字（除去漢字簡化造成的），即便結構性質相同（同爲形聲字），讀音也會有所區別。

有些同爲形聲字的同形字，我們在分析結構類型時把它們歸入由於字形變化而造成的同形字這一組。這是因爲異代選擇同一聲符產生的同爲形聲字的同形字，它們的讀音是基本相同的，如"箸（書）—箸（竹筷）"。而像"綌（裕）—綌（粗葛）"，雖然二者都是形聲字，但因爲其最初的聲符並不相同，經歷過形體的訛變

---

[1] 趙平安：《試説"遍"的一種異體及其來源》。

才導致同形，所以其讀音也大相徑庭。

四、楚文字"同形字"研究的意義

（一）促進文字考釋、檢驗文字考釋結論

重視楚文字中的"同形字"，有助於我們修正一些原有的文字考釋結論。例如楚文字中有从辵、从革（或韋）、从車的"䘚"等字（《包山》167、《曾乙》69、《包山》38），這些字曾被認爲是从"狄（裼）"得聲的形聲字。不可否認，因爲受到文字組合關係的制約，古文字中確實存在同一形體在獨立使用時與用作偏旁時是兩個字的現象。不過，我們上文已經指出，"同形字"在楚文字系統内部具有統一性，一般不會造成訛混。楚文字既然用"䘚"表示終卒、兵卒之"卒"，所以那些从"䘚"之字可能也是从"卒"得聲的，其釋讀似乎還可以重新思考。

（二）認識楚文字在漢字系統中的特殊地位

楚文字是與商周文字一脈相承的文字體系。楚系簡帛文獻中，保留了不少早期文字的寫法，有些直接承襲甲骨文而來，可見其源遠流長。楚文字中也出現了很多專用字，[1] 反映出楚文化的獨特風貌。我們對楚文字"同形字"的初步探索，也可以折射出楚文字系統的獨立性和成熟度，對於準確認識楚文字在漢字系統中的特殊地位也是不無裨益的。

（原載《古文字研究》第三十二輯，北京：中華書局，2018年）

---

[1] 周翔：《楚文字專字研究》，安徽大學博士學位論文，2017年。

出土文獻與傳世文獻新證

楚月名釋義

——兼説《左傳》的"荆尸"

楚國有一套特殊的記月方式，如見於信陽編鐘銘文的"屈柰"等，但最初並不知道這些是楚國的月名。直到睡虎地秦墓竹簡出土，其《日書甲種》後附有《秦楚月名對照表》：

十月	楚冬夕，日六夕十
十一月	楚屈夕，日五夕十一
十二月	楚援夕，日六夕十
正月	楚刑夷，日七夕九
二月	楚夏层，日八夕八
三月	楚紡月，日九夕七
四月	楚七月，日十夕六
五月	楚八月，日十一夕五
六月	楚九月，日十夕六
七月	楚十月，日九夕七
八月	楚爨月，日八夕八
九月	楚獻馬，日七夕九

其中"夕"字楚簡寫作"栾",七月或作"夏栾(夕)"。"刑夷"又寫作"荆屎""荆尸",並字通。"荆尸"一詞又兩見於《左傳》:

（莊公）四年春,王三月,楚武王荆尸,授師孑焉,以伐隨。將齊,入告夫人鄧曼曰:"余心蕩。"鄧曼歎曰:"王祿盡矣。盈而蕩,天之道也,先君其知之矣。故臨武事,將發大命,而蕩王心焉。若師徒無虧,王薨於行,國之福也。"王遂行,卒於樠木之下。

（宣公）十二年春,楚子圍鄭,旬有七日……楚子退師,鄭人修城。進復圍之,三月,克之……夏六月,晉師救鄭。……隨武子曰:"善。會聞用師,觀釁而動。德刑政事典禮不易,不可敵也,不為是征。楚軍討鄭,怒其貳而哀其卑,叛而伐之,服而舍之,德刑成矣。伐叛,刑也。柔服,德也。二者立矣。昔歲入陳,今兹入鄭,民不罷勞,君無怨讟,政有經矣。荆尸而舉,商農工賈不敗其業,而卒乘輯睦,事不奸矣。蒍敖爲宰,擇楚國之令典。軍行,右轅左追蓐,前茅慮無,中權後勁,百官象物而動,軍政不戒而備,能用典矣。其君之舉也,内姓選於親,外姓選於舊,舉不失德,賞不失勞,老有加惠,旅有施舍,君子小人,物有服章,貴有常尊,賤有等威,禮不逆矣。德立刑行,政成事時,典從禮順,若之何敵之?……"

朱德熙先生據睡虎地秦簡首先正確釋讀出信陽編鐘的"䣾篙屈栾"即"荆曆屈夕"。[1]于豪亮先生和曾憲通先生也分別撰文對楚月名進行了考釋,指出其有很早的來源。于文認爲楚國以建亥之月爲歲首,《左傳》的"荆尸"當解釋爲楚月名。[2]曾文則認爲

---

[1] 朱德熙:《"䣾篙屈栾"解》,《方言》1979年第4期;又《朱德熙學術文集》,北京:中華書局,1995年,第113頁。
[2] 中華書局編輯部:《雲夢秦簡研究》,北京:中華書局,1981年;又《于豪亮學術文存》,北京:中華書局,1985年,第157、160—161頁。

楚在戰國時已用夏曆，即以建寅之夏正爲歲首。[1] 李學勤先生對此進行了詳細的討論，認爲把《左傳》的"荆尸"理解爲楚月名與傳文的曆法不一致，從文意看也不通順，"荆尸"應是組織兵員的一種方式，"楚月名似若與各月行事，或者與歷史上一定事件有關"。[2] 李文對舊説的批評有一定的道理，但其對"荆尸"的解釋並没有確切的證據。

新出《清華簡》爲我們理解楚月名的含義提供了很好的綫索，《清華簡·楚居》中有這樣一段話（徑出釋文，不嚴格隸定）：

> 至禽繹與屈紃，使䣬嗌卜徙於夷屯，爲便室，室既成，無以内之，乃竊䣬人之犝以【4】祭。懼其主，夜而内尸，抵今日夕，夕必夜。

整理者指出："尸疑指陳列犧牲以祭，夕指夜裏行祭。"[3] 應該是正確的。

下面我們根據清華簡揭示的"尸（尸）""夕（夕）"二字的意義，試對楚月名進行解釋。

先來看"冬夕（夕）""夏夕（夕）"和"夏尸（尸）"。

因爲"冬夕（夕）""夏夕（夕）"二者之間相差恰好半年，所以"冬"和"夏"當表示季節。"冬夕（夕）"指冬季舉行的夜祭，"夏夕（夕）"指夏季舉行的夜祭，"夏尸（尸）"則指夏季舉行的牲祭。還可以推知楚之四季劃分如下：

---

[1] 曾憲通：《楚月名初探》，《中山大學學報（社會科學版）》1980年第1期；又《古文字研究》第五輯，北京：中華書局，1980年。也有學者根據祭禱簡"卒歲"的用法得出相同的結論。參看宋華强：《新蔡葛陵楚簡初探》，武漢：武漢大學出版社，2010年，第54頁。

[2] 李學勤：《有紀年楚簡年代的研究》，載《文物中的古文明》，北京：商務印書館，2008年，第419頁。

[3] 李學勤主編：《清華大學藏戰國竹簡（壹）》，上海：中西書局，2011年。上博簡有"尸廟"一詞，見於《平王問鄭壽》和《天子建州》，現在看來"尸廟"或指陳牲祭祀之廟。

春：屈柰，援柰，荆屎。

夏：夏屎，紡（享）月，夏柰。

秋：八月，九月，十月。

冬：爨月，獻馬，冬柰。

李家浩先生指出以上内容反映了早期楚地四季劃分的情況，與戰國中期以"荆尸"爲歲首的夏曆有别。[1] 這説明楚曆四季的形成和確定經歷了一個變化的過程。

再來談"荆屎（尸）""屈柰（夕）"和"援柰（夕）"。

前文已經指出，"荆尸"即"荆屎"，那麼"荆尸"應該也是指一種祭祀。古代在大規模軍事活動之前常常要舉行祭禮，如《左傳·定公四年》："君以軍行，祓社釁鼓，祝奉以從，於是乎出竟。"《周禮·春官·小宗伯》云："若大師，則帥有司而立軍社，奉主車。若軍將有事，則與祭有司將事於四望。"鄭注："有司，大祝也。王出軍，必先有事於社及遷廟，而以其主行。"《詩·大雅·緜》"乃立冢土，戎醜攸行"，毛傳："冢土，大社也。起大事，動大衆，必先有事於社而後出，謂之宜。"（又見《爾雅·釋天》"講武"條）

從《左傳》本文來看，把"荆尸"理解成軍事活動前的祭禮也是很合適的。《左傳·莊公四年》"將齊"下面是倒叙的内容，講述的是"荆尸"前夫人鄧曼和楚武王的一段對話。我們認爲"將齊"和"荆尸"是有聯繫的，楊伯峻注云："齊同齋，授兵於太廟，故先須齋戒。""荆尸"前要進行齋戒，是"荆尸"可以理解爲"祭祀"的有力證據。《左傳·宣公十二年》："荆尸而舉，商農工賈不敗其業，而卒乘輯睦，事不奸矣。""事"指天子、諸侯的國家大事，如祭祀、盟會、兵戎等。"荆尸而舉……事不奸矣"，

---

[1] 李家浩：《包山祭禱簡研究》，載李學勤、謝桂華主編：《簡帛研究二〇〇一》，桂林：廣西師範大學出版社，2001 年，第 25—36 頁。

正與《爾雅·釋天》"起大事，動大衆，必先有事於社而後出，謂之宜"相合。

楚文字中"荆"字一般用作表示國名、地名的"荆"。[1] 從《左傳》來看，這兩次戰爭都是楚王親自統帥軍隊，所以"荆尸"應當是楚王作爲主祭者的祭禮，《上博四·昭王毀室》云："既勘（荆）条（落）之，王内（入）牁（將）袼（落）。"[2] "荆落"指楚王作爲主祭者的宗廟落成典禮，兩者可以互證。

"荆尸"指楚王作爲主祭者的祭禮，那麼"屈柰""援柰"又該怎樣理解呢？"屈"在楚簡中常用作姓氏，《上博六·景公瘧》的"屈木"、《清華簡·楚居》中的"屈約（紃）"都是楚國的公族。"援夕"是秦文字的寫法，包山簡作"遠柰（夕）"，而"遠"在包山簡中又用爲"蒍"氏之"蒍"。[3] 蒍氏也是楚國的公族，《左傳》所記蒍氏的稱謂者，從蒍章起共八人：章、啟強、罷、射、泄、居、越、固。楚武王時期的蒍章見於《左傳·桓公六年》，屬於春秋早期。[4] 根據《左傳》的記載，春秋時期楚國比較顯赫的公族有三支：即鬭氏（若敖氏）、屈氏、蒍氏（據李零的研究出於叔熊）。[5] 爲什麼楚月名有"屈柰""援柰"，而没有"鬭柰"，這大概與楚莊王九年"王滅若敖氏"有關，自此年之後，"鬭氏"在楚國的地位爲"屈氏""援氏"所取代。"屈柰"就是"屈"氏爲主祭者的夜祭，"援柰"則是"蒍"氏爲主祭者的夜祭。

《禮記·郊特牲》："諸侯不敢祖天子。大夫不敢祖諸侯。而公

---

[1] 周波：《戰國時代各系文字間用字差異性現象研究》，復旦大學博士學位論文，2008年，第33頁。

[2] 參看孟蓬生：《上博竹書（四）閒詁》，簡帛研究網，2005年2月15日。董珊：《讀〈上博藏戰國楚竹書（四）〉雜記》，簡帛研究網，2005年2月20日。

[3] 劉信芳：《〈包山楚簡〉中的幾支楚公族試析》，《江漢論壇》1995年第1期。

[4] 田成方：《考古資料中的楚蒍氏宗族及其譜系探析》，簡帛網，2009年6月9日。

[5] 李零：《楚國族源、世系的文字學證明》，載《李零自選集》，桂林：廣西師範大學出版社，1998年，第213頁。

廟之設於私家，非禮也。由三桓始也。"説明本來大夫並没有祖諸侯的權利，春秋戰國時期禮崩樂壞，在魯國首先出現私家設公廟的現象。而楚月名的"屈柰"和"援柰"則反映這種現象在當時並不鮮見。《禮記·祭統》還有這樣的記載："昔者周公旦有勳勞於天下，周公既没，成王、康王追念周公之所以勳勞者，而欲尊魯，故賜之以重祭，外祭則郊、社是也，内祭則大嘗、禘是也。夫大嘗、禘，升歌《清廟》，下而管《象》，朱干玉戚以舞《大武》，八佾以舞《大夏》，此天子之樂也。康周公，所以賜魯也。"成王、康王爲了褒揚周公的功德，特別"尊魯"，賦予魯國可以舉行大嘗、禘的權利。"屈柰"和"援柰"也可能是楚王爲了"尊屈"和"尊蒍"而賦予他們月祭的權利。

因爲祭祖經常在特定的月份進行，所以"荆尸""屈柰"和"援柰"就逐漸固定地用來表示不同的月名了。根據楚月名有"屈柰""援柰"而没有"鬭柰"，我們可以把這套楚月名完整出現的時間上限定在"楚莊王滅若敖氏"之年（楚莊王九年）。[1]

最後説説"紡月""爨月"和"獻馬"。

六月"紡月"楚簡或作"享月"。"享"聲字與"方"聲字音近可通，馬王堆帛書《周易》中的"享"字常寫作"芳"。[2]"紡月"之"紡"字也當讀作"享"。"享"也指供祭品奉祀祖先。《書·盤庚上》："兹予大享於先王。"孔穎達疏："《周禮·大宗伯》祭祀之名：天神曰祀，地祇曰祭，人鬼曰享。此大享於先王，謂天子祭宗廟也。"《書·洛誥》："汝其敬識百辟享，亦識其有不享。"孔傳："奉上之謂享。"孔穎達疏："享訓獻也，獻是奉上之詞，故奉上之謂享。"

---

[1] 還有另外一種可能，楚月名本有"鬭尸"，然而隨着若敖氏（鬭氏）被滅之後也被廢除了。但據《左傳》宣十二年的"荆尸"仍不用爲月名，則這種可能性極小。

[2] 白於藍：《簡牘帛書通假字字典》，福州：福建人民出版社，2008年，第280頁。

十一月稱"爨月"當與"祀灶"有關。《禮記·月令》："孟夏之月，日在畢，昏翼中，日婺女中，其日丙丁，其帝炎帝，其神祝融，其蟲羽，其音徵，律中中吕，其數七，其味苦，其臭焦，其祀灶，祭先肺。""爨"訓爲"灶"爲典籍恒詁。[1]《禮記·禮器》："夫奥者，老婦之祭也，盛於盆，尊於瓶。"鄭玄注："奥，當爲爨，字之誤也。或作灶。"民間傳説灶神兼司命之職，稱"東廚司命"，因此現在的一些鄉村仍有祀灶的習俗。[2]

十二月"獻馬"當源於《周禮·夏官·校人》"春祭馬祖，執駒。夏祭先牧，頒馬，攻特。秋祭馬社，臧僕。冬祭馬步，獻馬，講馭夫"，鄭玄注："馬步，神爲災害馬者。"因獻馬必在祭馬步之後進行，因此把祭馬步之月稱爲"獻馬"之月。

據上文可知，楚月名多與祭祀活動相關。以某月舉行的祭祀活動來爲這個月命名，這和漢代"臘祭"行於農曆十二月，故把十二月謂之"臘月"是相似的。王逸《楚辭·九歌》章句云："昔楚國南郢之邑，沅、湘之邑，其俗信鬼而好祀。"楚月名所反映的現象恰好爲這句話作了一個注腳。

（原載《古籍研究》總第 59 輯，合肥：安徽大學出版社，2013 年）

---

[1] 參看宗福邦、陳世鐃、蕭海波：《故訓匯纂》，北京：商務印書館，2003 年，第 1383 頁。

[2] 錢玄：《三禮通論》，南京：南京師範大學出版社，1996 年，第 509 頁。

從清華簡談《老子》的"萬物將自賓"

王弼本《老子》第32章有這樣一段話:"道常無名。樸雖小,天下莫能臣也。侯王若能守之,萬物將自賓。"這段話在《老子》不同的版本中有細微的差別:

1. 道恒亡(無)名,僕(樸)唯(雖)妻,天地弗敢臣。侯王女(如)能獸(守)之,萬勿(物)將自寅。

(郭店《老子》甲 18—19)

2. 道恒无(無)名,楃(樸)唯□,□□□□□□。□王若能守之,萬物將自賓。　　(馬王堆帛書甲本 158—159)

3. 道恒无(無)名。樸雖小,而天下弗敢臣。侯王若能守之,萬物將自賓。　　(馬王堆帛書乙本 247B—248A)

4. 道恒無名,樸唯(雖)小,天下弗敢臣。侯王若能守之,萬物將自賓。　　(北大簡《老子》209)[1]

5. 道常無名,樸雖小,天下莫能臣也。王侯若能守,萬物將自賓。　　(傅奕本第32章)

研究者往往根據漢代以來《老子》版本的"萬物將自賓"把郭店簡《老子》甲本的"寅"字也釋爲"賓"。如郭店簡的整理者

---

[1] 北京大學出土文獻研究所、朱鳳瀚編:《北京大學藏西漢竹書(貳)》,上海:上海古籍出版社,2012年,第102頁。

就認爲："賏，从貝、从宀省，賓字異體。"[1] 表面上看，"賏"和"賓"確實比較接近。不過仔細分析却會發現，如果"賏"和"賓"是一個字的話，那就意味着"賓"字省略了其聲旁"丏"，這種現象在漢字省形中是極爲罕見的。再結合楚簡文字中明確可信的"賓"字來看，"賓"或省作"宀"，却無一例省爲"賏"。所以把"賏"釋爲"賓"實在是很可懷疑的。

賓			
宀			

從文意上看，《老子想爾注》對"王侯若能守，萬物將自賓"一句的解釋是"人不可以貴輕道，當之，萬物皆自賓伏"。"賓伏"一詞見於《淮南子·原道》："海外賓伏，四夷納職。"或寫作"賓服"，《管子·小匡》："故東夷、西戎、南蠻、北狄，中諸侯國，莫不賓服。"是"歸附""順從"之義。這樣解釋，確實也比較通順。這似乎是學者們都沒有對"自賓"提出異議的原因。認同"賏"即"賓"的另外一個理由就是前文說"天地弗敢臣"，下面說"萬物將自賓"，"臣"和"賓"古音都是真部字，合乎押韻的原則。

郭店簡《老子》甲本的"賏"到底能否釋爲"賓"，新出《清華簡·繫年》爲此提供了一個答案。《繫年》第九章記述了晉襄公去世以後，晉靈公得立的故事（釋文用寬式）：

---

[1] 荆門市博物館：《郭店楚墓竹簡》，北京：文物出版社，1998年，第115頁注四六。

晉襄公卒，靈公高幼，大夫聚謀曰："君幼，未可奉承也，毋乃不能邦？"猷求强君，乃命【50】左行蔑與隨會召襄公之弟雍也于秦。襄夫人聞之，乃抱靈公以號于廷，曰："死人何罪？【51】生人何辜？舍其君之子弗立，而召人于外，而焉將寘此子也？"大夫閔，乃皆背之曰："我莫命招【52】之。"乃立靈公，焉葬襄公。【53】

　　其中"而焉將寘此子也"的"寘"簡文作"寅"，與郭店簡《老子》所謂的"寅"形體全同。

寘	寅 《清華·繫年》052	寅 《郭店·老甲》19

　　《繫年》的整理者引《左傳·文公七年》"曰：'先君何罪？其嗣亦何罪？舍適嗣不立而外求君，將焉寘此？'"與上引劃綫文字對應，並認爲："簡文'寅'即'寘'，'寘'在《說文》中是新附，云：'从宀，真聲。'詛楚文與之相合，簡文疑係省作。"[1] 整理者把"寅"與"寘"字對應起來的意見無疑是正確的。

　　《說文》："寘，置也。从宀、真聲。"是按照秦文字說解。古音學家一般根據"寘"字的"支義切"將其歸入支部或錫部。[2] 而從古文字字形來看，"寘"字很可能是"實"字分化而來的，[3] 典籍中"寘"與"實"都有和"置"字通假的例子，[4] 也可以作爲"寘""實"一字分化的佐證。如此，"寘"之古音應該歸入章

---

[1] 李學勤主編：《清華大學藏戰國竹簡（貳）》，上海：中西書局，2011年，第158頁。
[2] 郭錫良：《漢字古音手冊》，北京：北京大學出版社，1986年，第51頁。陳復華、何九盈：《古韻通曉》，北京：中國社會科學出版社，1987年，第177頁。
[3] 參看劉剛：《枚氏壺銘文"實"字考》，《紀念何琳儀先生誕辰七十周年暨國際古文字學會議論文集》，合肥，2013年8月。
[4] 高亨：《古字通假會典》，濟南：齊魯書社，1989年，第409頁。

母質部,"置"在端母職部,兩字的相通和"寔"與"陟"的音韻關係類似。[1] 綜上所述,郭店簡《老子》甲本的"萬勿(物)將自賓"其實應該釋爲"萬物將自實"。

上文已經指出"實"與"置"常常相通,而文獻中又多見"自置"一詞:

1. 客飧,主人辭以疏。主人<u>自置</u>其醬,則客自徹之。

(《禮記·玉藻》)

2. 於是楚戍卒陳勝、吳廣等乃作亂,起於山東,傑俊相立,<u>自置</u>爲侯王,叛秦,兵至鴻門而却。

(《史記·李斯列傳》)

3. 太后崩,呂禄等以趙王<u>自置</u>爲將軍,軍長安,爲亂。

(《史記·樊酈滕灌列傳》)

4. 秦穆公辟遠,不與中國會盟。楚成王初收荆蠻有之,夷狄<u>自置</u>。

(《史記·齊太公世家》)

5. 襄子曰:"非義也?子壯士也!"乃<u>自置</u>車庫中,水漿毋入口者三日,以禮豫讓,讓自知,遂自殺也。(《説苑》卷六)

6. 神言益復悲楚,未知吉凶,故自恐在惡伍之部。日夜自惟,不知當所<u>自置</u>,故不敢有不善之意。

(《太平經合校·庚部之八》)

7. 二子行業無聞,以豪桀<u>自置</u>,遂使公卿問疾,王臣坐門。

(《後漢書·符融傳》)

以上辭例除《禮記·玉藻》的"自置"義爲"自行安置"外,其餘多可解釋爲"自居""自處"。王弼在《老子》"天門開闔,能爲雌"句下有注云:"言天門開闔,能爲雌乎?則物自賓而處自安矣。"把"物自賓〈實〉"和"處自安"對言,可見王弼認爲"物

---

[1] 劉洪濤:《〈説文〉"陟"字古文考》,簡帛網,2007年9月22日。

自賓〈實〉"和"處自安"的意思相近。郭店簡《老子》甲本的"萬物將自實"當即"萬物將自處"之義,這和《老子》主張的"無爲而治"思想也是相符的。

郭店簡《老子》是目前可見最早的《老子》版本,甲本的"萬物將自實(置)"可能反映了《老子》文本的原貌。按照我們的理解,"實"是質部字,可以和真部的"臣"通押。[1]《説文》認爲"實"字從"真"聲,也暗示着"實"與真部字的密切關係。馬王堆帛書以來的《老子》版本把"實"字改爲"賓",除了字形上兩者相近之外,改爲"賓"後,與上文"臣"字押韻也更直接了,這恐怕也是"賓"字得以流行的一個原因。

(原載《文史》2014 年第 4 輯)

---

[1] 王力《詩經韻讀》(上海:上海古籍出版社,1980 年,第 388 頁)認爲《詩·大雅·召旻》就有"真、質通韻"的現象。

從煙臺博物館藏"不蠢善戈" 說到古代的"蠶馬"傳說

1973年，山東萊陽縣徐格莊出土了一批戰國兵器，包括一劍、二矛、一戈等，現藏煙臺市博物館。其中的戈援部有脊，長胡三穿，胡部有銘文三字。公布此戈的李步青、王錫平先生把它隸定爲"不蠢辟"，懷疑是鑄器之地名。[1] 吳鎮烽先生認爲銘文是四字，釋爲"不羽蠢□"。[2] 從圖片來看，吳先生釋爲"羽"的字和下面的形體緊密連接，把它分成二字的意見恐不可信。該字本作""，上部是兩馬之形，張振謙先生隸定爲"蠢"，是正確的。[3] 我們認爲此字可徑釋爲"蠢"。

在解釋"蠢"字之前，先來看看《荀子·賦篇》中的一段話：

> 有物於此，儵儵兮其狀，屢化如神，功被天下，爲萬世文。禮樂以成，貴賤以分，養老長幼，待之而後存。名號不美，與"暴"爲鄰。功立而身廢，事成而家敗。棄其耆老，收其後世。人屬所利，飛鳥所害。臣愚而不識，請占之五泰。五

---

[1] 李步青、王錫平：《建國以來煙臺地區出土商周銘文青銅器概述》，《古文字研究》第十九輯，北京：中華書局，1992年，第66—85頁。又王錫平：《膠東出土有銘青銅器》，《故宮文物》總129期，1993年，第11頁。

[2] 吳鎮烽：《商周青銅器銘文暨圖像集成》，上海：上海古籍出版社，2012年，第146頁。

[3] 參看張振謙《齊系文字研究》下編《齊系文字編》，安徽大學博士學位論文，2008年。第三字稍有殘泐，張振謙先生隸定爲"善"，可從。

泰占之曰：**此夫身女好，而頭馬首者與？** 屢化而不壽者與？善壯而拙老者與？有父母而無牝牡者與？冬伏而夏游，食桑而吐絲，前亂而後治，夏生而惡暑，喜濕而惡雨，蛹以爲母，蛾以爲父，三俯三起，事乃大已，夫是之謂蠶理。

《荀子·賦篇》作爲文學史上最早以"賦"名篇的作品而常被稱引，該篇主要通過一問一答的方式分別對"禮""知（智）""雲""蠶""箴"等物品進行射覆，類似於後代的猜謎語。上引一段話正是說"蠶"的那一部分，對蠶的形狀、生活習性以及對人類的貢獻等做了概括，其中值得注意的是說蠶"身女好，而頭馬首者"。一般認爲，"身女好"是說蠶的身體類似女子，"頭馬首"則是說蠶的頭部像馬頭。衆所周知，古代隸書的筆畫特點有所謂"蠶頭燕尾"，"蠶頭"和"馬頭"的形狀並不相近。因此，說蠶"頭馬首"頗讓人費解。

晉干寶的《搜神記》有一篇《蠶馬》，與我們要討論的內容不無關係，爲省讀者翻檢，具引於下：[1]

尋舊說云：太古之時，有大人遠征，家無餘人，唯有一女，並牡馬一匹，女親養之。窮居幽處，女思念其父，乃戲馬曰："爾能爲我迎得父還，吾將嫁汝。"既承此言，馬乃絕韁而去，徑至父所。父見馬驚喜，因取而乘之。馬望所自來，悲鳴不息。父曰："此馬無事如此，我家得無有故乎！"乃亟乘以歸。爲畜生有非常之情，故厚加芻養。馬不肯食。每見女出入，輒喜怒奮擊，如此非一。父怪之，密以問女，女具以告父，必爲是故也。父曰："勿言。恐辱家門。且莫出入。"於是伏弩射而殺之，暴皮於庭。父行，女與鄰女之皮所戲，以足蹙之曰："汝是畜生，而欲取人爲婦耶！招此屠剝，如何自苦！"言未及

---

[1] 引文據李劍國：《唐前志怪小說輯釋（修訂本）》，上海：上海古籍出版社，2011年，第328頁。

竟，馬皮蹶然而起，卷女以行。鄰女忙怕，不敢救之，走告其父。父還求索，已出失之。後經數日，得於大樹枝間，女及馬皮盡化爲蠶，而績於樹上。其蠶綸理厚大，異於常蠶。鄰婦取而養之，其枚數倍。因名其樹曰桑。桑者，喪也。由斯百姓競種之，今世所養是也。言桑蠶者，是古蠶之餘類也。案《天官》："辰爲馬星。"《蠶書》曰："蠶爲龍精，月當大火，則浴其種。"是蠶與馬同氣也。《周禮》馬質職掌"禁原蠶者"注云："物莫能兩大，禁原蠶者，爲其傷馬也。"漢禮，皇后親采桑，祀蠶神，曰："菀窳婦人，寓氏公主。"公主者，女之尊稱也。菀窳婦人，先蠶者也。故今世或謂蠶爲女兒者，是古之遺言也。

此文講了一個"食言女子"被馬皮包裹而化爲蠶的故事，類似的內容也見於《古今事文類聚》《太平廣記》《墉城集仙錄》《中華古今注》《鼠璞》《類說》《三洞群仙錄》等志怪小說、筆記。[1]《搜神記》中本無"馬頭"之事，到了宋代戴埴《鼠璞》所引的唐代《乘異記》，故事就有了變化，其發生的地點已經轉移到了四川，並且出現了"馬頭娘"一詞："蜀中寺觀多塑女人披馬皮，謂之馬頭娘，以祈蠶。"曾慥《類說》引《蜀本紀》則說："蠶女冢在綿竹縣，塑女子像，披以馬皮，俗號曰馬頭娘廟。"

《山海經·海外北經》有"歐絲之野在大踵東，一女子跪據樹歐絲"的記載，其中"女子吐絲"的形象與"蠶女"很是接近。袁珂先生認爲《搜神記》"蠶馬"之類的傳說就是糅合了《山海經·海外北經》和《荀子·賦篇》的結果。[2] 他對"蠶爲女身"的解釋是："吾國蠶絲發明甚早，婦女又專其職任，宜在人群想象中，以蠶之性態與養蠶婦女之形象相結合。"袁先生的說法自然不無參考價值，不過《荀子·賦篇》記載的蠶"身女好"更有可能是

---

[1] 參上引李劍國：《唐前志怪小說輯釋（修訂本）》，第329—332頁。
[2] 袁珂：《山海經校注》，上海：上海古籍出版社，1980年，第244頁。

説明蠶的體態柔軟。[1] 漢語中表示柔軟義的詞古音多在"泥"紐（現代漢語拼音聲母爲"r"或"n"），[2] 如"柔""軟""弱""乳""懦""蠕""荏苒"等等，女子之所以被稱作"女"，應當與其身體柔軟的特點有關。蠶"身女好"本來是一種比喻，志怪傳説中蠶已經化爲女兒身的説法很大程度上是對蠶"身女好"這一特點的誤讀。[3]

那"頭馬首"到底該如何理解呢？我們不妨從上引戈銘裏尋找答案。在古文字形體演變的過程中，某些字的形體會發生一些變化，而後人或者根據變化了的形體對文字本身或文字的内涵做出解釋。許慎在《説文解字·叙》中對這一現象進行了描述：

> 而世人大共非訾，以爲好奇者也，故詭更正文，鄉壁虛造不可知之書，變亂常行，以耀於世。諸生競逐説字，解經誼，稱秦之隸書爲倉頡時書，云父子相傳，何得改易！乃猥曰："馬頭人爲長，人持十爲斗，虫者，屈中也。"廷尉説律，至以字斷法："苛人受錢，苛之字止句也。"若此者甚衆，皆不合孔氏古文，謬於《史籀》。俗儒鄙夫，翫其所習，蔽所希聞。不見通學，未嘗睹字例之條。怪舊埶而善野言，以其所知爲秘妙，究洞聖人之微恉。

戰國文字"長"有些形體寫得上面很像馬頭、下面是人，漢隸"斗"的有些形體則左右寫作人、十的樣子，"馬頭人爲長，人持十爲斗"的説法即所謂的"俗儒鄙夫"根據已經變異了的"長"和"斗"來説解文字，這種做法也受到了許慎的批評。

---

[1] 參看王先謙：《荀子集解》，北京：中華書局，1988年，第478頁。
[2] 此據章太炎"娘、日二紐歸泥"説。
[3] 《山海經》一般認爲是戰國時代的作品，似乎不會晚於《荀子》的寫作時代，不過無法否定《賦篇》的記載會有更早的來源，所以《山海經》的"歐絲之野，一女子跪據樹歐絲"會不會也是對蠶"身女好"的誤解甚至是故意的解讀還有待討論。

長	《上博·緇衣》9	《上博·恒先》9
斗	漢·長陽鼎	東漢·光和斛

　　當然，許慎所處的東漢一定不是以"望文生義"的方式來説解文字的最早時代，《荀子·賦篇》的"頭馬首者"應該就是根據"蠶"字的寫法對蠶的一種形象解釋，[1] 熟悉"蠶"字形體的人對這種解釋自然心領神會，所以可以把它用作射覆之語。但時過境遷，後人已經不能理解其確切涵義，就賦予了它另外一個意義，而又逐漸演化爲一個美麗的傳説。

　　不過戰國時代齊系文字的"蠶"頭部何以寫作兩馬形仍然可以探討。我們認爲"蠶"字這種寫法和"馬"本身應該沒有關係。《搜神記》所引《周禮·夏官·馬質》是除《荀子·賦篇》外，較早把"馬"和"蠶"聯繫起來的文獻。鄭玄注引《天文書》"辰爲馬星"、《蠶書》"蠶爲龍精"來論證"蠶馬同氣物""物莫兩大，禁原蠶者，爲傷馬與？"，[2] 似不能作爲"蠶"可以从"馬"的證據。且不談《周禮》的成書與"蠶寫作兩馬形"的時代孰先孰後，即便鄭注説法可信，以與蠶同氣的"馬"作爲"蠶"字形體一部分的可能性也是微乎其微的。"蠶"字的上述寫法應當與"長"寫作"馬頭人"一樣，是把文字形體中與"馬"近似的部分改寫成"馬"，這種現象只是漢字發展過程中一種偶然的異化而已。

---

[1]《史記·孟子荀卿列傳》記載："（荀卿）年五十始來遊學於齊……齊襄王時，而荀卿最爲老師。齊尚修列大夫之缺，而荀卿三爲祭酒焉。"所以荀子熟悉戰國齊系文字的寫法是不足爲怪的。

[2] 李劍國先生引《淮南子·泰族》"原蠶一歲再收，非不利也，然而王法禁者，爲其殘桑也"否定鄭注"再蠶傷馬"之説，見《唐前志怪小説輯釋（修訂本）》，第330頁。

戈銘"不蠶善"可能帶有箴言性質。"蠶"可讀爲"憯",[1]"蠶"從"朁"聲,與"憯"音近可通:《詩·小雅·十月之交》"胡憯莫懲",《釋文》"憯亦作慘",是其佐證。[2] "憯"字古有"殺"義,《方言》:"憯,殺也。"《逸周書·周月》"微陽動於黃泉,陰降憯於萬物","憯"亦"殺"也。"不蠶(憯)善"即"不殺善",猶言此戈"不施用於善人"。

附:《商周青銅器銘文暨圖像集成》不蠶善戈圖片

(原載《出土文獻》第六輯,上海:中西書局,2015 年)

---

[1] 參看王先謙:《荀子集解》,第 478 頁。
[2] 高亨:《古字通假會典》,濟南:齊魯書社,1989 年,第 243 頁。

據簡帛文字的用字習慣校讀
《莊子》一則

《莊子·逍遥遊》開篇叙述了北冥之"鯤"變化爲"鵬"後飛往南冥的故事，並引用了一個早期的志怪傳説：

> 齊諧者，志怪者也。諧之言曰："鵬之徙於南冥也，水擊三千里，摶扶摇而上者九萬里，去以六月息者也。"野馬也，塵埃也，生物之以息相吹也。

上面一段話中，一共出現了兩個"息"字。唐成玄英把後一個"息"字理解爲氣息，把"野馬也，塵埃也，生物之以息相吹也"這句解釋爲："天地之間，生物氣息更相吹動，以舉於鵬者也。"如果把前一個"息"字也這樣理解的話，文句就顯得不通順，所以後代的研究者多認同晉代郭象的意見，把"去以六月息者也"句中的"息"解釋爲止息、休息。[1]但是這樣一來，就會出現一個明顯的問題：文中的兩個"息"字位置接近，應當是互相照應的，似乎不宜作不同的解釋。[2]

有的學者已經注意到了這個問題，比如釋德清等就把兩個"息"統一了起來，把前一個"息"解釋爲風。他認爲："周六月

---

[1] 如王力先生主編的《古代漢語》（北京：中華書局，1999年，第380頁）就採用此説。

[2] 王叔岷《莊子校詮》云《太平御覽》引文"息"上有"一"字。

即夏之四月，謂盛陽開發，風始大而有力，乃能鼓其翼。息即風。"宣穎則進一步説："息是氣息，大塊噫氣也，即風也。六月氣盛多風，大鵬便於鼓翼，此正明上六月海運則徙之説也。"[1] 陳鼓應先生綜合了上面的説法，把這句話翻譯爲：

  《齊諧》這本書，是記載怪異之事的。諧書上説："當鵬遷往南海的時候，水花激起三千里。翼拍旋風而直上九萬里高空，它是乘着六月大風而去的。"野馬般的游氣，飛揚的游塵，以及活動的生物被風相吹而飄動。[2]

  如此理解，則兩個"息"字的解釋不再紛歧，不過，學者把"息"理解爲風，是由其"氣息"義引申而來的。我們從古籍舊注中再也找不到其他"息"可以解釋爲風的例子，所以上面的譯文就成了孤證，同樣是難以令人信服的。

  把"息"解釋爲風的學者，爲了照顧句意，只能把"六月"理解成特定的季節。然而《莊子·逍遥遊》下文"風之積也不厚，則其負大舟也無力，九萬里則風斯在下矣"，已經明確了鯤鵬乘風而行是由展翅九萬里這個高度所致的結果，與不同季節的風力大小無關。此外，文章接着還有反面角色"蜩"與"學鳩"嘲笑鯤鵬徙於南冥的一段言語，莊子對此有這樣的議論："適莽蒼者，三飡而反，腹猶果然；適百里者，宿舂糧；適千里者，三月聚糧，之二蟲又何知？"這一段文字用了二層遞進，"三飡""宿""三月"等時間也明顯是針對上文"鯤鵬適南冥所用的六個月"而言的，諷刺了"蜩"與"學鳩"之流不能理解小大之辨。綜上可知：把"六月"理解爲特定的季節是不正確的，那麼把"息"解釋爲風的意見也就站不住腳了。

  雖然我們不同意把"息"解釋爲風，但是上引釋德清等人對文

---

[1] 參看郭慶藩：《莊子集釋》，北京：中華書局，2006年，第2—3頁。
[2] 陳鼓應：《莊子今注今譯》，北京：中華書局，1983年，第5頁。

意的理解還是很有啟發性的。質量輕小的物體容易在風的作用下飛起，是一種自然現象，文獻多有記載，例如牟融《理惑論》就說："輕羽在高，遇風則飛；細石在溪，得流則轉。唯泰山不爲飄風動，磐石不爲疾流移。"《莊子·逍遥遊》的"野馬也，塵埃也"一般解釋爲"像野馬形狀的霧氣、塵埃"，它們也的確是因風吹拂的結果。那"息"到底應該怎樣理解呢？我們認爲"息"當讀爲"疾"。

從傳統古音學的研究成果來看，"息"和"疾"的音讀並不接近，但在出土的簡帛文獻裏，却可以見到"息"用爲"疾"的例子（釋文用寬式）：

例一	汝毋以嬖御息爾莊后，毋以嬖士息大夫卿士。（清華簡一《祭公之顧命》簡16）	毋以嬖御人疾莊后，毋以嬖御士疾莊士大夫卿士。（《禮記·緇衣》）
例二	人之性三：食、色、息。（上博五《鮑叔牙與隰朋之諫》簡5）	食與色與疾。（郭店簡《語叢一》簡110）

上引清華簡一《祭公之顧命》公布後，隨即有學者指出簡16的"汝毋以嬖御息爾莊后，毋以嬖士息大夫卿士"可以與今本《禮記·緇衣》的"毋以嬖御人疾莊后，毋以嬖御士疾莊士大夫卿士"相對應，"息"當讀爲"疾"。[1] 隨後，季旭昇先生對一些學者把上博五《鮑叔牙與隰朋之諫》簡5的"食、色、息"和郭店簡《語叢一》的"食與色與疾"相對應的意見表示贊同，並把其中的"息"也讀爲"疾"。[2] 這些觀點應該都是正確可信的。雖然對"息"字形體來源的解釋仍然存在争議，但是，上引簡文已經足以證明：在戰國時期，"疾"確實可以寫作"息"。《莊子·逍遥

---

[1] 復旦大學出土文獻與古文字研究中心讀書會：《清華簡〈祭公之顧命〉研讀札記》，復旦大學出土文獻與古文字研究中心網站，2011年1月5日。

[2] 季旭昇：《從戰國文字談"息"字》，《歷史語言學研究》第七輯，北京：商務印書館，2014年，第153—165頁。

遊》所引用的"齊諧"志怪小説，無疑要早於莊子生活的時代，保留早期文字的寫法不足爲奇。

因此，《莊子·逍遥遊》的這一段話應該重新標點爲：

> 齊諧者，志怪者也。諧之言曰："鵬之徙於南冥也，水擊三千里。摶扶摇而上者九萬里，去以六月，息（疾）者也。野馬也，塵埃也，生物之以息（疾）相吹也。"

"疾"有快速之意，文獻常常把"疾""徐"對言，例如：

（1）《莊子·天道》：斵輪，**徐**則甘而不固，**疾**則苦而不入。

（2）《孟子·告子下》：**徐**行後長者，謂之弟；**疾**行先長者，謂之不弟。

（3）《史記·項羽本紀》：臣論武信君軍必敗。公**徐**行即免死，**疾**行則及禍。

（4）《淮南子·泰族》：故寒暑燥濕，以類相從，聲響**疾徐**，以音相應也。

"鵬之徙於南冥也，水擊三千里。摶扶摇而上者九萬里，去以六月，息（疾）者也"，是説鵬鳥（離開北冥）到南冥用了六個月的時間，速度是非常快的。按照一般人的理解，到一個地方竟然花費了六個月的時間，速度自然是不能算"快"的。所以下面一句的"野馬也，塵埃也，生物之以息（疾）相吹也"，正是爲了解釋上文的"去以六月，息（疾）者也"。"生物之以息（疾）相吹也"是"生物之以（鵬運之）疾相吹也"的省略，大鵬運行時產生的氣流把霧氣和塵埃紛紛卷起，很自然地讓我們想起梁啓超《少年中國説》中的句子："鷹隼試翼，風塵翕張。""野馬也，塵埃也"正是從側面説明大鵬運行確實"疾速"。《莊子·養生主》"運斤成風"的故事爲人所樂道，另外古人還有"奮袂成風"之説，這些也都可以説明快速運動的物體能夠形成氣流（風）。

按照我們的理解,《莊子·逍遙遊》引用的這段志怪傳説可以翻譯爲:

  齊諧是一個志怪小説家。他的書裏説:"鵬鳥飛往南冥,用翅膀拍打水面,運行了三千里。然後順風直上到九萬里的高空,(離開北冥)到南冥用了六個月的時間,速度是非常快的。野馬形狀的霧氣、塵埃,這些生物都是因爲鵬鳥高速運行而吹拂的結果。"

(原載《古文字研究》第三十一輯,北京:中華書局,2016年)

《詩·秦風·小戎》 "蒙伐有苑"新考

《詩經》是中國文學史上第一部詩歌總集，也是歷代學者最重視的儒家經典之一。孔子對《詩經》推崇備至，曾發出"小子！何莫學夫詩？詩，可以興，可以觀，可以群，可以怨。邇之事父，遠之事君。多識於鳥獸草木之名"的感歎。東周各國的使者在外交活動中，常常引用《詩經》中的句子來含蓄地表達己方觀點，這種風氣，也很自然地影響到貴族階層的日常生活中。因此，當時有所謂的"不學詩，無以言"。不過，《詩經》畢竟是先秦時期的文獻，雖說不似《尚書》那樣詰屈聱牙，其中仍然有很多難以索解的詞句；還有一些注解，衆說紛紜，讓人無法判斷哪一種才是正確的。小文擬以出土文獻爲視角，談談對《詩·秦風·小戎》中"蒙伐有苑"這一句的理解。

一、傳統注解及其存在的問題

《詩·秦風·小戎》共分三章，每章十句，其主旨是誇耀車甲之盛美。詩前《小序》云："美襄公也。備其兵甲，以討西戎。西戎方强，而征伐不休，國人則矜其車甲，婦人能閔其君子焉。"《小序》的說法可以作爲參考。詩的第三章内容如下：

俴駟孔羣，厹矛鋚錞，蒙伐有苑。虎韔鏤膺，交韔二弓，竹閉緄縢。言念君子，載寢載興。厭厭良人，秩秩德音。

《毛傳》對其中"蒙伐有苑"一句的解釋爲："蒙，討羽也。伐，中干也。苑，文貌。"鄭箋："蒙，厖也。討，雜也。畫雜羽之文於伐，故曰厖伐。"陸德明《經典釋文》："伐，如字，本或作'瞂'，音同。中干也。"孔穎達《正義》引《周禮·夏官》"司兵掌五兵五盾，各辨其物與其等，以待軍事"來論證盾有小大之異，認爲《毛傳》的"中干"是指中型的盾，與稱作"櫓"的大盾不同，"干""伐"皆是盾的別名：

> 上言龍盾，是畫龍於盾，則知蒙伐是畫物於伐，故以蒙爲討羽，謂畫雜鳥之羽以爲盾飾也。《夏官》"司兵掌五盾，各辨其等，以待軍事"（按：《正義》此句引文有删減），注云："五盾，干櫓之屬，其名未盡聞也。"言辨其等，則盾有大小。襄十年《左傳》説："狄虒彌建大車之輪，而蒙之以甲，以爲櫓。"櫓是大盾，故以伐爲中干，干伐皆盾之別名也。蒙爲雜色，知苑是文貌。[1]

把"伐"和《毛傳》的"中干"解釋爲盾的説法影響很大，後來研究《詩經》的學者對"蒙伐有苑"的理解無不在其籠罩之下。朱熹《詩集傳》直接蹈襲此説，把這句話翻譯爲"畫雜羽之文於盾上也"。[2] 馬瑞辰讀《小戎》二章"龍盾"爲"尨盾"，非常精闢，但他也贊同"伐"即盾的觀點，又認爲"尨盾"即《小戎》三章《鄭箋》所謂的"厖伐"，這就不是很恰當了。[3] 日本學者竹添光鴻也認爲"蒙伐"與二章的"龍盾"遥相呼應。[4] 諸説皆未能擺脱《正義》的束縛。從早於《經典釋文》的《玉篇》所引

---

[1] 阮元校刻：《十三經注疏》，北京：中華書局，1980年，第370—371頁。
[2] 朱熹：《詩集傳》，北京：中華書局，1958年，第76頁。
[3] 馬瑞辰：《毛詩傳箋通釋》，北京：中華書局，1989年，第377頁。
[4] [日]竹添光鴻：《毛詩會箋》，臺北：大通書局，1975年，第739頁。

可以訓爲盾的異文"瞂"來看,這種説法應該在隋唐以前就已經很流行了,"瞂"很可能就是受到此説的影響而被改成的所謂本字。[1]

需要承認的是,"干"在先秦秦漢典籍中確實可以訓爲盾,例如《尚書·牧誓》的"稱爾戈,比爾干,立爾矛,予其誓",孔傳:"干,楯(盾)也。"《禮記·樂記》:"揔干而山立,武王之事也。"鄭玄注:"揔干,持盾也。"學者也多贊同"干"字的早期形體本象盾之形。不過,《毛傳》是把"伐"訓爲"中干",而非"干",雖然僅一字之異,實際上大不相同(詳下文)。孔穎達所謂的"中型盾",正是爲了調和這種差異而臆造出來的。其次,從《小戎》整首詩來看,把"伐"解釋爲盾,從而與二章的"龍盾"相照應或等同的説法也並不可信。首章"小戎俴收,五楘梁輈。遊環脅驅,陰靷鋈續,文茵暢轂",二章"龍盾之合,鋈以觼軜",三章"厹矛鋈錞,蒙伐有苑。虎韔鏤膺,交韔二弓,竹閉緄縢",所記皆當爲不同的車馬器、兵器,不應唯獨"龍盾"與"蒙伐"同爲一物。

二、從出土文獻看"蒙伐有苑"的本義

近年來出土的楚簡,其實已經爲"蒙伐有苑"的解讀提供了一些綫索,不過這些綫索都因爲對傳統注疏的迷信而被忽略了。[2]包山簡和望山簡都出現了"中干"一詞(釋文用寬式):[3]

(1)一乘正車:……其上載:朱旌,一百翆四十翆翠之首。旄中干,朱縞七就。車戟,侵羽一就,其旆,術五就。

(《包山》271+269)

---

[1] 王先謙認爲《玉篇》所據乃《韓詩》,然則"訓伐爲盾説"的起源更早。參看《詩三家義集疏》,北京:中華書局,1987年,第446頁。

[2] 主要指孔穎達《正義》。仔細體會《鄭箋》和《經典釋文》,鄭玄和陸德明似乎並沒有把"伐"和"盾"等同起來。

[3] 陳偉主編:《楚地出土戰國簡册(十四種)》,北京:經濟科學出版社,2009年,第120、288頁。

(2) 一軡正車：……其上載：朱旌，百條四十攸翠之首。旄中干，朱縞七就。車戟，侵羽一就，其帗，怵五就。（包牘1）

(3) 二靈光之中干，一秦縞之中干，其篝，丹縱之□，秦縞之□旌。　　　　　　　　　　（《望山》二·13）

李家浩先生指出：以上簡牘中的"中干"都與旌旗記在一起，應當屬於旌旗之類，或即文獻中名爲"罕"的旗，在包山簡中可能對應墓中出土的224號竹竿。[1] 李先生認爲"中干"即旌旗一類物品的意見是很有見地的。《詩·鄘風·干旄》中記載的旗幟有"干旄""干旟""干旌"，推測上引包山簡的裝飾有"翠之首"的"朱旌"，可與《詩·鄘風·干旄》的"干旌"對應，[2]《周禮·春官·司常》："全羽爲旞，析羽爲旌。"鄭玄注："全羽、析羽皆五采，繫之於旞旌之上，所謂注旄於干首也。""干旄""干旟""干旌"，分別指注"旄""旟""旌"於干首，按照正常的語序應該稱作"旄干""旟干""旌干"。而包山簡的"旄中干"，無疑就是《詩·鄘風·干旄》的"干旄"。"干"指旗杆，有學者根據"中"的甲骨文形體認爲它表示一種旗幟，[3] 這樣看來，"中干"可能是同義複詞連用。李家浩先生在其文中也提到了《詩·秦風·小戎》《毛傳》的"中干"，但他仍信從《正義》的説法，認爲與出土文獻的"中干"不能等同。

安徽大學藏戰國竹簡（以下簡稱"安大簡"）《詩經》異文有助於我們正確理解《詩·秦風·小戎》"蒙伐有苑"和《毛傳》"中干"的含義。與《毛詩》"蒙伐有苑"的"蒙伐"對應的文字，安

---

[1] 李家浩：《包山簡的旌旆及其他》，《著名中年語言學家自選集·李家浩卷》，合肥：安徽教育出版社，2002年，第262頁。

[2]《詩·鄘風·干旄》的"素絲組之"，可能和包山簡的"朱縞七就"也有聯繫，誌此備參。

[3] 黃德寬先生根據卜辭用法指出"中"是古代測風工具的象形字，參看黃德寬：《卜辭所見"中"字本義試説》，《開啓中華文明的管鑰——漢字的釋讀與探索》，北京：北京師範大學出版社，2011年，第147頁。我們認爲"測風工具説"與"旗幟説"並無實質性矛盾。

大簡作"尨帮（旆）"。[1] "蒙""尨"音近可通，《詩·邶風·旄丘》"狐裘蒙戎"，《左傳·僖公五年》作"狐裘尨茸"。[2] 安大簡"蒙"作"尨"，證明《鄭箋》對《毛傳》"蒙""討羽"的注釋是準確可信的（"尨"在表示"雜色"義時可以寫作"厖"）。"旆"和"伐"的古音非常接近，文獻也有通假的例子：《詩·小雅·六月》"白旆央央"，《經典釋文》"旆"作"茷"；《左傳·定公四年》"繢茷"，《禮記·雜記上》鄭注引作"蕆旆"。[3] "旆"是古代旌旗正幅下所接的一段旗的名稱，裘錫圭、李家浩先生曾經把曾侯乙墓竹簡"二旆，屯八翼之翮"與汲縣山彪鎮出土的水陸攻戰紋銅鑒（圖一）、成都百花潭出土的水陸攻戰銅壺等器物上的戈戟圖像聯繫起來，指出古人有使用羽毛裝飾旆幅的做法。[4] 傳統

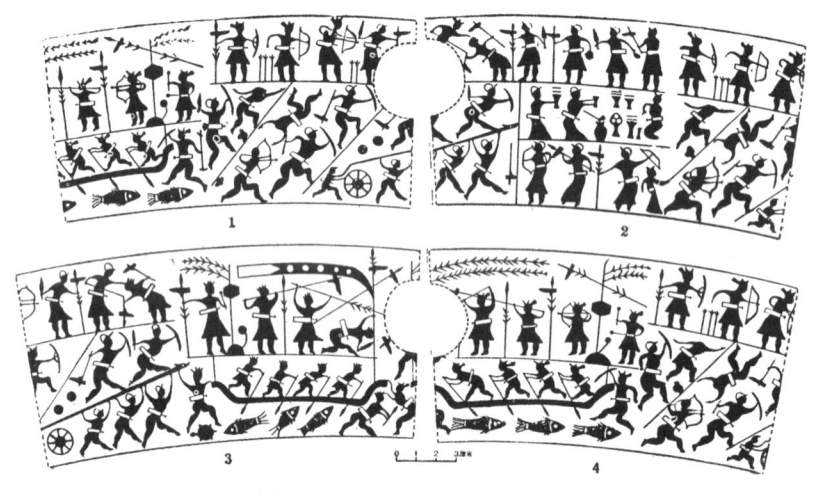

圖一　水陸攻戰紋銅鑒所繪圖像

---

[1] "旆"字的釋讀參看李家浩：《包山簡的旌旆及其他》，《著名中年語言學家自選集·李家浩卷》，第 264 頁。

[2] 高亨纂注，董治安整理：《古字通假會典》，濟南：齊魯書社，1989 年，第 29 頁。

[3] 同上書，第 654 頁。

[4] 裘錫圭、李家浩：《曾侯乙墓竹簡釋文與考釋》，《曾侯乙墓（上册）》，北京：文物出版社，1989 年，第 505 頁。

注解認爲"斾"是旐之末端狀如燕尾的帛幅，李家浩先生認爲"燕尾"當指斾幅兩側的形制：

  這樣理解，與上面提到的戰國水陸攻戰紋鑒等銅器畫像中的斾旗形制相合。關於這一點還可以從"揮"的形制得到印證。《文選》卷三《東京賦》"戎士介而揚揮"，薛綜注："揮爲肩上絳幟，如燕尾也。"李善注："《左氏傳》'厨人濮曰：揚徽者，公徒也'。'徽'與'揮'古字通。"戰士佩戴的這種"揮"或"徽"，在山彪鎮出土的水陸攻戰紋鑒的圖像中可以看到。水陸攻戰紋鑒的下層壬組，有雙手持戟的戰士，右肩佩戴一翼狀物，其形狀與該鑒圖像中的斾旗相同，當是薛綜注所説的"如燕尾"的"揮"。由此可見，"燕尾"確實是指斾幅兩側的形制。

  安大簡《詩經》的"帶（斾）"有旌旗之義，《毛傳》的"中干"在出土文獻裏也是用作旌旗一類的物品，這恐怕不是偶然相合的現象。合理的解釋是：安大簡《詩經》作"帶（斾）"乃本字，《毛詩》作"伐"乃借字。《毛傳》把"伐"訓爲"中干"，説的正是旌旗。"中干"本來指旗杆，與"帶（斾）"有一定的區别，《毛傳》此訓即所謂"統言則同，析言則異"。後代學者不知《毛傳》之説自有所本，受到異文"廠"的干擾，隨意對"中干"加以闡發，遂導致"蒙伐"的本義逐漸湮滅。根據安大簡來看，"蒙伐有苑"即"尨帶（斾）有苑"，意思是説"雜羽裝飾的旌斾五彩繽紛"。

  順便討論一下《詩·秦風·小戎》三章"蒙伐有苑"之前的"厹矛"。"厹矛"的形制具體如何，頗多異説，在此姑且不論。上引包山簡、望山簡等出土文獻中，車上的戟一般是作爲旗杆使用的。裘錫圭、李家浩先生在考釋曾侯乙墓竹簡時也已經指出：

  從銅器畫像來看，這種旗的杆可以分爲兩種，一種首部有戈矛或只有矛，另一種首部無戈矛。旗杆有戈矛的，二旆繫在戈矛的下方；無戈矛的，二旆繫在旗杆的頂端。"一殳，二旆"，當是銅器畫像中那種旗杆之首有矛，矛的下方繫有二旆的旗。"一晉杸，二旆"，當是銅器畫像中那種旗杆頂端無戈矛，二旆繫在杆首之上的旗。

參照出土文獻，"蒙伐有苑"之前的"厹矛"，可能也是作爲"旆"的旗杆使用的。如果推測不誤的話，《詩·秦風·小戎》的"厹矛鋈錞，蒙伐有苑"，和曾侯乙墓竹簡的"一殳，二旆"一樣，指的是那種旗杆之首有矛，矛的下方繫有旆的旗。

【《論集》編按，聞一多《詩經通義乙》（《聞一多全集·詩經編下》，武漢：湖北人民出版社，1993年，第281頁）已經把"蒙伐有苑"之"伐（茷）"解釋爲"旆"，允爲卓識。小文撰寫時失引，特此說明】

（原載《中原文化研究》，2017年第5期；後收入《安大簡〈詩經〉研究》，上海：中西書局，2022年）

《詩經》古義新解二則

安徽大學藏戰國竹簡《詩經》是目前可知最早的《詩經》抄本，經過與《毛詩》對比研究，發現大量的異文資料。這些異文促使我們重新思考傳統注解，可以幫助解決一些《詩經》學史上長期存在爭議的疑難問題。

一、宛然左辟

《詩·魏風·葛屨》是一首刺詩，詩前《小序》云："葛屨，刺褊也。魏地陿隘，其民機巧趨利，其君儉嗇褊急，而無德以將之。"其詩如下：

　　糾糾葛屨，可以履霜？摻摻女手，可以縫裳？要之襋之，好人服之。

　　好人提提，宛然左辟。佩其象揥，□□□□？維是褊心，是以爲刺。

清人郝懿行云："《葛屨》二章，一章六句，一章五句。下章疑脱一句。""'佩其象揥'，此句上下疑有脱文，與上章句配也。"[1]安徽大學藏戰國竹簡（以下簡稱"安大簡"）《詩經·葛屨》共二章，每章六句，"佩其象揥"下尚有"可以自適"四字，可證郝懿

---

[1] 郝懿行：《詩問》，《郝懿行集》，濟南：齊魯書社，2010年，第644頁。

行說甚是。第二章的"好人提提，宛然左辟"，毛傳："提提，安諦也。宛，辟皃。婦至門，夫揖而入，不敢當尊，宛然而左辟。"鄭箋："婦新至，慎於威儀如是，使之非禮。"[1] 指出此句是描寫新嫁婦人之儀容。朱熹訓"辟"爲"讓"，認爲此句和後面的"佩其象揥"乃形容魏地的貴族；[2] 馬瑞辰把"辟"讀爲"便辟"之"辟"，也贊同"好人"是指魏國君主。[3] 他們受到《小序》的影響，因二章末句"維是褊心，是以爲刺"實際所刺的對象爲魏君，就把詩中的主人公都當成魏君，這是不太恰當的。

首章"摻摻女手，可以縫裳"，毛傳："婦人三月廟見，然後執婦功。"鄭箋："言女手者，未三月未成婦。裳，男子之下服。賤，又未可使縫。魏俗使未三月婦縫裳者，利其事也。"下句"要之襋之，好人服之"，毛傳："要，禂也。襋，領也。好人，好女手之人。"鄭箋："禂也、領也在上，好人尚可使整治之。"依據毛、鄭之說，四句整個的意思是：剛進門未滿三個月的新婦，修整上衣使喚使喚她也就罷了，竟然連下衣也讓她來縫製，真是太急功近利了。毛亨和鄭玄認爲詩中的"好人"即縫裳女子的說法無疑是正確的。不過，他們對"宛然左辟"的解釋仍存在疑問，因爲把"宛"訓爲"辟皃"，除此詩外不見於其他文獻，似有孤證之嫌。清人陳奐爲毛傳辯護說："宛有委曲順從之義，故云辟皃。"[4] 其實並沒有多少說服力。孔穎達疏引《儀禮·士昏禮》"婦至，主人揖婦以入。及寢門，揖入"來佐證毛傳，謂"好人不敢當夫之尊，故宛然而左還辟之。不敢當主，故就客位（今按，指上引《士昏禮》'揖入'後有'升自西階'句）"，也似乎有些牽強附會。後代學者注詩，就有拋開傳、箋另闢蹊徑的。例如王夫之認爲"辟"與"襞"

---

[1] 參看阮元校刻：《十三經注疏》，北京：中華書局，1980年，第357頁。
[2] 朱熹：《詩集傳》，北京：中華書局，1958年，第63頁。
[3] 馬瑞辰：《毛詩傳箋通釋》，北京：中華書局，1989年，第320頁。
[4] 陳奐：《詩毛氏傳疏》，臺北：學生書局，1967年，第266頁。

通，言裳之襞縫也，"宛然者"，襞積分明楚楚然也；[1] 高亨讀"辟"爲"躄"，把這句解釋爲"左脚彎曲而跛的樣子"。[2] 不難發現，對"宛然左辟"的理解，前人並未獲得統一的認識。

安大簡《詩經·葛屨》與"宛然左辟"對應的文字作"頯肰（然）左頠"，"頯"和"頠"皆从"頁"作。从"頁"之字多表示與頭部有關的動作和事物，有時也表示和整個身體有關的動作。"頯"，从"頁""孚（俛）"聲，當爲"俛"字異體。《説文》："頫，低頭也。从頁、逃省。太史《卜書》頫仰字如此。楊雄曰：人面俯。俛，頫或从人免。"學者多認爲"俛"本从"免"聲，上古音屬明紐元部，和"俯"是同義换讀的關係。[3]"頠"，从"頁""兒"聲，當爲"倪"字異體。《説文》："倪，俾也。从人、兒聲。"

上古音"頯（俛）"屬明紐元部，"宛"屬影紐元部；"頠（倪）"屬疑紐支部，"辟"屬並紐錫部。"頯（俛）、宛""頠（倪）、辟"這兩組字，雖然韻部相同或相近，但聲母皆有一定的距離，它們之間應該不是通假的關係。戰國楚系簡帛文字中的"宛"，常用"惌"來表示；[4] 而"辟"則多用本字，從用字習慣來看，安大簡《詩經》的"頯（俛）肰（然）左頠（倪）"與《毛詩》的"宛然左辟"也不宜直接對等。

《爾雅·釋魚》："龜，俯者靈，仰者謝；前弇諸果，後弇諸獵，左倪不類，右倪不若。"郭璞注："左倪，行頭左庫；右倪，行頭右庫。"邢昺疏引賈公彦《周禮》疏以爲"左倪、右倪"當訓爲"左顧、右顧"。[5] 若從郭注，"頯（俛）肰（然）左頠（倪）"

---

[1] 王夫之：《詩經稗疏》，載《船山全書》，長沙：嶽麓書社，1992年，第82頁。
[2] 高亨：《詩經今注》，上海：上海古籍出版社，1980年，第141頁。
[3] 參看裘錫圭：《文字學概要（修訂本）》，北京：商務印書館，2013年，第211頁。
[4] 白於藍：《戰國秦漢簡帛古書通假字彙纂》，福州：福建人民出版社，2012年，第931頁。
[5] 阮元校刻：《十三經注疏》，第2641頁。

指"向左低頭傾身",是描寫新婦恭敬行禮的句子;若依邢疏,"頎(俛)肰(然)左頎(倪)"指"低頭向左瞄",十分傳神地表達出了新婦嬌羞的特點。【《論集》編按,《戰國策·秦策》描述蘇秦之妻在蘇秦出任趙相之後"側目而視,傾耳而聽"。《史記·汲鄭列傳》云"必湯也,令天下重足而立,側目而視矣"。以上二處"側目而視"並爲敬畏之貌,與"頎肰(然)左頎"義近】總之,此句與首章傳箋"未三月未成婦"的説法可以對應,和上句"好人提提"所表現出的安詳之貌也很相符。下句"佩其象揥"點出了新婦的身份,《禮記·内則》:"女子十有五年而笄,二十而嫁。"鄭注:"女子許嫁,笄而字之;其未許嫁,二十而笄。""可以自適?"則表達了女子初爲人婦的局促和不安。

唐人王建有《新嫁娘詞三首》,其中第三首流傳最爲廣泛:

> 三日入厨下,洗手作羹湯。未諳姑食性,先遣小姑嘗。

這首詩描寫了一個小心謹慎、希望能夠迎合公婆的新嫁娘,可與《葛屨》對觀。鄭箋所謂"婦新至,慎於威儀如是,使之非禮",正可以作爲《葛屨》諷刺魏地君民褊急的證據。

最後嘗試討論一下《毛詩》"宛然左辟"異文產生的原因。古書中有"睥睨"一詞,王念孫指出,它可以寫作"俾倪""辟倪"等形式。[1]《史記·魏其武安侯列傳》:"辟倪兩宫間。"《索隱》引《埤倉》云:"睥睨,邪視也。"[2] "辟"和"倪"一起成詞表示"邪視"義;《説文》訓"倪"爲"俾","俾""辟"二字又音近可通,"頎(俛)肰(然)左頎(倪)"之"頎(倪)"確實很容易訛作"辟"。至於"頎(俛)"字作"宛",可能是因爲音近發生的訛誤,也可能是在"頎(倪)"訛爲"辟"之後,出於句意解釋的需要,對原詩"頎(俛)"字作出的調整。

---

[1] 王念孫:《廣雅疏證》,北京:中華書局,2000年,第33頁。
[2] 司馬遷:《史記》,北京:中華書局,2013年,第3429頁。

二、鴥彼晨風，鬱彼北林

《詩·秦風·晨風》也是一首刺詩，《小序》云："刺康公也。忘穆公之業，始棄其群臣也。"朱熹則以此詩爲婦人思夫之辭。[1] 詩共三章，每章六句：

> 鴥彼晨風，鬱彼北林。未見君子，憂心欽欽。如何如何？忘我實多。
> 山有苞櫟，隰有六駁。未見君子，憂心靡樂。如何如何？忘我實多。
> 山有苞棣，隰有樹檖。未見君子，憂心如醉。如何如何？忘我實多。

首章的"鴥彼晨風，鬱彼北林"，毛傳："鴥，疾飛貌。晨風，鸇也。鬱，積也。北林，林名也。先君招賢人，賢人往之駛〈駛〉疾，如晨風之飛入北林。"[2] 毛傳的解釋與《爾雅》《説文》對有關字詞的説解一致。《爾雅·釋鳥》："晨風，鸇。"《説文》："鴥，鸇飛。從鳥、穴聲。《詩》曰：'鴥彼晨風。'""鸇，鷐風也。從鳥、亶聲。""鷐，鷐風也。從鳥、晨聲。"另外，《小雅·采芑》有"鴥彼飛隼，其飛戾天"的句子，兩詩相互比照，晨風即鸇鳥的説法似乎相當可信，後來研究《詩經》的學者也多從此説。

宋代的戴侗在《六書故》"鴥"字下提出了不同意見："鴥，余律、許律二切，鳥飛之疌疾也，《詩》云'鴥彼飛隼'。又曰'鴥彼晨風'，言風之疌疾也。説《詩》者誤以晨風爲鸇，《説文》遂以鴥爲鸇飛兒，誤矣。"[3]《毛詩會箋》引述並發揮其説云："晨

---

[1] 朱熹：《詩集傳》，第78頁。
[2] 阮元校刻：《十三經注疏》，第373頁。
[3] 戴侗：《六書故》，北京：中華書局，2012年，第426頁。

風，朝風也，猶言朝雲夜雨，欨言風之孔也。"[1] 但竹添光鴻顯然不同意戴氏的這種觀點，他說：

> 然古詩"晨風懷苦心，蟋蟀傷局促"，又"亮無晨風翼，焉能淩風飛"，曹丕詩"願爲晨風鳥，雙飛翔北林"，若非鸇，何以言鳥言翼？何以與蟋蟀並稱乎？李陵詩"願因晨風發，送子以賤軀"，此晨風亦指鸇言，發如宋玉言"鯤魚朝發"之發，以鸇飛急疾，故云願因晨風之發，托賤軀以相隨耳。《易林·小畜之革》云"晨風之翰"，又《豫之咸》云"晨風文翰，隨時就溫。雄雌相和，不憂危殆"，亦足爲鳥名之證。

"鬱彼北林"之"鬱"，《齊詩》作"溫"，《魯詩》作"宛"，[2] 三字音近可通。[3] 諸家並以爲《毛詩》作"鬱"爲正字，乃聚集之義，這顯然是在把"欨彼晨風"理解爲"鸇鳥飛得很迅疾"的基礎上得出的結論。

安大簡《詩經》"鬱彼北林"異文作"炊皮（彼）北林"，與傳世本皆異，給我們探討這兩句詩的意義提供了新的契機。《說文》："炊，爨也。从火、吹省聲。""炊"和"鬱""溫""宛"諸字音義不同，無法直接建立聯繫。《說文》另有"欻"字："有所吹起。从欠、炎聲，讀若忽。"古音學家多根據"讀若忽"把"欻"字的上古音歸入曉紐物部，"鬱"屬影紐物部，與"欻"讀音相近。疑"炊"被誤寫或誤認成"欻"（"炊""欻"也有可能本爲一字），後來才訛成"鬱""溫""宛"等字。

"炊""吹"音近，文獻中有二字通假的例證：《莊子·逍遙遊》："生物之以息相吹也。"《釋文》："吹，崔本作炊。"《莊子·

---

[1]〔日〕竹添光鴻：《毛詩會箋》，臺北：大通書局，1975年，第760頁。
[2] 馬瑞辰認爲《韓詩》作"宛"，參看《毛詩傳箋通釋》，第392頁。
[3] 王先謙：《詩三家義集疏》，北京：中華書局，1987年，第455頁。

在宥》:"而萬物炊累焉。"《釋文》:"炊,本或作吹。"[1] 出土文獻(如張家山漢簡《引書》)也常用"炊"表示"吹"。如果把《晨風》的"炊皮(彼)北林"讀爲"吹彼北林",也會直接影響到對前面"鴥彼晨風"的理解。《詩·邶風·凱風》首章、二章云:

凱風自南,吹彼棘心。棘心夭夭,母氏劬勞。
凱風自南,吹彼棘薪。母氏聖善,我無令人。

此詩無論是句法,還是感情色彩,都與《晨風》十分相似。參照《凱風》來看,"晨風"一詞確實應如戴侗所言,指早晨的風。不能根據《爾雅》《説文》或晚於毛傳的以"晨風"作爲鳥名的古詩來否定戴説。"鴥"有迅疾之義,用來修飾風,也是很自然的。戴氏云:"'鴥',亦通作'矞'。《記》曰:'鳳以爲畜,故鳥不矞。'鄭氏曰:'飛走之皃。'陸德明曰:'矞',別作'獝'。風之卂疾者也,亦作'颮''颶'。"[2] "鴥彼晨風,炊(吹)彼北林"可以翻譯爲:"早上迅疾的風啊,在北林裏呼呼地吹着。"詩人首先營造出一種悲涼的氛圍,以此起興下文的"未見君子,憂心欽欽",使整章詩句達到了情與景的完美統一。

唐蘭先生曾經對戴侗在文字學方面取得的成就給予很高評價:"他對於文字的見解,是許慎以後,惟一的值得在文字學史上推舉的。"[3] "由宋以來,文字學上的改革,到他是集大成了,他的解釋有些地方實勝過《説文》。"[4] 戴氏説解文字,多引《詩》《書》《禮記》《左傳》等文獻爲據,時常有精闢的意見。因此《六書故》不僅在文字學史上具有重要價值,在訓詁學、經學研

---

[1] 高亨纂注,董治安整理:《古字通假會典》,濟南:齊魯書社,1989年,第686頁。
[2] 戴侗:《六書故》,第426頁。
[3] 唐蘭:《中國文字學》,上海:上海古籍出版社,2001年,第21頁。
[4] 唐蘭:《古文字學導論》,濟南:齊魯書社,1981年,第307頁。

究方面也有其獨到之處,從戴氏對"鴥彼晨風"的訓釋,即可窺見一斑。

(原載《語言科學》2018年第3期;後收入《安大簡〈詩經〉研究》,上海:中西書局,2022年)

談談《墨子·耕柱篇》的一處句讀

《墨子·耕柱篇》有一段講述"鬼神之智勝過聖人之智"的文字，引用到下面的歷史傳說：

> 昔者夏后開使蜚廉折金於山川，而陶鑄之於昆吾，是使翁難雉乙卜於白若之龜，曰："鼎成三〈四〉足而方，不炊而自烹，不舉而自臧，不遷而自行，以祭於昆吾之虛，上鄉！"乙又言兆之由，曰："饗矣！逢逢白雲，一南一北，一西一東，九鼎既成，遷於三國。"夏后氏失之，殷人受之；殷人失之，周人受之。夏后、殷、周之相受也，數百歲矣。使聖人聚其良臣與其桀相而謀，豈能智數百歲之後哉？而鬼神智之。是故曰：鬼神之明智於聖人也，猶聰耳明目之與聾瞽也。

其中"是使翁難雉乙卜於白若之龜"句，《藝文類聚》卷七十三"雜器物部"、《初學記》卷三十"鱗介部"、《玉海》卷八十八"器用鼎鼐"所引文字雖有差異，然並無"是"字，後代研究《墨子》的學者如孫詒讓、吳毓江均未對此作出解釋。"是使"一詞在先秦秦漢文獻中也多次出現，"是"一般用作指示代詞，這種用法放在上面的引文中，明顯不太適合。王煥鑣讀"是"爲"寔"，把它當作一個虛詞處理。[1]

---

[1] 王煥鑣：《墨子集詁》，上海：上海古籍出版社，2005年，第997頁。

但是前面説"使蜚廉",后面説"是(寔)使翁難",讀上去感覺文氣不够順暢。

在解釋"是"字之前,我們先來討論一下與上面引文有關的一些問題。

夏朝鑄鼎是中國政治史上的一件大事,歷來爲史家所艷稱。九鼎在夏亡後先後爲商、周所得,成爲王朝統治的象徵。[1] 春秋時期楚莊王觀兵周疆,還向當時的周大夫王孫滿問詢九鼎的有關信息。鑄造九鼎的具體時間,《漢書·郊祀志》和《説文》都繫之於禹之世,如《説文》云:"鼎,三足、兩耳,和五味之寶器也。昔禹收九牧之金,鑄鼎荆山之下,入山林川澤,魑魅蝄蜽莫能逢之,以協承天休……"上引《墨子·耕柱篇》則認爲是夏后開(啓)時發生的事情,吴毓江云"疑一事也,傳聞有禹、啓之異",[2] 其説可從。

鑄鼎工作的實際負責人蜚廉(或寫作飛廉)也是古代傳説中的著名人物,《史記·秦本紀》説他是秦之先祖,商朝末年曾服事殷紂王。《清華簡·繫年》記載飛廉參與"三監之亂",後東逃於商盍(蓋)氏,爲周成王所殺。[3] 可見飛廉活動的時間範圍在商末周初,不可能早到夏朝初年。清人梁玉繩[4]和民國尹桐陽[5]都認爲二飛廉並非同一個人。

鑄鼎的地點"昆吾",也與《説文》所云之"荆山"(漢代屬左馮翊襃德)有異。"而陶鑄之於昆吾"句,王念孫以爲本作"鑄鼎於昆吾","鑄鼎"與上文"折金"對應,"陶"字爲衍文。[6]

---

[1] 李學勤:《青銅器入門》,北京:商務印書館,2013年,第21頁。

[2] 吴毓江:《墨子校注》,北京:中華書局,2006年,第650頁。

[3] 李學勤:《清華簡關於秦人始源的重要發現》,《光明日報》2011年9月8日;後收入《初識清華簡》,上海:中西書局,2013年,第140頁。

[4] 梁玉繩:《人表考》,《史記漢書諸表訂補十種》,北京:中華書局,1982年,第918頁。

[5] 尹桐陽:《墨子新釋》,引自王焕鑣《墨子集詁》,第994頁。

[6] 王念孫:《讀書雜志》,上海:上海古籍出版社,2014年,第1550頁。

于省吾批評王説云："陶謂作範，鑄謂融金，凡古代彝器，未有不用範者……《莊子·逍遥遊》'將猶陶鑄堯舜者也'，是'陶鑄'乃古人謰語。"[1] 青銅器和陶器的製作之間，本就有着千絲萬縷的聯繫，而傳説中陶器的發明者正是"昆吾"，《世本·作篇》所謂"昆吾作陶"[2] 是也。昆吾本是顓頊之後，祝融之子，己姓（楚國之同宗），始封在衛，《左傳·哀公十七年》"衛侯夢于北宫，見人登昆吾之觀"，杜注："衛有觀，在於昆吾氏之虚，今濮陽城中。"後遷於許，《左傳·昭公十二年》載楚靈王曰："昔我皇祖伯父昆吾，舊許是宅。"夏桀之時，爲湯所伐滅。也有學者認爲昆吾居許在先，封於衛在後。如《詩·商頌·長發》"韋顧既伐，昆吾夏桀"，陳奂云："夏桀之際，昆吾最强盛，顧在其東，豕韋在其西，俱在漢東郡界内，連屬密邇。"[3] 《吕氏春秋·君守篇》高誘注認爲作匋（陶）者乃"始封之昆吾"而非夏桀時期的昆吾。段玉裁贊同此説，舉"舜匋（陶）河濱"等文獻記載爲證，指出陶器的發明不會晚至夏末，[4] 其説甚辨。

　　其實，《墨子·耕柱篇》"鑄九鼎"的傳説是夏代初期我國青銅器冶造技術發展到一定階段的一種表現，也反映出陶器製作在青銅器鑄造中所起到的重要作用。至於其中一些人物時代的錯位問題，似乎不必深究。

　　古書"昆吾"或作地名，或作國名，或作姓氏，這是因爲古人的姓氏和所居之地關係密切。《左傳·隱公八年》"胙之土而命之氏"，劉師培云：

　　　　是氏即所居之土，無土則無氏。《國語·周語》言禹平水

---

[1] 于省吾：《雙劍誃群經新證　雙劍誃諸子新證》，上海：上海書店，1999 年，第 298 頁。
[2] 雷學淇輯：《世本》，《世本八種》，北京：中華書局，2008 年，第 83 頁。
[3] 陳奂：《詩毛氏傳疏》，臺北：學生書局，1986 年，第 919 頁。
[4] 段玉裁：《説文解字注》，上海：上海古籍出版社，1988 年，第 224 頁。

土，皇天嘉之，祚以天下，賜姓曰姒氏。曰有夏胙。四岳國命爲侯伯，賜姓曰姜氏，曰有呂。所云"賜氏姓"，猶《禹貢》所言"賜土"，姓氏以所居之土爲名，猶言國以夏名，國以呂名也。呂即春秋申呂之呂。《國語》下文言"亡其氏姓"，《左傳·襄十一年》言"墜姓亡氏"，蓋土失則氏亡，唯有土者斯有氏。由是而推測則古帝所標之氏，若盤古、燧人、大庭、有巢、祝融、女媧、伏羲、神農、金天、高陽、高辛之屬，氏即國號，有熊、陶唐、有虞又均所居之土。即共工、防風蓋亦諸侯有國者之稱，未有無土而可稱爲氏者也。[1]

劉申叔此說極是。和上述許多姓氏一樣，"昆吾"之名的來源，當因居於"昆吾"之地或受封於"昆吾"之國。這對我們解決《墨子·耕柱篇》"是"字的問題啓發很大，因爲在出土的先秦秦漢簡帛文獻中，用作姓氏的"氏"字多寫作"是"：

1. 而惡安陵是（氏）於秦。

（《戰國從橫家書·朱己謂魏王章》）

2. 秦、韓之兵毋東，旬餘，魏是（氏）轉，韓是（氏）從。

（《戰國從橫家書·蘇秦謂陳軫章》）

3. 范、中行是（氏）先亡……智是（氏）爲次。

（《孫子兵法·吳問》）

4. 卨（契）之母，又（有）娀（娀）是（氏）之女【10】也。

（《上博二·子羔》）

5. [尊]虘（盧）是（氏）、苍（赫）疋（胥）是（氏）、喬結是（氏）、倉頡是（氏）、軒緩（轅）是（氏）、訢（神）戎（農）是（氏）、杭丨是（氏）、塼遷是（氏）之又（有）

---

[1] 劉師培：《左盦集·釋氏》，《劉申叔遺書》，南京：江蘇古籍出版社，1997年，第1220頁。

天下也，皆不受（授）丌（其）子而受（授）𦥔（賢）。【1】

（《上博二・容成氏》）

6. 桀乃逃，之鬲（歷）山是（氏）……傑（桀）乃逃，之南藁（巢）是（氏）。湯或（又）從而攻之。【40】

（《上博二・容成氏》）

《墨子》作爲先秦文獻，保存一些詞語的早期寫法是很自然的。我們認爲，《墨子・耕柱篇》的"是"字應該屬上讀"氏"，全句當爲："昔者夏后開使蜚廉折金於山川，而陶鑄之於昆吾是（氏），使翁難雉乙卜於白若之龜，曰：'鼎成三〈四〉足而方，不炊而自烹，不舉而自臧，不遷而自行，以祭於昆吾之虛，上鄉！'"前引上博簡《容成氏》的"桀乃逃，之鬲（歷）山是（氏）……傑（桀）乃逃，之南藁（巢）是（氏）"，《淮南子・脩務》作"乃整兵鳴條，困夏南巢，譙以其過，放之歷山"。可知"歷山氏""南巢氏"應該是作爲地名使用的，足以證明"昆吾氏"也能夠用作地名。後代文獻引述用作地名的"某某是（氏）"，時常徑稱"某某"，唐宋以來的類書引此句或無"是"字，大概根據這些省略了"是（氏）"字的版本而來。而保留了"是（氏）"字原貌的版本，因讀者難以辨別不同時期用字習慣的差異，把它屬下讀作"是使"，也就不足爲奇了。

"是""氏"二字之間的關係，《説文》"氏"字下段玉裁云：[1]

> 古經傳氏與是多通用，《大戴禮》'昆吾者，衛氏也'以下六氏字皆是之假借，而《漢書》、漢碑假氏爲是不可枚數，故知姓氏之字本當作是，假借氏字爲之，人第習而不察耳。姓者統於上者也，氏者別於下者也。是者分別之詞也，其字本作是。漢碑尚有云姓某是者，今乃專爲姓氏字，而氏之本義惟許

---

[1] 段玉裁：《説文解字注》，第 628 頁。

言之,淺人以爲新奇之説矣。

裘錫圭先生則認爲"是""氏"古代一度混用,後來二字功能分化,逐漸回復到混用之前(西周、春秋)的情況:以"是"表示指示代詞,以"氏"表示姓氏。[1]

(原載《漢語言文字研究》第二輯,上海:上海古籍出版社,2018年)

---

[1] 裘錫圭:《文字學概要》(修訂本),北京:商務印書館,2013年,第229—230頁。

邂逅"邢侯"

一

《綢繆》是《詩·唐風》中膾炙人口的名篇,[1] 詩云:

> 綢繆束薪,三星在天。今夕何夕,見此良人?子兮子兮,如此良人何?
>
> 綢繆束芻,三星在隅。今夕何夕,見此邂逅?子兮子兮,如此邂逅何?
>
> 綢繆束楚,三星在户。今夕何夕,見此粲者?子兮子兮,如此粲者何?

《詩序》曰:"刺晉亂也。國亂則昏(婚)姻不得其時焉。"此外,《綢繆》之主旨尚有"新婚夫婦相語""刺密康公""刺潘父""憫傷貧困""喻君臣交泰""賀新婚鬧新房""戀人歡會"等異説。[2] 與此相應,歷代學者對詩中一些字詞的理解也頗有出入。例如"三星在天""三星在隅""三星在户"三句,鄭玄認爲分別指

---

[1] 安徽大學藏戰國竹簡《詩經》把此篇歸入《魏風》,參看徐在國:《安徽大學藏戰國竹簡〈詩經〉詩序與異文》,《文物》2017年第9期。如簡本抄寫無誤,此"魏"非指畢萬之魏,乃周初所封之同姓諸侯,後滅於晉獻公。簡本未收《詩序》認爲屬於晉獻公時的《葛生》《采苓》,似乎有利於證明簡本或爲詩之原貌。但如此一來,《詩序》把《唐風·葛生》《采苓》以外的其他詩篇也皆歸於晉侯,就多有未安了。

[2] 張樹波:《國風集説》,石家莊:河北人民出版社,1993年,第983—984頁。

"心星三月之末,四月之中,見於東方矣"、"心星在隅,謂四月之末,五月之中"、"心星在户,謂五月之末,六月之中"。[1] 以上時間皆與《周禮·地官·媒氏》規定男女相會的"中春之月"不合,所謂"不得其時"。而近代學者陳子展則認爲"三星在天"指參宿三星,"三星在隅"指心宿三星,"三星在户"指河鼓三星,三章詩句依次代表冬、春、秋。[2]

又如首章"今夕何夕,見此良人"中的"良人",也有兩種截然不同的解讀。前者以《毛傳》爲代表,因第三章與"良人"處於同樣語法位置的"粲"訓爲"三女",由此類推,"良人"亦當指女子,故可訓爲"美室";[3] 後者以《鄭箋》爲代表,根據文獻中的"良人"多爲古代婦女對丈夫的稱呼(例如《孟子·離婁下》"吾將瞯良人之所之"和《詩·秦風·小戎》"厭厭良人,秩秩德音"),此詩也不應例外,"良人"當指男子。後人解詩,或從《毛傳》;[4] 或從《鄭箋》;[5] 或折中毛鄭,以"良人"爲夫,"粲者"爲婦。[6]

第二章"邂逅"一詞,見於《詩·鄭風·野有蔓草》"邂逅相遇,適我願兮""邂逅相遇,與子皆臧"。《野有蔓草》《傳》云:"邂逅,不期而會。"《綢繆》《傳》則云:"邂逅,解説之貌。"[7]

---

[1] 鄭玄:《十三經古注·毛詩》,北京:中華書局,2014 年,第 214 頁。
[2] 陳子展:《詩經直解》,上海:復旦大學出版社,1983 年,第 352 頁;向熹:《詩經詞典》(修訂本),北京:商務印書館,2014 年,第 431 頁。
[3] 據孔穎達《詩·召南·鵲巢》《正義》說,參看阮元校刻:《十三經注疏》,北京:中華書局,1980 年,第 284 頁。
[4] 陳奂:《詩毛氏傳疏》,臺北:學生書局,1986 年,第 287 頁;胡承珙:《毛詩後箋》,合肥:黄山書社,1999 年,第 526 頁。
[5] [日]竹添光鴻:《毛詩會箋》,臺北:大通書局,1975 年,第 681 頁。
[6] 朱熹:《詩集傳》,北京:中華書局,1958 年,第 70 頁;林義光:《詩經通解》,上海:中西書局,2012 年,第 125—126 頁。
[7] 高本漢認爲《綢繆》《傳》才是正解,"邂逅"意爲"快樂(的人)",《野有蔓草》《傳》並非訓釋"邂逅"。參看董同龢譯:《高本漢詩經注釋》,上海:中西書局,2012 年,第 249 頁。

《釋文》引《韓詩》作"邂覯",云:"邂覯,不固之貌。"無論哪種説法,都與《綢繆》另外二章之"良人""粲者"文例不類,研究《詩經》的學者多把此處的"邂逅"當作名詞,譯爲"不期而遇(的人)""喜愛(的人)"。王文君先生認爲"邂逅"指代新婚夫婦,與後世的"伉儷"類似。他還聯繫民間婚禮的習俗,把詩的第二章和第三章的次序作了調整。[1]

安徽大學藏戰國竹簡(下文簡稱"安大簡")《詩·綢繆》章序與《毛詩》不同,二章、三章位置互易,與上引王文君先生説相合,但不能據此而同意他對"邂逅"一詞的解釋。安大簡"邂逅"寫作"邢矦",可隸定爲"郉(邢)侯"。上古音"郉(邢)侯""邂逅"相近,二者當是通假關係。我們認爲簡本反映了詩之原貌,勝於毛、韓二家。因爲"邢侯"作爲名詞,與"良人""粲者"詞性一致,可以充當動詞"見"的賓語,無需像"邂逅"那樣隨文訓釋。"邢侯"亦見於《詩·衛風·碩人》:

> 碩人其頎,衣錦褧衣,齊侯之子,衛侯之妻。東宮之妹,邢侯之姨,譚公維私。

此人與衛侯、譚公並列而被詩人稱引嘉許,這與《綢繆》的詩意也十分吻合。《碩人》《釋文》:"邢音形,姬姓國。"《左傳·僖公二十四年》云:"昔周公弔二叔之不咸,故封建親戚以蕃屏周。管、蔡、郕、霍、魯、衛、毛、聃、郜、雍、曹、滕、畢、原、酆、郇,文之昭也;邘、晉、應、韓,武之穆也;凡、蔣、邢、茅、胙、祭,周公之胤也。"可知"邢"是西周初期分封的同姓諸侯國,始封者爲周公後裔。"邢"之地理位置,《説文》云"近河内懷",《漢書·地理志》趙國襄國縣下則云"故邢國"("襄國"即今河北邢臺一帶)。陳奐以爲《漢志》可從,《説文》之"懷"乃

---

[1] 王文君:《從民俗學看〈詩經·唐風·綢繆〉》,《四川師院學報》1984年第1期。

邢國在魯僖公元年（公元前 659 年）所遷之"夷儀"。[1] 李學勤先生據河北元氏出土的西周早期"臣諫簋"（銘文載有"邢侯搏戎"的歷史），指出河北邢臺確爲"邢"之初封地。[2] 春秋時期，邢國一直作爲晉之附庸，受其調遣驅使。《左傳·隱公五年》云："曲沃莊伯以鄭人、邢人伐翼，王使尹氏、武氏助之，翼侯奔隨。"說明邢國在"曲沃代翼"的過程中是曲沃一方的盟軍。魯僖公二十五年（公元前 635 年），"邢"滅於衛。[3]

學者多認爲《綢繆》作於晉昭公在位（當爲晉昭侯，公元前 745—前 739 年）前後，"昭公之後，大亂五世"，與《詩序》所謂的"晉亂"[4] 密合，應該是可信的。[5] 安大簡《詩經·綢繆》次序位於《椒聊》（《詩序》言刺晉昭公）和《有杕之杜》（《詩序》言刺晉武公）之間，也爲《綢繆》的寫作時代提供了一個旁證。此處的"邢侯"可能與《衛風·碩人》（亦作於東周初年）所引爲同一位邢國君主。

此外，春秋中後期另有芈姓"邢侯"：申公巫臣奔晉，晉人使爲邢大夫，後其子獲封邢侯。《左傳·昭公十四年》："晉邢侯與雍子争邑田。"杜預注："邢侯，（申公）巫臣之子也。"時代偏晚，當與《綢繆》無關。或疑晉、邢（姬姓）本爲同姓，何以此婚嫁之詩而言"邢侯"？《鄭風·山有扶蘇》云"不見子都，乃見狂且"，也是把鄭之同姓公子當作心儀對象，可資參證。

---

[1] 參看王先謙：《漢書補注》，上海：上海古籍出版社，2012 年，第 2759 頁。"夷儀"之具體位置，學者也有不同意見。

[2] 李學勤：《元氏青銅器與西周的邢國》，《新出青銅器研究（增訂版）》，北京：人民美術出版社，2016 年，第 52—58 頁。

[3] 顧棟高：《春秋大事表》，北京：中華書局，1993 年，第 573 頁。

[4] 根據《左傳》和與邢國有關的銅器銘文，邢國歷史就是一部"伐戎"史。所以《詩序》所言之亂，似無法完全排除北戎入侵的可能。不過參考《詩·唐風》所屬的其他篇來看，仍以解釋爲晉國內亂較爲合理。

[5] 竹添光鴻認爲此詩作於"晉昭侯後大亂五世"中後面的一二君之世。參看《毛詩會箋》，第 681 頁。

"邢侯"和"良人"都是男子,證明《毛傳》把"粲者"解釋爲女子的意見實不可信。"良人"指一般民衆,"邢侯"則爲小國諸侯,"粲者"該如何理解呢?《毛傳》云:"三女爲粲,大夫一妻二妾。"聯繫前後章詩句,"粲者"當指代大夫,《毛傳》訓釋的重心在"大夫"而不在"一妻二妾"。"良人""粲者""邢侯"三者身份層層遞進,所以簡本把"邢侯"章的次序放在最後。

二

關於《綢繆》主旨的諸多説法大體可以分爲兩類:一以爲哀憫之辭,一以爲讚美之辭。自清人方玉潤撇開《詩序》,把《綢繆》當作"賀新婚"的詩以來,[1] 近現代的學者多認同"讚美之辭"説。如高亨認爲這首詩描寫一對相愛的男女在夜間相會的情景。[2] 程俊英云:"這是一首民間祝賀新婚的詩。它和一般賀婚詩有些不同,帶有戲謔、開玩笑的味道,大約是民間鬧新房的口頭歌唱。"[3] 或引《説苑·善説》越人歌"今夕何夕兮,得與搴舟水流。今日何日兮,得與王子同舟",來論證"今夕何夕"確爲嘉美之辭,然而孔穎達《毛詩正義》早已指出:"越人歌與《鄭箋》意異者,彼意或出於此,但引《詩》斷章,不必如本也。"[4] 誠如孔氏所言,不能簡單地把《綢繆》理解爲一首情詩。

那麽,此詩到底想要表達什麽意思呢?安大簡《詩·綢繆》"邢侯"章僅存四句,無"子兮子兮,如此邢侯何"兩句,可能是抄寫時脱文所致。而每一章最後兩句的點睛之筆非常關鍵,它揭示了詩的主旨。"子兮子兮",《毛傳》:"子兮者,嗟兹也。"王引之云:"《詩》言'子兮',猶曰'嗟子乎''嗟嗞乎'。故《傳》以

---

[1] 方玉潤:《詩經原始》,北京:中華書局,1986年,第257頁。
[2] 高亨:《詩經今注》,上海:上海古籍出版社,1980年,第154頁。
[3] 程俊英:《詩經譯注》,上海:上海古籍出版社,1985年,第205頁。
[4] 參看阮元校刻:《十三經注疏》,第364頁。

'子兮'爲'嗟兹'。"[1] 聞一多認爲王説拘泥，"子兮子兮"乃詩人感激自呼之辭。[2] 無論王、聞二家孰是孰非，"子兮子兮"作爲感歎之辭是毫無疑問的。再來看後面的"如+名詞+何"。孔穎達《正義》云："如何，猶奈何。言三星在天之月，不得見此良人，當奈之何乎！言不可奈何矣。"孔氏增字解經，雖不足爲訓，但把"如此良人何"理解成"奈此良人何"却是很正確的。"奈+名詞+何"的句式屢次見於《漢書》：

（1）陛下爲人子孫，守持宗廟，而令國祚移於外親，降爲皁隸，縱不爲身，奈宗廟何！（《漢書·楚元王傳第六》）

（2）上從霸陵上，欲西馳下峻阪，盎攬轡。上曰："將軍怯邪？"盎言曰："臣聞千金之子不垂堂，百金之子不騎衡，聖主不乘危，不徼幸。今陛下騁六飛，馳不測山，有如馬驚車敗，陛下縱自輕，奈高廟、太后何？"上乃止。

（《漢書·爰盎鼂錯傳第十九》）

（3）郅都，河東大陽人也。以郎事文帝。景帝時爲中郎將，敢直諫，面折大臣於朝。嘗從入上林，賈姬在厠，野彘入厠，上目都，都不行。上欲自持兵救賈姬，都伏上前曰："亡一姬復一姬進，天下所少寧姬等邪？陛下縱自輕，奈宗廟、太后何？"上還，彘亦不傷賈姬。太后聞之，賜都金百斤，上亦賜金百斤，由此重都。（《漢書·酷吏傳第六十》）

三處用法基本相類，揣摩文義，"奈宗廟、太后何"應當翻譯爲"該怎麼對待太后、宗廟呢？"（言不可辜負之義。但隱含的意思在反面，即實際上會辜負太后、宗廟。）

---

[1] 王引之：《經傳釋詞》，引自謝紀鋒：《虛詞詁林》（修訂版），北京：商務印書館，2015年，第695頁。

[2] 聞一多：《詩經通義乙》，《聞一多全集·詩經編下》，武漢：湖北人民出版社，1993年，第257頁。

宋代蘇軾《後赤壁賦》一文也使用了與《綢繆》"如此良人何"同樣的句式：

> 是歲十月之望，步自雪堂，將歸于臨皋。二客從予過黃泥之阪。霜露既降，木葉盡脱，人影在地，仰見明月，顧而樂之，行歌相答。已而歎曰："有客無酒，有酒無肴，月白風清，如此良夜何？"

或把"如此良夜何"譯爲"這樣的良夜應該怎麼（度過）呢？"恐不可信。此句之義和上引《詩·綢繆》《漢書》等一樣，當理解爲"該怎麼對待這樣的良夜呢？"（可能要辜負這樣的良夜了。）

"奈+名詞+何"和"如+名詞+何"皆爲消極的反問，然則《綢繆》作爲"哀憫之辭"的可能性遠大於"讚美之辭"。《漢書》"奈宗廟何""奈宗廟、太后何"的前文有描述君主處事不當或冒險行事的文字，《後赤壁賦》"如此良夜何！"之前也有"有客無酒，有酒無肴"的鋪墊。由此看來，《綢繆》篇的"三星在天""三星在隅""三星在户"，可能確實像《毛傳》《鄭箋》所説的那樣，是表明因晉國内亂而造成婚姻失時的句子。"如此良人何"即"該如何對待良人呢？"國家陷於混亂之中，婚禮難成，從一般民衆到附庸國的君主，概莫能外。詩人感時傷懷，故而訴諸篇什，《詩序》的説法似乎不應輕易否定。或引《杜詩》"今夕復何夕，共此燈燭光。夜闌更秉燭，相對如夢寐"以證亂世婚姻難聚，可備一説。[1]

還有另外一種可能，安大簡《詩·綢繆》"邢侯"章並無脱文，此章忠實記錄了魯隱公五年（公元前718年）"曲沃莊伯以鄭人、邢人伐翼"的史事。"見此邢侯"即暗示晉之内亂，與前兩章所指有異，故結尾不言"子兮子兮，如此邢侯何？"

---

[1] 參看張樹波：《國風集説》，第987頁。

三

如果不是安大簡版本上的依據，不敢想像《綢繆》之"邂逅"記錄的詞語原來竟是一位諸侯！賴有簡本保存了《詩》之原貌，才讓今天的讀者與"邢侯"有了這場美麗的邂逅。

《漢書·藝文志》論述漢代《詩經》流傳情況云：

> （《詩經》）凡三百五篇，遭秦而全者，以其諷誦，不獨在竹帛故也。漢興，魯申公爲《詩》訓故，而齊轅固、燕韓生皆爲之傳。或取《春秋》、采雜説，咸非其本義。與不得已，魯最爲近之。三家皆列於學官。又有毛公之學，自謂子夏所傳，而河間獻王好之，未得立。

可見《毛詩》雖號稱"古文經"，但和魯壁之中發現的《禮記》《尚書》《春秋》《論語》《孝經》以及北平侯張倉所獻《春秋左氏傳》畢竟有所不同。[1] 《詩經》在秦火之後並無古文版本流傳，只是師徒之間口耳相授而已。《呂氏春秋·察傳》云："夫得言不可以不察，數傳則白爲黑，黑爲白。""言"之無"文"則行而不遠，人的記憶力也難以爲憑，所以安大簡《詩經》出現與《毛詩》全然不同的異文就不足爲怪了。從已有的研究成果看，《毛傳》有些訓釋淵源有自，能與簡本印證；[2] 有些訓釋則牽強附會，錯誤在所難免。有學者利用簡本對《詩經》中的詞句作出新的解讀，可以參看。[3]

"邢侯""邂逅"讀音極近，上文已經指出，"邂逅"見於《詩·鄭風·野有蔓草》。彼處《詩序》云："思遇時也。君之澤不下流，

---

[1] 許慎：《説文解字·叙》，北京：中華書局，2013年，第317頁。

[2] 劉剛：《〈詩·秦風·小戎〉"蒙伐有苑"新考》，《中原文化研究》2017年第5期。

[3] 徐在國：《〈詩·周南·葛覃〉"是刈是濩"解》，《安徽大學學報（哲學社會科學版）》2017年第5期。

民窮於兵革，男女失時，思不期而會焉。"若所説不誤，則二詩主旨原本類似。學者在誦讀《綢繆》的"邢侯"時，會很自然地聯繫到《野有蔓草》的"邂逅"。再加上詩的二、三章章次互易之後，内部的邏輯關係被打破，雖有《毛傳》對"粲者"的訓釋保留了"大夫"身份的蛛絲馬迹，終究淹没在面目全非的文字中。這大概就是兩千餘年來對"邂逅"一詞無人置疑的原因吧。《詩·召南·騶虞》"從䖆"，《毛詩》作"騶虞"，三家詩皆據"騶虞"立説，與《綢繆》篇"邂逅（邢侯）"的情況類似。[1]

（原載 Bamboo and Silk 第 2 卷第 1 期，荷蘭博睿出版社，2018 年；後收入《安大簡〈詩經〉研究》，上海：中西書局，2022 年）

---

[1] 黄德寬:《〈詩·召南·騶虞〉與上古虞衡制度》，"北京大學第一届古典學國際研討會"散發論文集，2017 年 11 月 17—19 日。

《詩·揚之水》"卒章四言"新證

《左傳·定公十年》記叙了魯國的叔孫氏在侯犯反叛時通過秘密授命郈工師駟赤而最終收復郈地的事件：

> 武叔懿子圍郈，弗克。秋，二子及齊師復圍郈，弗克。叔孫謂郈工師駟赤曰："郈非唯叔孫氏之憂，社稷之患也，將若之何？"對曰："臣之業，在《揚水》卒章之四言矣。"

"《揚水》卒章之四言"句，陸德明《經典釋文》云："本或作《揚之水》卒章。"[1]《詩經》一書中《揚之水》凡三見，《王風》《鄭風》《唐風》皆有以之名篇者。郈工師駟赤所引到底是哪一篇呢？杜預注："《揚（之）水》，《詩·唐風》。卒章四言曰：我聞有命。"[2] 杜預顯然是把"四言"當作"四字"來理解的，"我聞有命"義爲駟赤受命於叔孫氏。現代的學者多從杜説。[3] 不過，把"言"解作"字"大概是漢代以後的語言習慣，先秦古書裏的"言"，常常作爲"一句話"使用，例如《論語·爲政》："《詩》三百，一言以蔽之，曰思無邪。"林義光認爲杜注以"我聞有命"四字當"四言"語義殊未足，他根據《左傳·定公四年》趙簡子

---

[1] 阮元校刻：《十三經注疏》，北京：中華書局，1980年，第2148頁。

[2] 杜預：《春秋經傳集解》，上海：上海古籍出版社，1997年，第1680頁。

[3] 楊伯峻：《春秋左傳注（修訂本）》，北京：中華書局，1990年，第1581頁；沈玉成：《左傳譯文》，北京：中華書局，1981年，第539頁。

謂子太叔"語我九言"下歷舉"無始亂"等九句話來論證"一句可爲一言",指出《左傳·定公十年》"《揚水》卒章之四言"即"最後一章的四句話",允爲卓識。[1]《管子·小問》篇也出現了"四言"一詞:

> 桓公問治民於管子,管子對曰:"凡牧民者,必知其疾,而憂之以德,勿懼以罪,勿止以力,慎此四者,足以治民也。"桓公曰:"寡人睹其善也,何以爲寡也?"管仲對曰:"夫寡非有國者之患也。昔者天子中立,地方千里,四言者該焉,何爲其寡也?夫牧民不知其疾,則民疾,不憂以德,則民多怨。懼之以罪,則民多詐。止之以力,則往者不反,來者鷔〈驚〉距。[2] 故聖王之牧民也,不在其多也。"

此處"四言"對應上文的"必知其疾""憂之以德""勿懼以罪""勿止以力","言"的意思也是"一句話",可資參證。我們再來看看《毛詩·唐風·揚之水》的原文:

> 揚之水,白石鑿鑿。素衣朱襮,從子於沃。既見君子,云何不樂?
> 揚之水,白石皓皓。素衣朱繡,從子於鵠。既見君子,云何其憂?
> 揚之水,白石粼粼。我聞有命,不敢以告人!

全詩共三章,首章、二章六句,最後一章四句。表面上看起來,最後一章四句和"《揚水》卒章之四言"正相符合,駰赤所説是不是這四句呢?實際上問題並没有那麽簡單。《荀子·臣道》篇有這樣一段話:

---

[1] 林義光:《詩經通解》,上海:中西書局,2012 年,第 124 頁。據下引段玉裁説,段氏也持類似觀點。
[2] 王念孫以爲"鷔"本作"驚","驚""距"皆"止"之義。參看《讀書雜志》,上海:上海古籍出版社,2014 年,第 1233 頁。

> 事聖君者，有聽從無諫爭；事中君者，有諫爭無諂諛；事暴君者，有補削無撟拂。迫脅於亂時，窮居於暴國，而無所避之，則崇其美，揚其善，違其惡，隱其敗，言其所長，不稱其所短，以爲成俗。《詩》曰："國有大命，不可以告人，妨其躬身。"此之謂也。

由於上引《詩》句中含有不見於今本《毛詩》的内容，楊倞注以爲是"逸詩"。[1] 很多學者把它和《唐風·揚之水》聯繫起來。段玉裁説："此所云即是《詩》之異文，(《唐風·揚之水》) 前二章六句，此章四句，殊太短，恐漢初相傳有脱誤也。"[2] 王先謙則以《荀子·臣道》所引爲《魯詩》："荀子傳《詩》於浮丘伯，爲《魯詩》之祖，蓋《魯詩》如此。"[3] 若據《荀子·臣道》引文，《唐風·揚之水》的最後一章變成了五句，[4] 就和《左傳·定公十年》的"四言"不太一致了。[5] 林義光因此轉而同意楊倞注的意見："《荀子》多'妨其躬身'一言，其所引或不必爲本詩也。"

安徽大學藏戰國竹簡《詩經·揚之水》共三章，章六句。第三章作：

> 揚之水，白石粼粼。我聞有命，不可以告人。如以告人，害於躬身。

簡本《揚之水》較《毛詩》多出"如以告人，害於躬身"二句，應該反映了《詩》之原貌。[6] 末章除去與前兩章結構相同的首兩句，餘下四句"我聞有命，不可以告人。如以告人，害於躬身"恰

---

[1] 參看王天海：《荀子校釋》，上海：上海古籍出版社，2005年，第578頁。
[2] 段説見《詩經小學》，引自王先謙《詩三家義集疏》。
[3] 王先謙：《詩三家義集疏》，北京：中華書局，1987年，第421頁。
[4] "我聞有命"和"國有大命"略異，但前人引書，本不必盡合原文。
[5] 林義光：《詩經通解》，第124頁。
[6] 翟相君《〈唐風·揚之水〉有脱句》(《社會科學研究》1987年第1期) 也懷疑今本《毛詩》有闕文，但對闕文位置的認識不夠準確。

好和《左傳·定公十年》的"四言"相合,解决了林義光"一句可爲一言"和《荀子》引文無法調和的矛盾。也可證明《荀子·臣道》確有所本,"妨""害"二字爲同義關係的異文,中間一句"如以告人",似涉上句"不可以告人"而抄寫脱誤。

　　按照《詩序》的説法,《唐風·揚之水》是刺晉昭公的一首詩,曲沃强盛於晉,國人將叛晉而歸曲沃。[1] 第三章的"我聞有命,不敢以告人",毛傳:"聞曲沃有善政命,不敢以告人。"鄭箋申毛曰:"不敢以告人而去者,畏昭公謂己動民心。"毛鄭以下治《詩經》的學者對此詩的態度大致可以分爲兩類:一類謂詩乃叛昭歸桓者所作,其中以朱熹爲代表,《詩集傳》解《揚之水》首章云:"言水緩弱而石巉巖,以比晉衰而沃盛,故欲以諸侯之服(素衣朱襮)而從桓叔於曲沃,且自喜其見君子而無不樂也。"[2] 高亨的《詩經今注》也采用此説。[3] 另一類則以爲此詩爲揭發叛者之謀而作,尤以嚴粲《詩緝》爲代表:"時沃有篡宗國之謀,而潘父陰主之,將爲内應,而昭公不知。故此詩深警之。"[4] 郝懿行云:"沃人憂亂也,晉昭侯封桓叔於沃,沃强晉弱,其黨潘父等助之,欲傾宗國,有密謀。君子微泄其事,諷昭侯甚沃能戒之。"[5] 陳奂也贊同此説,並據《荀子·臣道》和《左傳·定公十年》立論云:

　　　　蓋其人必身在桓叔而心切昭公,憂昭公之微弱,畏桓叔之盛彊,真有向隅仰屋無所告語之歎……侯犯據郈叛魯與桓叔據沃叛晉,其事相似。駟赤畏侯犯,特詠此詩以明己意,則知作詩之人定非從叛之人。上二章就叛晉者説,末章即承此意以諷

---

[1] 孔祥軍點校:《毛詩傳箋》,北京:中華書局,2018年,第149頁。
[2] 朱熹:《詩集傳》,北京:中華書局,1958年,第69頁。
[3] 高亨:《詩經今注》,上海:上海古籍出版社,1980年,第153頁。
[4] 參看張樹波:《國風集説》,石家莊:河北人民出版社,1993年,第971頁。
[5] 郝懿行:《詩問》,載《郝懿行集》,濟南:齊魯書社,2010年,第653頁。

勸昭公耳……《荀子》引《詩》與毛傳釋《詩》意正合。[1]林義光又援引《左傳·桓公二年》"惠之三十年，晉潘父弑昭侯而納桓叔，不克。晉人立孝侯"而證《詩序》"國人將叛晉而歸曲沃"非是。[2] 目前，嚴粲《詩緝》的觀點逐漸占據主流地位。[3]

然而，郈工師駟赤與叔孫氏對話之時，侯犯已然叛魯，與曲沃叛晉之事尚在預謀之中有所不同，二者不宜牽合比附。且古人"引《詩》斷章，多異於本"，[4] 駟赤應答叔孫氏之言，當是表達堅守密命、效忠魯國之心，與《荀子·臣道》"明哲保身"的思想也頗有差別。後來駟赤實施的一系列舉措，確實能夠不辱使命。另外，和《揚之水》首章、二章"既見君子，云何不樂""既見君子，云何其憂"類似的句式又見於《鄭風·風雨》《秦風·車鄰》《小雅·出車》《小雅·蓼蕭》《小雅·菁菁者莪》等，皆表達樂與賢者共處之義，林義光以"素衣朱襮者（潘父之流）恣爲奢僭"解之，恐有不妥。至於陳奐之説，以爲詩之作者"身在曹營心在漢"，雖然沒有直接反對《毛傳》，却和《毛傳》本義相去甚遠了。

（原載《戰國文字研究》第一輯，合肥：安徽大學出版社，2019年；後收入《安大簡〈詩經〉研究》，上海：中西書局，2022年）

---

[1] 陳奐：《詩毛氏傳疏》，臺北：學生書局，1986年，第285頁。
[2] 林義光：《詩經通解》，第124頁。
[3] 程俊英：《詩經譯注》，上海：上海古籍出版社，1985年，第202頁；袁行霈等：《詩經國風新注》，北京：中華書局，2018年，第399—400頁。
[4] 參看《詩·大雅·文王有聲》孔穎達正義，《十三經注疏》，第527頁。

《論語·憲問》"晉文公譎而不正，齊桓公正而不譎"補說

齊桓公小白和晉文公重耳是春秋時期的兩位霸主，他們對東周王室皆有誅伐暴亂、繼絶存亡之功，文獻常並稱之爲"齊桓、晉文"。戰國時期齊宣王曾經向孟子問詢"齊桓、晉文"的事迹，孟子答曰："仲尼之徒無道桓、文之事者，是以後世無傳焉，臣未之聞也。"（《孟子·梁惠王上》）不過，在《離婁下》篇中孟子云："王者之迹熄而《詩》亡，《詩》亡然後《春秋》作。晉之《乘》，楚之《檮杌》，魯之《春秋》，一也。其事則齊桓、晉文，其文則史。"則與前説"未之聞也"有所不同，評者以爲孟子崇尚王道，耻言霸業，故應對齊宣王時乃搪塞之辭。"仲尼之徒無道桓、文之事者"，董仲舒將之發揮爲"仲尼之門，五尺童子羞稱五霸，爲其先詐力而後仁義也"（《漢書·董仲舒傳》）。

《論語·憲問》："子曰：'晉文公譎而不正，齊桓公正而不譎。'"何晏《集解》引鄭玄注云："譎，詐也。謂（晉文公）召天子而使諸侯朝之。仲尼曰：'以臣召君，不可以訓。'故書曰：'天王狩於河陽。'是譎而不正也。"又引馬融訓説云："（齊桓公）伐楚以公義，責包茅之貢不入，問昭王南征不還，是正而不譎也。"[1]

---

[1] 阮元校刻：《十三經注疏》，北京：中華書局，1980年，第2511頁。

朱熹《論語集注》基本采用此説，[1] 今人楊伯峻《論語譯注》把這句話翻譯爲"晉文公詭詐好耍手段，作風不正派；齊桓公作風正派，不用詭詐，不耍手段"，應該也是據鄭注而作。[2] 若以上諸説可信，則孔子對"齊桓、晉文"的評價似有褒貶抑揚。[3]

晉文公"召天子而使諸侯朝之"見於《左傳·僖公二十八年》，《論語》邢昺疏云：

> 晉侯本意，欲大合諸侯之師，共尊事天子，以爲臣之名義，實無覬覦之心。但於時周室既衰，天子微弱，忽然帥九國之師，將數千萬衆入京師，以臨天子，似有篡奪之説，恐爲天子拒逆，或復天子怖懼，棄位出奔，則諸侯心實盡誠，無辭可解，故自嫌彊大，不敢朝王，故召諸侯來會于温。温去京師路近，因加謂諭，令王就會受朝。天子不可以受朝爲辭，故令假稱出狩，諸侯因會遇王，遂共朝王，得盡君臣之禮，皆孔子所謂譎而不正之事。聖人作法，所以貽訓後世。以臣召君，不可以爲教訓，故改正舊史。舊史當依實而書，言晉侯召王，且使王狩。仲尼書曰："天王狩獵于河陽。"言天王自來狩獵于河陽之地。使若獵失其地，故書之以譏王然。

"以臣召君"雖不足爲訓，但推其初心，實在很難看出晉文公有何權謀詭詐之處。

"齊桓公伐楚"見於《左傳·僖公四年》，這件衆所周知的史

---

[1] 朱熹撰，陳戍國點校：《四書集注》，長沙：嶽麓書社，1987年，第223頁。

[2] 楊伯峻：《論語譯注》，北京：中華書局，1980年，第159頁。李零以"尊王攘夷"和"挾天子以令諸侯"作爲齊桓、晉文之區別，但對"正""譎"的解釋仍從《論語注疏》；參見李零《喪家狗——我讀〈論語〉》，太原：山西人民出版社，2007年，第257頁。

[3] 程樹德引潘維城説，據《左傳》"齊桓公爲會而封異姓，今君（晉文公）爲會而滅同姓"以證晉文不如齊桓，實不足信。程氏殆忘桓公殺公子糾之事乎？參看程樹德《論語集釋》，北京：中華書局，1990年，第981頁。

事,《韓非子·外儲說左上》中有一段描述可謂曲盡其妙:

> 蔡女爲桓公妻,桓公與之乘舟,夫人蕩舟,桓公大懼,禁之不止,怒而出之,乃且復召之,因復更嫁之。桓公大怒,將伐蔡,仲父諫曰:"夫以寢席之戲,不足以伐人之國,功業不可冀也,請無以此爲稽也。"桓公不聽,仲父曰:"必不得已,楚之菁茅不貢於天子三年矣,君不如舉兵爲天子伐楚,楚服,因還襲蔡,曰'余爲天子伐楚,而蔡不以兵聽從',因遂滅之。此義於名而利於實,故必有爲天子誅之名,而有報讎之實。"

若《韓非子》所記屬實(伐蔡、楚之先後次序與《左傳》不同),齊桓公"以寢席之戲而伐人之國",則其"正而不譎"恐怕也要大打折扣了。

《漢書·鄒陽傳》載其遊說王長君時曾引述了《論語·憲問》篇描寫齊桓公的那句話,但文字稍異:

> 魯公子慶父使僕人殺子般,獄有所歸,季友不探其情而誅焉;慶父親殺閔公,季子緩追免賊,《春秋》以爲親親之道也。魯哀姜薨於夷,孔子曰'齊桓公法而不譎',以爲過也。

顏師古注:"哀姜,莊公夫人也,淫於二叔,而豫殺閔公,齊人殺之於夷。夷,齊地也。法而不譎者,言守法而行,不能用權以免其親也。"宋翔鳳認爲《漢書》所引爲《魯論》,"法"字古文作"佱",今本作"正",蓋後人罕見"佱"字,遂改爲"正",《論語·憲問》兩"正"字皆當作"佱",同"法"。[1]《漢書》所引是否《魯論》雖不可確知,但宋翔鳳的校改意見很有道理,可惜沒能得到應有的重視,如劉寶楠就認爲"正"字不誤,宋説乃臆測而已。[2] 從邏

---

[1] 宋翔鳳:《論語發微》,引自劉寶楠:《論語正義》,北京:中華書局,1990年,第571頁。

[2] 劉寶楠:《論語正義》,第571頁。

輯上説，若《論語·憲問》篇本作"正而不譎"，《漢書·鄒陽傳》引用時把"正"改作"法"的可能性非常之小。學者或以"正""法"義近來解釋，很難令人信服。

傳抄古文"法"字作下列之形：[1]

 《説文》古文　　　　　　　 《汗簡》1·8《石》

 《古文四聲韻》5·29《樊》

從古文字學已有研究成果來看，"法"確實可以寫作"佱（乏）"。[2]出土先秦簡帛文獻裏就有這樣的用例：上博《緇衣》簡14"唯作五虐之刑曰佱（法）"，郭店《緇衣》"佱（法）"作"瀍（法）"，今本《禮記·緇衣》作"法"。而"法"的這個古文形體與"定"形近：

 《上博一·緇衣》14（佱）　　　《上博六·用曰》19（佱?）

 《郭店·老子甲》14（定）

《尚書·大誥》"爾時罔敢易法"，皮錫瑞以爲："今文'法'作'定'，與下'今天降定'義貫，於義爲優。"[3] 上博《用曰》簡4+19"有佱有紀，而亦不可虐"之"佱"，或釋爲"佱（法）"，或釋爲"定"。郭店簡《老子乙》簡15"清静爲天下定"，[4] 今本

---

[1] 徐在國：《傳抄古文字編》，北京：綫裝書局，2006年，第976頁。
[2] 劉樂賢引李學勤説認爲"佱"是"乏"字，古文假借爲"法"。參看劉樂賢：《〈説文〉"法"字古文補釋》，《古文字研究》第二十四輯，北京：中華書局，2002年，第464—467頁。也有學者認爲此字從"乏"得聲，並非"乏"。
[3] 皮錫瑞：《今文尚書考證》，北京：中華書局，1989年，第288頁。
[4] 或以爲本當作"清静爲天下佱（法）"，參看張伯元："法"古文拾零》，《政法論叢》2012年第1期。

《老子》第四十五章作"清静爲天下正"。凡此説明《漢書·鄒陽傳》引文"齊桓公法而不譎"確有所本,"正""法"二字異文,並非有些學者理解的同義關係,而是後人誤讀"佥(乏)"爲"正"。《論語·憲問》篇的原文當作:"子曰:'晉文公譎而不佥(法),齊桓公佥(法)而不譎。'"

可能是受到顔師古《漢書·鄒陽傳》注文"不能用權以免其親也"的啟發,王引之解釋"譎"字云:"《説文》:'譎,權詐也。'訓'詐'則爲惡德,訓'權'則亦可爲美德……言晉文能行權而不能守經,齊桓能守經而不能行權。"[1] 雖然王氏認爲"正"字無誤,但他對文意的闡釋基本準確。"權"者,變通之辭也,與"經""常"相對。《孟子·離婁上》:"男女授受不親,禮也;嫂溺,援之以手者,權也。"《易·繫辭下》:"井以辯義,巽以行權。"王弼注:"權,反經而合道,必合乎巽順,而後可以行權也。"劉寶楠指出,把"譎"理解爲"權",和漢代學者認爲《論語·憲問》篇是對"齊桓、晉文"的歎譽之辭相合。[2]

"法"本指規則、制度,《周禮·天官·大宰》:"以八灋治官府。"陸德明《釋文》:"灋,古法字。"孫詒讓《正義》云:"法本爲刑法,引申之,凡典禮文制通謂之法。"[3]《論語·憲問》篇中的兩個"法"用作動詞,上引顔師古注訓爲"守法而行"是也。[4]《荀子·不苟》:"知則明通而類,愚則端愨而法。"楊倞注:"愚謂無機智也,法謂守法度也。"[5] "法"之用例與《論語·憲問》篇類似,可資參證。

---

[1] 王引之:《經義述聞》,上海:上海古籍出版社,2016年,第1881頁。
[2] 劉寶楠:《論語正義》,第571頁。
[3] 孫詒讓撰,汪少華點校:《周禮正義》,北京:中華書局,2015年,第77頁。
[4] 黄懷信認爲"法"爲名詞,與"譎"不對,因此"正"當不誤。其説恐不可信。
　　參見黄懷信《論語彙校集釋》,上海:上海古籍出版社,2008年,第1267頁。
[5] 王天海:《荀子校釋》,上海:上海古籍出版社,2005年,第94頁。

"晉文公譎而不佥（法），齊桓公佥（法）而不譎"，應該譯爲："晉文公善於變通，而不固守規則；齊桓公原則性强，而不太靈活。"從《左傳》《國語》《史記》等書中二人的事迹看來，孔子對他們性格特點的概括相當準確。無論是違反晉獻公旨意而倉皇出逃，還是城濮大戰中貌似守信的"退避三舍"，以及對待秦女懷嬴的畢恭畢敬（和齊桓公"怒出蔡女"恰可對觀），都是晉文公"譎而不法"的具體表現；而齊桓公守法之謹嚴，《史記·齊太公世家》所述之事尤其值得一提：

> （齊桓公）二十三年，山戎伐燕，燕告急於齊。齊桓公救燕，遂伐山戎，至于孤竹而還。燕莊公遂送桓公入齊境。桓公曰："非天子，諸侯相送不出境，吾不可以無禮於燕。"於是分溝割燕君所至與燕，命燕君復修召公之政，納貢于周，如成康之時。諸侯聞之，皆從齊。

這不由讓人想起《左傳·宣公二年》"晉靈公不君"的故事結尾：

> 乙丑，趙穿攻靈公於桃園。宣子未出山而復。大史書曰："趙盾弑其君。"以示於朝。宣子曰："不然。"對曰："子爲正卿，亡不越竟，反不討賊，非子而誰？"宣子曰："烏呼！'我之懷矣，自詒伊戚'，其我之謂矣。"孔子曰："董狐，古之良史也，書法不隱。趙宣子，古之良大夫也，爲法受惡。惜也，越竟乃免。"

以越竟（境）與否作爲"法"的標準，與上文所言齊桓公割地之事，實有異曲同工之妙。這兩則故事也從側面證明宋翔鳳把《論語·憲問》篇的兩個"正"校改爲"佥（法）"是正確的。

（原載《文字·文獻·文明》，上海：上海古籍出版社，2019 年）

《詩·鄘風·干旄》臆解
——以出土文獻和器物中的馬飾爲參照

一

《詩·鄘風·干旄》共三章，每章六句：

孑孑干旄，在浚之郊。素絲紕之，良馬四之。彼姝者子，何以畀之？

孑孑干旟，在浚之都。素絲組之，良馬五之。彼姝者子，何以予之？

孑孑干旌，在浚之城。素絲祝之，良馬六之。彼姝者子，何以告之？

首章、二章"素絲紕之""素絲組之"中的"紕"和"組"皆用作動詞，毛傳："紕，所以織組也。"《説文》："組，綬屬，其小者以爲冕纓。"《方言》卷六："紕、繹、督、雉，理也。秦晉之間曰紕。凡物曰督之，絲曰繹之。"[1] "紕"和"組"在詩中當爲"編織"一類的意思。第三章的"素絲祝之"，毛傳："祝，織也。"鄭箋："祝，當作屬。屬，著也。"[2] 毛傳和鄭箋皆以此處"祝"

---

[1] 周祖謨據《原本玉篇殘卷》引文指出今本《方言》"秦晉之間"下脱"曰雉宋鄭"四字。參看《方言校箋》，北京：中華書局，1993年，第44頁。
[2] 阮元校刻：《十三經注疏》，北京：中華書局，1980年，第319頁。

有"聯屬"之義，和前二章的"紕""組"相近。毛亨把"祝"解作與之雙聲的"織"，[1] 鄭玄則讀"祝"爲"屬"。[2] "屬"有"附着"之義，可引申爲"聯屬"，例如：

（1）臨大澤之濱，望四邊之際與天屬，其實不屬，遠若屬矣。　　　　　　　　　　　　　　（《論衡·説日》）

（2）斧鉞之人也，幸以獲生，以屬其腰領，臣之禄也，若知國政，非臣之任也。　　　　　　（《管子·小匡》）

"祝""屬"古音相近，《白虎通義·號》："謂之祝融何？祝者，屬也；融者，續也。"《釋名·釋言語》："祝，屬也，以善惡之詞相屬著也。"都是以同聲字訓釋。安徽大學藏戰國竹簡與《詩·鄘風·干旄》"素絲祝之"之"祝"對應的字，從"糸"作"䋈"，或是表示"聯屬"義的專用本字。[3] 可證傳、箋對詞義的理解基本準確。[4]

不過，毛亨、鄭玄對素絲用途的認識却迥然不同。毛傳："總紕於此，成文於彼，願以素絲紕組之法御四馬也。"鄭箋則認爲："素絲者，以爲縷，以縫紕旌旗之旒縿，或以維持之……以素絲縷縫組於旌旗，以爲之飾。"後代學者或從毛傳，如林義光云："素絲所以爲組，此以組喻轡也。"[5] 或從鄭箋，如馬瑞辰云："紕之所以督理其旌旗也。"[6]

───────

[1] 段玉裁：《毛詩故訓傳定本》附《小箋》。引自向熹：《詩經詞典（修訂本）》，北京：商務印書館，2014年，第735頁。

[2] 王先謙認爲："'祝之'無義，故毛取雙聲字，鄭取迭均字釋之。"參看《詩三家義集疏》，北京：中華書局，1987年，第257頁。

[3] 黄德寬、徐在國主編：《安徽大學藏戰國竹簡（一）》，上海：中西書局，2019年，第135頁。

[4] 高亨把"祝"讀爲"䋈"，認爲"䋈"與前二章的"紕""組"皆指馬之轡繩。高亨：《詩經今注》，上海：上海古籍出版社，1980年，第76頁。

[5] 林義光：《詩經通解》，上海：中西書局，2012年，第65頁。

[6] 馬瑞辰：《毛詩傳箋通釋》，北京：中華書局，1989年，第189頁。

毛傳所謂"以素絲紕組之法御四馬也",並非把"素絲"和"轡彎"對等,[1] 而是以《詩經》中常見的"執轡如組"爲說。《邶風·簡兮》"有力如虎,執轡如組"、《鄭風·大叔于田》"執轡如組,兩驂如舞",都是誇讚馭馬的車夫擁有高超技藝,執轡嫻熟如女工紡織一般。此説之優點在於可將每章的第三、四句組成一個有機的整體。但毛傳把"良馬五之""良馬六之"解釋爲"驂馬五轡""四馬六轡"却並不可信,清代學者早已提出過批評意見:[2]

> 服馬四轡皆在手,兩驂馬内轡納於觼,故四馬皆言六轡,經未有言五轡者。孔廣森曰:"四之、五之、六之,不當以轡爲解,乃謂聘賢者以馬爲禮。三者轉益,見其多庶。《覲禮》曰:'匹馬卓上,九馬隨之。'《春秋左傳》曰'王賜虢公、晉侯馬三匹''楚公子棄疾見鄭子皮以馬六匹'。是以馬者不必成乘,故或五或六矣。"

中國古代車馬繫駕法經歷過從"軏靷法"向"胸帶法"的過渡和調整,從秦始皇陵出土銅車馬2號車的復原可以發現,商周時期到漢代以前,不僅駕四馬的車用六轡,駕六馬時也同樣是用六轡。只是在駕六馬的車上,騑和驂都要通過内轡和服馬之外側的銜環聯繫在一起。[3] 因此孔廣森否定"四之、五之、六之是指馬轡"的意見十分正確,鄭玄對"良馬"句的訓釋之所以與毛傳有異,大概也是見及於此。反對"馬轡説"的學者一般都是把"四之、五之、六之"中的"四、五、六"理解爲馬數,但先秦時期多用四馬駕車,《詩》習見"四牡龐龐""四牡翼翼""四牡騑騑"這一類的句子,是其佐證。相傳爲戰國齊人淳于髡所著的《逸禮·王度

---

[1] 上引高亨説以"組"爲轡繩,不知是否因爲誤讀毛傳所致,其説恐不可從。
[2] 參看馬瑞辰:《毛詩傳箋通釋》,第189頁。
[3] 孫機:《始皇陵2號銅車對車制研究的新啓示》,原載《文物》1983年第7期,後收入《中國古輿服論叢(增訂本)》,北京:文物出版社,2001年,第15頁。

記》云："天子駕六馬，諸侯駕四，大夫三，士二，庶人一。"鄭玄《駁五經異義》認爲"天子駕六"是漢法，與古有異。[1] 對此姚鼐有過精彩的評論：[2]

> 且三代駕車以駟馬，自天子至卿大夫一也。六馬爲天子大駕，蓋出於秦漢君之侈，周曷有是哉？《白虎通》附會爲説曰："天子之馬六者，示有事於天地四方。"此謬言也……古書惟《荀子》有"伯牙鼓琴，六馬仰秣"語。此言在廄秣馬有六，聞音舍秣仰聽，與駕車時不相涉。

退一步説，即便"天子六馬"可以信據，第二章的"良馬五之"也實在難以落實。[3] 鄭玄把"四之、五之、六之"説成詩人所見之馬數，孔廣森把它理解爲聘賢者所用之馬數，[4] 都比較牽強。朱熹云："五之，五馬。言其盛也。……六之，六馬。極其盛而言也。"其説避實就虛，仍然没有真正解決問題。[5] 或引漢樂府《陌上桑》"使君從南來，五馬立踟躕"及《漢官儀》"朝臣出使以駟馬，太守加一馬爲五馬"來説解"五之"，全然不顧時代差異，更是失之千里。[6] 現代的學者爲了湊足"五馬""六馬"，不惜把車後隨從所騎之馬也一起算上，真可謂煞費苦心了。

聞一多先生曾聯繫銅器銘文中常見的賞賜品"匹馬束絲"，把詩中"素絲"和"良馬"當作贈送給"彼姝者子"的禮物。這樣解讀，又產生了新的問題。首章、二章的"畀之""予之"訓爲

---

[1] 參看陳壽祺：《五經異義疏證》，上海：上海古籍出版社，2012年，第176頁。
[2] 姚鼐：《惜抱軒詩文集・跋〈列子〉》，上海：上海古籍出版社，1992年，第276頁。
[3] [日]竹添光鴻云："曰五曰六，並是變文諧韻，凡是類皆以首章爲正，而後章唯轉韻，反復詠歎耳。"參看《毛詩會箋》，南京：鳳凰出版社，2012年，第417頁。
[4] 孔廣森：《經學卮言》，《清經解 清經解續編》第4冊，上海：上海書店，1988年，第820—843頁。
[5] 朱熹：《詩集傳》，北京：中華書局，1958年，第33頁。
[6] 參看胡仔：《苕溪漁隱叢話・前集》，北京：人民文學出版社，1962年，第35頁。

"饋遺"尚無可疑，但第三章的"告之"明顯不是贈送之義，因此聞氏又讀"告"爲"造"，輾轉訓爲"遺贈"。[1] 其説亦不足信。

二

客觀地説，毛傳把"良馬五之""良馬六之"訓爲"驂馬五轡""四馬六轡"雖不可取，但把每章的第三、四句結合起來考慮的意見却很有道理。鄭箋所云"素絲縷縫組於旌旗"，也頗有參考價值。有没有可能吸收傳、箋中的合理成分，在此基礎上提出一種新説呢？我們注意到，出土簡帛文獻中恰好記載有一種特别的馬首之飾（釋文用寬式）：[2]

（1）良馬賁（戴）翠𦒃　　（《河南信陽楚墓》2-04號簡）
（2）乘馬𦒃（戴）白羽　　（《曾侯乙墓》81號簡）
（3）兩馬皆賁（戴）短羿　（《望山》遺册9號簡）
（4）四馬之敦羿　　　　　（《天星觀簡》）
（5）兩馬長羿　　　　　　（《天星觀簡》）

自從戰國文字中的"賁"被正確釋出之後，[3] 以上簡文的含義才算是基本清楚了。劉國勝先生排比相關簡文辭例，指出"良馬賁（戴）翠𦒃""兩馬皆賁（戴）短羿"是對馬首上裝飾品的説明："翠𦒃"應是一種翠羽馬飾，與"短羿"爲同類物。據此把"𦒃"讀爲"纛"、"羿"讀爲"旄"，[4] 並引段玉裁説解"旄"字云：[5]

---

[1] 聞一多：《詩經通義乙》，《聞一多全集·詩經編下》，武漢：湖北人民出版社，1993年，第135頁。
[2] 參看羅小華：《戰國簡册中的車馬器物及制度研究》，武漢：武漢大學出版社，2017年，第107—110頁。
[3] 沈培：《試釋戰國時代从"之"从"首（或从'頁'）"之字》，簡帛網，2007年7月17日。
[4] 劉國勝：《楚喪葬簡牘集釋》，北京：科學出版社，2011年，第9頁。又《楚簡車馬名物考釋二則》，《古文字研究》第二十九輯，北京：中華書局，2012年，第478頁。
[5] 段玉裁：《説文解字注》，鄭州：中州古籍出版社，2006年，第311頁。

旄是旌旗之名。漢之羽葆幢，以犛牛尾爲之，如斗，在乘輿左騑馬頭上（今按：此據《爾雅·釋言》郭璞注引蔡邕《獨斷》），用此知古以犛牛尾注竿首，如斗童童然。故《詩》言干旄、言建旄、言設旄。有旄則亦有羽，羽或全或析，言旄不言羽者，舉一以晐二。

秦始皇銅車馬坑1、2號車的右驂馬頭上各立一件帶半球形底座、杆端有纓絡裝飾的纛（圖一），爲段説增一實物佳證。[1] 劉文還認爲："楚文字用來表示旄牛尾的'旄'字多寫作從'毛'，而使用從羽、從矛的'翆'字表示戴在馬頭上繫有旄牛尾或鳥羽的旌旗。"遺憾的是，安大簡《詩·鄘風·干旄》首章闕失，與"干旄"之"旄"對應之字的寫法不得而知。不過，既然用於馬首之飾的"𣱦（纛）"或"翆（旄）"是旌旗之名，若依鄭玄"以素絲纓縫組於旌旗，以爲之飾"之説，《詩·鄘風·干旄》的"四之""五之""六之"可能指素絲縫紕裝飾於"𣱦（纛）"或"翆（旄）"上的纓絡數目。這種形制的旗，很容易讓人聯想到古書中的"旄節""旌節"。《周禮·地官·掌節》"道路用旌節"，鄭注："今使者所擁節是也。"孫詒讓正義引《後漢書·光武紀》李注云："節，所以爲信也，以竹爲之，柄長八尺，以旄牛尾爲其眊，三重。"[2]《史記·秦始皇本紀》"衣服旄旌節旗皆上黑"，張守節正義："旄節者，編毛爲之，以象竹節，《漢書》云'蘇武執節在匈奴牧羊，節毛盡落'是也。"然則《干旄》一詩的主旨也宜理解爲"使者訪賢"。【《論集》編按，《史記·衛康叔世家》云"（衛宣公）與太子白旄，而告界盜見持白旄者殺之"，"白旄"與"素絲紕之"正相對應。《史記》之文是"白旄"可爲使節之確證。

---

[1] 發掘報告的整理者認爲"纛在右驂馬頭上，與漢制不同"。參看秦始皇兵馬俑博物館、陝西省考古研究所：《秦始皇陵銅車馬發掘報告》，北京：文物出版社，1998年，第105頁。

[2] 孫詒讓：《周禮正義》，北京：中華書局，2015年，第1341—1345頁。

《左傳・桓公十六年》相關之處有"載其旌以先"句，孔穎達正義云："或當以白旄爲旌，但馬遷演此文而爲之説，其辭至鄙，未必其言可信也。"孔説非也。】

圖一　秦始皇陵銅車馬

"竘（纛）"或"翠（旄）"爲馬首之飾，所以會有"素絲紕之，良馬四之""素絲組之，良馬五之""素絲祝之，良馬六之"這樣的説法。之所以没有提到"竘（纛）"或"翠（旄）"，是因爲第一章的首句已經出現了"孑孑干旄"。我們推測詩中的"干旄"未必建於車上，而應置於馬首，與上文討論的"竘（纛）"或"翠（旄）"實爲一物。這樣一來，首章前四句句意就能夠貫通無礙。雖然文獻中尚無明確的用例證明"干旟"和"干旌"可以作爲馬首之飾，但參照"干旄"來看，它們在詩中應當也是置於馬首的。【《論集》編按："良馬"在出土文獻中與"乘馬""兩馬"對文，"良"當據《爾雅・釋詁》訓爲"首"，特指"右驂"。】

（原載《北方論叢》2019年第6期；後收入《安大簡〈詩經〉研究》，上海：中西書局，2022年）

《詩·秦風·晨風》的再討論

我們曾根據安徽大學藏戰國竹簡《詩經·秦風·晨風》的異文"炊（吹）皮（彼）北林"，對該詩首章的"鴥彼晨風，鬱彼北林"提出了新的解釋（下文簡稱《新解》），[1] 認爲這兩句話可以翻譯爲"早上迅疾的風啊，在北林裏呼呼地吹着"。後來陸續看到有學者發表了不同意見，[2] 感到有些問題在《新解》一文中還沒有完全説清楚，因此草就此篇小文。不當之處，敬請方家批評指正。

一、"鴥彼晨風，鬱彼北林"不必爲並列式

《秦風·晨風》首章二句"鴥彼晨風，鬱彼北林"，毛傳："鴥，疾飛貌。晨風，鸇也。鬱，積也。北林，林名也。先君（秦穆公）招賢人，賢人往之駛〈駃〉疾，如晨風之飛入北林。"孔穎達正義："鴥然而疾飛者，彼晨風之鳥也。鬱積而茂盛者，彼北林之木也。北林由鬱茂之故，故晨風飛疾而入之。"孔氏解"鬱"爲"林木積聚之貌"，且認同"鴥彼晨風，鬱彼北林"爲並列式結構。[3]

---

[1] 劉剛：《〈詩經〉古義新解（二則）》，《語言科學》2018年第3期。
[2] 顔世鉉：《説幾組安大簡〈詩經〉的異文》，簡帛國際論壇會議論文集，韓國慶北大學，2018年12月；王寧：《安大簡〈詩經·秦風·晨風〉"炊"字臆解——兼説〈説文〉"欻"字的音義問題》，復旦大學出土文獻與古文字研究中心網站，2019年1月11日。
[3] 阮元校刻：《十三經注疏·毛詩注疏》，北京：中華書局，1980年，第373頁。

朱熹也訓"鬱"爲"茂盛貌"。[1] 王先謙云："《周官·函人》鄭注引《詩》'宛彼北林','宛'與'菀'同,亦'鬱'之借字。……韓、毛作'鬱',齊作'温',則作'宛'者亦魯詩也。"[2] 後世治《詩》者對此並無異議。

不過,參照《詩經》中其他篇什來看,傳疏的解釋並非無懈可擊。《詩·魯頌·泮水》"翩彼飛鴞,集于泮林",《小雅·車舝》"依彼平林,有集維鷮",皆以一"集"字,言鳥棲息於林木之上。若據傳疏之說,鳥自迅飛,林自茂密,二者毫不相干,何以知晨風之必入北林乎?"鴥彼晨風,鬱彼北林"這兩句話,如果不采用"增字解經"的辦法,是無法得出"晨風飛入北林"這一層意思的。

另外,毛傳把"晨風"訓爲鸇鳥,也存在難以自圓其說之處。鸇鳥是鷂鷹一類的猛禽,《爾雅》舍人注:"鸇,鷙鳥也。"陸璣《毛詩草木鳥獸蟲魚疏》云:"鸇似鷂,青黃色,燕頷句喙,向風搖翅,乃因風飛急疾,擊鳩鴿燕雀食之。"這和毛傳用"晨風"類比"賢人"的說法並不吻合。或說"以(鷙鳥)著其人果毅",[3] 顯然並不可信。聞一多大概已經意識到了這個問題,他援引《說文》"翰,一名鷐風"把"晨風"改釋爲雉類:天雞,赤羽也。[4] 但天雞的羽毛很長,這一類的鳥不可能疾飛,又與"晨風"前面的修飾語"鴥(疾飛貌)"產生了矛盾。

其實,《詩經》中"×彼××,×彼××"的句式,未必一定要理解爲並列式。如《鄘風·柏舟》"泛彼柏舟,在彼中河""泛彼柏舟,在彼河側",《曹風·下泉》"冽彼下泉,浸彼苞稂""冽彼下

---

[1] 朱熹:《詩集傳》,北京:中華書局,1958年,第78頁。
[2] 王先謙:《詩三家義集疏》,北京:中華書局,1987年,第455頁。
[3] [日]竹添光鴻:《毛詩會箋》,南京:鳳凰出版社,2012年,第826頁。
[4] 聞一多:《風詩類鈔乙》,《聞一多全集·詩經編下》,武漢:湖北人民出版社,1993年,第496頁。

泉,浸彼苞蕭""冽彼下泉,浸彼苞蓍",都是承接式的結構。總之,《秦風・晨風》首章的"鴥彼晨風,鬱彼北林",舊説並不完善,仍有重新釋讀的可能性。

二、"鬱"與"炊"異文關係的判定

"鬱彼北林"之"鬱",安大簡《詩經》寫作"炊"。[1] 這一組異文之間到底是什麽關係,對於理解《秦風・晨風》首章二句的文義至關重要。古代文獻的不同文本中,除去"以意引書"而形成的文句差異和脱文、衍文、倒文等廣義上的異文,狹義異文(用字不同)的類型無外乎形、音、義三種形式:① 形似訛混;② 音近通假;③ 同義替代。某些時候,因爲很難了解文獻在流傳的過程中經歷了什麽中間環節,導致無法對一組異文的關係做出準確判定。也就是説,有些異文類型是由上面三種形式疊加組合而成的。我們在《新解》一文中指出"鬱"與"炊"在形、音、義上皆有不小的差距,不宜直接建立聯繫,就是出於這方面的考慮。

安大簡《詩經》的整理者認爲:"炊"從"火"聲,"鬱"與"炊"是"音近通假"的關係。[2] 此説是建立在"炊"和見於《説文》的"炊爨"之"炊"是同形字的假設之上的。我們在《新解》一文中説"'炊'與'欵'也有可能本爲一字",其實也是這個思路(詳下文)。不過,"炊爨"之"炊"在先秦文獻中多次出現:

(1) 易子而食之,析骸而炊之。

(《公羊傳・宣公十年》)

(2) 萬乘之國,千乘之國,不能無薪而炊。

(《管子・輕重甲》)

---

[1] 黃德寬、徐在國主編:《安徽大學藏戰國竹簡(一)》,上海:中西書局,2019年,第35頁。

[2] 黃德寬、徐在國主編:《安徽大學藏戰國竹簡(一)》,第112頁。

(3) 城中巢居而處，懸釜而炊，財食將盡，士大夫羸病。

（《韓非子·十過》）

(4) 簡髮而櫛，數米而炊，竊竊乎又何足以濟世哉！

（《莊子·庚桑楚》）

如果把安大簡"炊皮（彼）北林"之"炊"看作"炊爨"之"炊"的同形字，那麼彼時"炊爨"之"炊"是用哪個形體表示的？這是首先需要回答的一個問題。同形字成立的基本條件就是"異時異域"，否則勢必造成它們所記錄語言的混亂。[1] 在没有明確的文例證明"炊爨"之"炊"可以用另外的形體表示之前，"同形字"的說法可能需要慎重考慮。

顔世鉉贊同《新解》把"炊"讀爲"吹"的意見，同時又提出了另外一種新說，認爲《毛詩》的"鬱"是《說文》訓爲"吹氣也"之"歘"的通假字，"歘"與"炊（吹）"是"同義替代"的關係。[2] 我們認爲，顔文對異文關係的認識可能存在方法論上的錯誤。

安大簡《詩經》與《毛詩》的大量異文中，"同義替代"現象並不罕見，但是這種異文都是直截了當、一目了然的。例如簡本《君子偕老》"君子偕壽"，《毛詩》"壽"作"老"；《有杕之杜》"中心喜之"，《毛詩》"喜"作"好"；《山有樞》"且以歌樂"，《毛詩》"歌"作"喜"；《羔裘》"豈無異人"，《毛詩》"異"作"他"；《葛屨》"維此褊心"，《毛詩》"此"作"是"等等。其實不唯出土文獻與傳世文獻之間如此，傳世文獻與傳世文獻之間的"同義替代"異文，通常也並不需要先把其中一個字破讀爲另外一個同音字以後，再從意義上尋找聯繫。

---

[1] 參看劉剛：《楚文字"同形字"舉隅》，《古文字研究》第三十二輯，北京：中華書局，2018年，第343頁。

[2] 顔世鉉：《說幾組安大簡〈詩經〉的異文》，簡帛國際論壇會議論文集，第296頁。

顔文對安大簡《詩經》幾組異文的討論——雖然没有明確提出——却似乎暗含一個前提：《毛詩》不存在訛字。如果按照他的思路，古書中幾乎所有的訛字都可以通過這種"通假+義近"組合的方法找到另外的解釋，這與異文的實際情况也不太相符。

　　顔文對安大簡《詩經》幾組異文的解讀，還有另外一個問題。即他認爲屬於"同義替代"的這些文字所表示的正確詞義，在古注中却從來不曾有任何一位學者提起過。依從顔文的意見，《毛詩》的"鬱"本是"欥"的通假字，"欥"的意思也是"炊（吹）"。既然已經使用"欥"字來替代"炊（吹）"，説明《詩經》的編寫者對"欥"的詞義及其在《晨風》中的用法應該很清楚。但偏偏奇怪的是，毛傳和歷代研究《詩經》的學者仿佛都忘記了"鬱"記録的詞原本是"炊（吹）"，這也是很不可思議的。

　　綜上所述，在校讀古書時，如果没有版本上的依據，也不考慮用字習慣，隨意把古書上的某一個字讀爲與之同音的字，然後把這個字和它的異文之間的關係説成是"同義替代"，這種做法恐怕是非常危險的。《莊子·在宥》："從容無爲而萬物炊累焉。"司馬彪注："炊累，猶動升也。"向、郭注："如埃塵之自動也。"已有學者指出此處"炊累"費解，似應讀作"鬱累"，"鬱""累"皆有"積"義。[1] 若所説不誤的話，那麽古書裏的"鬱"和"炊"的異文關係是雙向的。這一結論似乎對"同形字"之説有利，把"鬱"讀作"欥"的觀點自然就更不可信了。上文已經説明，"同形字"説成立的前提，是必須確定先秦文獻中"炊爨"之"炊"的寫法。假設楚系簡帛文獻中的"炊"確實從"欠""火"聲，再作進一步分析的話，其本義又當是什麽呢？從"欠"之字的字義，與人的口部關係密切，考慮再三，恐怕又要回到"欥"字上來。

---

[1] cbnd（網名）認爲尹灣漢簡《神烏賦》"長炊泰（太）息"之"炊"當讀爲"鬱"，有"憂愁"之義。簡帛網簡帛論壇，2019年9月25日。其説待考。

《説文》云："欻，有所吹起。从欠、炎聲。讀若忽。"段玉裁已經指出"炎"非聲，[1]其説可從。古文字中某一偏旁部件"單復無別"的現象也很常見，[2]"炊"從"火"聲，"火"屬曉紐微部，"忽"屬曉紐物部。"炊""欻"本爲一字是可以説通的。類似的例子如楚文字"訶"或作"謌"，皆爲"歌"之異體。[3]既知"炊"之本義與"吹"有關，則並不影響《新解》一文對"鬱彼北林"和"晨風"的理解。

三、把"晨風"解釋爲鳥名之原因的推測

根據戴侗《六書故》的觀點，"晨風"即早晨的風，那爲何毛傳會把"晨風"解釋爲鳥名呢？下面提供一種可能性的推測。相信大家對《説苑·奉使》的這個故事一定不會陌生：

> 魏文侯封太子擊於中山，三年，使不往來，舍人趙倉唐進稱曰："爲人子，三年不聞父問，不可謂孝。爲人父，三年不問子，不可謂慈。君何不遣人使大國乎？"太子曰："願之久矣。未得可使者。"倉唐曰："臣願奉使，侯何嗜好？"太子曰："侯嗜晨鳧，好北犬。"於是乃遣倉唐緤北犬、奉晨鳧，獻於文侯。倉唐至，上謁曰："孽子擊之使者，不敢當大夫之朝，請以燕閒，奉晨鳧敬獻庖廚，緤北犬敬上涓人。"文侯悦曰："擊愛我，知吾所嗜，知吾所好。"召倉唐而見之，曰："擊無恙乎？"倉唐曰："唯，唯！"如是者三，乃曰："君出太子而封之國，君名之，非禮也。"文侯怵然爲之變容，問曰："子之君無恙乎？"倉唐曰："臣來時拜送書於庭。"文侯顧指左右曰："子之君長孰與是？"倉唐曰："禮，擬人必於其倫，諸侯

---

[1] 段玉裁：《説文解字注》，鄭州：中州古籍出版社，2006年，第412頁。
[2] 何琳儀：《戰國文字通論（訂補）》，上海：上海古籍出版社，2017年，第264頁。
[3] 禤健聰：《戰國楚系簡帛用字習慣研究》，北京：科學出版社，2017年，第109頁。

無偶，無所擬之。"曰："長大孰與寡人？"倉唐曰："君賜之外府之裘，則能勝之；賜之斥帶，則不更其造。"文侯曰："子之君何業？"倉唐曰："業《詩》。"文侯曰："於《詩》何好？"倉唐曰："好《晨風》《黍離》。"文侯自讀《晨風》曰："鴥彼晨風，鬱彼北林。未見君子，憂心欽欽。如何如何，忘我實多。"文侯曰："子之君以我忘之乎？"倉唐曰："不敢，時思耳。"……乃出少子摯，封中山，而復太子擊。

類似的記載又見於《韓詩外傳》卷八，可見從戰國到秦漢時期，這是一個廣爲流傳的故事。今本《韓詩外傳》"晨䴏"之"䴏"字作"鴈"，許多學者都已指出，《太平御覽》卷七百七十九引《韓詩外傳》仍作"䴏"。[1] 然則"晨䴏"一詞當以《説苑》爲是。

《毛詩》的形成與傳授情況十分複雜，結合陸璣《毛詩草木鳥獸蟲魚疏》和《漢書·儒林傳》的説法，在東漢以前，大體上經歷了"孔子—卜商—魯人曾申—魏人李克—魯人孟仲子—根牟子—趙人荀卿—魯國毛亨—河間毛萇—貫長卿—解延年—徐敖—九江陳俠"這一過程。[2]《漢書·藝文志》言"《毛詩》二十九卷、《毛詩故訓傳》三十卷"，據此可知毛亨所作《故訓傳》最初乃離經單行，後來鄭玄合經、傳而作箋，《毛詩》和《故訓傳》才形成一個整體。[3]

析言之，"傳"和"故訓（或稱"訓故"）"又是兩種不同的解經方式。《漢書·儒林傳》載申公"獨以《詩經》爲訓故以教，亡傳，疑者則闕弗傳"，可資參證。[4] 章炳麟云："古之爲傳，異

---

[1] 向宗魯：《説苑校證》，北京：中華書局，1987 年，第 296 頁；許維遹：《韓詩外傳集釋》，北京：中華書局，1980 年，第 280 頁。

[2] 陸璣：《毛詩草木鳥獸蟲魚疏》，文淵閣《四庫全書》本"曾"誤作"魯"，"根"誤作"振"，上海：上海古籍出版社，2003 年，第 70 册第 21 頁。

[3] 參看孔祥軍：《毛詩傳箋》點校前言，北京：中華書局，2018 年，第 1 頁。

[4] 顏師古注："口説其旨，不爲解説之傳。"恐非。

於章句，章句不離經而空發，傳則有異。《左氏》事多離經，《公羊》《穀梁》二傳亦空記孔子生。"[1]《詩·邶風·二子乘舟》首章二句下，毛傳用了不少筆墨交待衛宣公時期的史事背景，章炳麟認爲屬於"故"中的"故事"一類（章氏言"故"有故訓和故事兩種，故訓用以釋義，故事用以記事），其實未嘗不可視之爲"傳"。

既然古人說《詩》兼有"故訓"和"傳"兩種形式，推測戰國秦漢間的儒者（魏文侯之後）在講授《秦風·晨風》一詩時，不會不提到"魏文侯（前472—前396年）誦《晨風》詩"的故事。"晨風"一詞淺顯易懂，自然無需解釋，"晨鳧"一詞則較爲冷僻，授詩者解"晨鳧"爲鳥名，而"晨風""晨鳧"音近，《毛詩》在幾百年間的形成、流傳過程中（大致從魏人李克[2]至河間毛萇期間），只要其中有一位學者誤合"晨風""晨鳧"爲一，都會引發今本毛傳之誤。至於把"晨風"理解爲"鷙鳥"，大概是受到《小雅·采芑》"鴥彼飛隼"的影響。《說苑》"奉晨鳧敬獻庖厨"、《韓詩外傳》"嗜晨鴈〈鳧〉"，皆把晨鳧（後人多解爲"野鴨"）當作一種可食之鳥，《說文》引或說以"晨風"爲雉類，亦爲可食之鳥，二者基本一致，也爲我們的推測提供了一個旁證。

（原載《漢字漢語研究》2020年第2期；後收入《安大簡〈詩經〉研究》，上海：中西書局，2022年）

---

[1] 章炳麟：《國故論衡》，上海：上海古籍出版社，2003年，第70頁。
[2] 李克與魏文侯之相國李悝是否一人，前人多有爭論。參看楊寬：《戰國史（增訂本）》，上海：上海人民出版社，1998年，第189頁。

據安大簡校勘《尚書》一例

《尚書·秦誓》有如下一段文字：

> 如有一介臣，斷斷猗，無他伎，其心休休焉，其如有容。人之有技，若己有之。人之彥聖，其心好之，不啻如自其口出。是能容之，以保我子孫黎民，亦職有利哉！人之有技，冒疾以惡之。人之彥聖，而違之俾不達。是不能容，以不能保我子孫黎民，亦曰殆哉！

這一段話論述了品行不同的兩種臣子在政治上的影響：一種自己雖無技能，却能樂才好士，對國家猶有利處；另一種嫉賢妒能，毫無容人之心，只會給國家帶來危害。其中"以保我子孫黎民，亦職有利哉"句，《禮記·大學》引作"以能保我子孫黎民，尚亦有利哉"，《論衡·刺孟》則引作"黎民亦尚有利哉"。黃暉認爲："（《尚書·秦誓》）正義誤以'黎民'上屬'子孫'爲句。'尚'作'職'，《禮記·大學》引同此（今本'亦尚'誤倒），並今文也。"[1] 今按，對此句的句讀有不同的認識，不會對文義產生太大影響。但"職"與"尚"這一對異文，委實不易解釋清楚。

衆所周知，漢代以後的文獻在徵引《尚書》的時候，常常把一些疑難詞語轉寫成與之意義相近的當時的習慣用語，司馬遷在《史記·

---

[1] 黃暉：《論衡校釋》，北京：中華書局，1990年，第523頁。

殷本紀》中就大量采用這種做法。或把"職"與"尚"的異文關係，也歸入"同義替代"的類型。可是"職""尚"二詞的義項，却並没有任何交集。前人對"職"字的訓釋，也往往不能兼顧"尚"字。[1]

《詩·唐風·蟋蟀》里有一個用法比較特殊的"職"字：

> 蟋蟀在堂，歲聿其莫。今我不樂，日月其除。無已大康，職思其居。好樂無荒，良士瞿瞿。
>
> 蟋蟀在堂，歲聿其逝。今我不樂，日月其邁。無已大康，職思其外。好樂無荒，良士蹶蹶。
>
> 蟋蟀在堂，役車其休。今我不樂，日月其慆。無已大康，職思其憂。好樂無荒，良士休休。

毛傳："職，主也。"鄭箋據毛傳解釋"職思其居"云："又當主思於所居之事。"[2] 馬瑞辰把此處的"職"和《尚書·秦誓》聯繫起來，其説云：[3]

> 傳、箋從《爾雅》訓"職"爲"主"，首章"職思其居"義猶可通，謂君子思不出其位也。若"職思其外""職思其憂"亦訓"主"，則於義未協。《爾雅·釋詁》"職，常也。""常"從"尚"聲，故"職"又通作"尚"。《秦誓》"亦職有利哉"，《大學》引作"尚亦有利哉"，《論衡》引作"亦尚有利哉"。王懷祖觀察謂此詩三"職"字皆訓"常"（按，指王引之《經義述聞·爾雅上》"則刑職常也"條引王念孫説），[4] 竊謂此當訓"尚"。《爾雅》："尚，庶幾也。"謂"尚思其居""尚思其外""尚思其憂"也，與上文"無已大康"語意正相貫。

---

[1] 屈萬里：《尚書集釋》，上海：中西書局，2014年，第275頁；屈萬里：《尚書今注今譯》，上海：上海辭書出版社，2015年，第251頁。
[2] 孔祥軍點校：《毛詩傳箋》，北京：中華書局，2018年，第147頁。
[3] 馬瑞辰：《毛詩傳箋通釋》，北京：中華書局，1989年，第336—337頁。
[4] 王引之：《經義述聞》，上海：上海古籍出版社，2016年，第1566頁。

馬氏對文義的理解無疑是準確的，但他的訓詁方法顯然存在問題，如此以"諧聲字"輾轉相訓，會陷入"氾濫無歸"的局面（擬另文討論）。所以後來的學者一方面贊同把《尚書·秦誓》和《唐風·蟋蟀》的"職"字統一起來的意見，另一方面又嘗試別開新説。如吳昌瑩《經詞衍釋》和楊樹達《詞詮》皆訓"職"爲"當"；[1] 高本漢則認爲兩處的"職"爲副詞，與《孟子·梁惠王上》"直不百步耳"之"直"義近。[2] 也有學者繞開《尚書·秦誓》，把《唐風·蟋蟀》的"職"讀作《詩經》中常見的勸令之辭"式"。[3]

安徽大學藏戰國竹簡《詩經·蟋蟀》中與《毛詩》"職思其居""職思其外""職思其憂"之"職"字對應的文字，皆作"歕"（參看下圖）。[4]

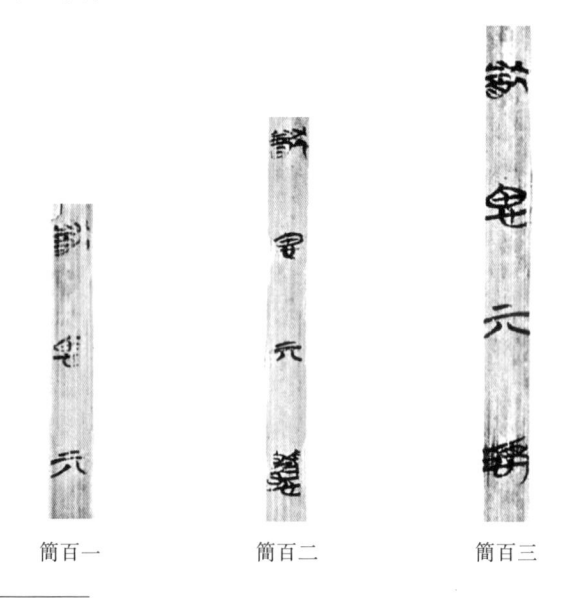

簡百一　　簡百二　　簡百三

---

[1] 參看謝紀鋒：《虛詞詁林（修訂版）》，北京：商務印書館，2015年，第627頁。吳氏誤以《爾雅》有"職，當也"的訓釋，與馬瑞辰的訓詁方法並不相同。

[2] 董同龢譯：《高本漢詩經注釋》，上海：中西書局，2012年，第293—295頁。

[3] 丁聲樹：《詩經"式"字説》，《歷史語言研究所集刊》第六本第四分，1936年。

[4] 黄德寬、徐在國主編：《安徽大學藏戰國竹簡（一）》，上海：中西書局，2019年，第57—58頁。

"猷""猶"乃一字分化,"猷"在戰國秦漢簡帛文獻裏多用爲"猶",例多不贅舉。[1]"職"在先秦時期或寫作"戠",與"猷"形似而誤。[2] 簡本"職"作"猷(猶)",恰好與《尚書·秦誓》篇"職"字的異文可以相互照應。"猶"者,尚也。《詩·小雅·伐木》:"相彼鳥矣,猶求友聲。"鄭箋:"鳥尚知居高木呼其友聲。"《詩·衛風·氓》:"士之耽兮,猶可説也。""猶"亦尚也。文獻或以"尚猶""猶尚"同義連言:

(1) 十年尚猶有臭。（《左傳·僖公四年》）

(2) 夫以布衣之士,尚猶有刎頸之交。

（《漢書·蓋寬饒傳》）

(3) 然後明九命之賞以勸之,明九伐之法以震威之。尚猶有不附於德,不服於義者。（《大戴禮記·朝事》）

(4) 親以寵偪,猶尚害之,況以國乎？

（《左傳·僖公五年》）

(5) 寡人有大邪三,其猶尚可以爲國乎？

（《管子·匡君小匡第二十》）

(6) 故智士賢者相與積心愁慮以求之,猶尚有管叔、蔡叔之事與東夷八國不聽之謀。（《吕氏春秋·察微》）

我們有理由相信:《尚書·秦誓》"亦職有利哉"之"職"本亦作"猷(猶)",後因形近而訛爲"職"。漢代猶有學者知其本義,《禮記·大學》和《論衡·刺孟》在轉引此句的時候,將它改寫成了與之義近的"尚"。值得一提的是,《秦誓》第二段内容正好也出現了"尚猷(猶)"一詞:"雖則云然,尚猷(猶)詢兹黄髮,則罔所愆。"因爲受到辭例的制約,這裏的"尚猷(猶)"没

---

[1] 白於藍:《戰國秦漢簡帛古書通假字彙纂》,福州:福建人民出版社,2012年,第107頁。

[2] 參看黄德寬、徐在國主編:《安徽大學藏戰國竹簡(一)》,第139頁。

有發生錯訛，並不能成爲把"亦職有利哉"之"職"校改爲"猷（猶）"的反證。

（原載《戰國文字研究》第二輯，合肥：安徽大學出版社，2020年；後收入《安大簡〈詩經〉研究》，上海：中西書局，2022年）

《詩·魯頌·有駜》的文本復原

《有駜》是《詩·魯頌》中的一篇,《詩序》云:"《有駜》,頌僖公君臣之有道也。"孔穎達《正義》曰:"君以恩惠及臣,臣則盡忠事君,君臣相與皆有禮矣。"[1] 詩共分爲三章,每章九句:

> 有駜有駜,駜彼乘黄。夙夜在公,在公明明。振振鷺,鷺于下。鼓咽咽,醉言舞。于胥樂兮。
>
> 有駜有駜,駜彼乘牡。夙夜在公,在公飲酒。振振鷺,鷺于飛。鼓咽咽,醉言歸。于胥樂兮。
>
> 有駜有駜,駜彼乘駽。夙夜在公,在公載燕。自今以始,歲其有。君子有穀,詒孫子。于胥樂兮。

首章、二章記録了魯僖公以"燕禮"宴請群臣的場景。"燕禮"的過程中經常會有樂舞的穿插表演,"振振鷺,鷺于下。鼓咽咽,醉言舞""振振鷺,鷺于飛。鼓咽咽,醉言歸"正是這一環節的具體表現。以上八句話三字並列,非常工整。但是仔細涵詠詩句,却不能不讓人疑寶叢生。

首先,"鷺于下""鷺于飛"讀上去略嫌辭氣不足。《詩經》中習見"××于飛"的句式,如"黄鳥于飛"(《周南·葛覃》)、"雄雉于飛"(《邶風·雄雉》)、"燕燕于飛"(《邶風·燕燕》)、"倉

---

[1] 阮元校刻:《十三經注疏·毛詩注疏》,北京:中華書局,1980年,第610頁。

庚于飛"(《豳風·東山》)、"鴛鴦于飛"(《小雅·鴛鴦》)、"鴻鴈于飛"(《小雅·鴻鴈》)、"鳳皇于飛"(《大雅·卷阿》),皆四字爲句。特别需要指出《邶風·燕燕》中的"燕燕于飛",本來應作"燕于飛","燕"重言作"燕燕",正是爲了照顧"四字一句"的語言習慣。此外,和《有駜》篇"鷺于下""鷺于飛"極其相似的"振鷺于飛"見於《周頌·振鷺》,同樣也是四字句。

其次,《周頌·振鷺》"振鷺于飛"下《毛傳》云:"振振,群飛貌。"應是根據《有駜》篇的"振振鷺"立説。《詩經》中含有"振振"的句子也很常見,如"振振公子"(《召南·殷其雷》)、"振振公姓""振振公族"(《周南·麟之趾》),《周南·螽斯》篇"宜爾子孫,振振兮",馬瑞辰云:"振振,謂衆盛也……《傳》訓爲仁厚,失之。"[1]"振振"所修飾的對象都是有生命力的人。朱熹認爲"振鷺于飛"之"鷺"即"鷺羽",是舞者所持的舞具。[2]馬瑞辰贊同其説,並引《左傳·莊公二十八年》"振萬"(按,"萬"指萬舞)以釋"振鷺"爲"振羽之容"。而"振振鷺"的説法似乎與詩意不太吻合。[3]陳奂訓"振"爲"奮",云即"奮翼之鷺",其説較《毛傳》爲優。[4]

我們據此懷疑《有駜》的文本已經不是最初的面貌了,這與該詩内容多"重文"的特點不無關係。古書抄寫時使用重文符號"="的問題,學者已經多有討論。[5]按照先秦秦漢時期的抄寫習慣,《有駜》前兩章的文本應該是這樣的(爲了方便排版,每一豎行所寫字數較少):

---

[1] 馬瑞辰:《毛詩傳箋通釋》,北京:中華書局,1989年,第52頁。
[2] 朱熹:《詩集傳》,北京:中華書局,1958年,第238頁。
[3] 馬瑞辰:《毛詩傳箋通釋》,第1072頁。
[4] 陳奂:《詩毛氏傳疏》,臺北:學生書局,1967年,第843頁。據向熹《詩經詞典(修訂本)》(北京:商務印書館,2014年,第707頁),此説最早由毛奇齡《續詩傳》提出。
[5] 參看馮勝君:《二十世紀古文獻新證研究》,濟南:齊魯書社,2006年,第133頁。

有駜=，彼乘=黃，夙夜在=公=明明。振=鷺=于下，鼓咽=醉言舞。

有駜=，彼乘=牡，夙夜在=公=飲酒。振=鷺=于飛，鼓咽=醉言歸。

由於連續兩字的重文"A=B="既可以順讀爲"AABB"，也可以互讀爲"ABAB"，所以傳世文獻中存在不少誤讀重文的例子：如《詩·鄘風·君子偕老》"委委佗佗"本當作"委佗委佗"，[1]《韓詩外傳》卷六之"親尊親尊"本當作"親親尊尊"等。[2]

《毛詩》將抄本中的"振=鷺=于下"讀爲"振振鷺，鷺于下"、"振=鷺=于飛"讀爲"振振鷺，鷺于飛"，顯然是對重文號采用了"AABB"的讀法。既然這種讀法存在前文指出的一些問題，那就不妨考慮一下"ABAB"的讀法。不過，如果按照重文符號的一般規則，把"振=鷺=于下"讀作"振鷺振鷺于下"、"振=鷺=于飛"讀作"振鷺振鷺于飛"，仍然存在一個無法解釋的缺陷：六字若拆分成"四加二"，則後面一句沒有主語；若拆分成"二加四"，則前面一句顯得突兀。這大概也是《毛詩》放棄互讀"ABAB"而選擇順讀"AABB"的原因。

在討論"振=鷺=于下""振=鷺=于飛"的正確讀法之前，我們先來看看最新公布的安徽大學藏戰國竹簡《詩經》中幾處重文符號的使用情況。"安大簡"《侯風·碩鼠》與今本《毛詩·魏風·碩鼠》的內容基本一致（首章、二章章次不同），《魏風·碩鼠》全文如下：

碩鼠碩鼠，無食我黍！三歲貫女，莫我肯顧。逝將去女，

---

[1] 于省吾：《澤螺居詩經新證》，北京：中華書局，1982年，第12頁。
[2] 裘錫圭：《考古發現的秦漢文字資料對於校對古籍的重要性》，《古代文史研究新探》，南京：江蘇古籍出版社，1992年，第39頁。

適彼樂土。樂土樂土，爰得我所！
　　碩鼠碩鼠，無食我麥！三歲貫女，莫我肯德。逝將去女，適彼樂國。樂國樂國，爰得我直！
　　碩鼠碩鼠，無食我苗！三歲貫女，莫我肯勞。逝將去女，適彼樂郊。樂郊樂郊，誰之永號！

簡文與加點文字對應之處分別寫作"遆（適）皮（彼）樂₌土₌""遆（適）皮（彼）樂₌或（國）₌""遆（適）皮（彼）樂₌蒿（郊）₌"，見下圖所示：[1]

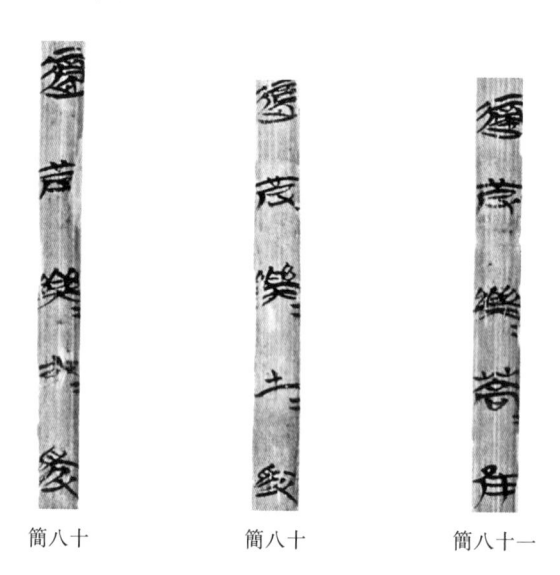

簡八十　　　　簡八十　　　　簡八十一

《韓詩外傳》相關引文則作"逝將去女，適彼樂土。適彼樂土，爰得我所"（第二十一章、二十二章）、"逝將去女，適彼樂國。適彼樂國，爰得我直""逝將去女，適彼樂郊。適彼樂郊，誰之永號"（第二十三章）。[2] 與《毛詩》稍有差異。俞樾已經指出此即

---

[1] 黃德寬、徐在國主編：《安徽大學藏戰國竹簡（一）》，上海：中西書局，2019年，第43—44頁。

[2] 許維遹：《韓詩外傳集釋》，北京：中華書局，1980年，第57—64頁。

因重文作"="而致誤之例,[1] 但他認爲"當以《韓詩》爲正"的觀點仍有討論的空間。[2] 安大簡《碩鼠》與《韓詩外傳》的引文並不相同,或疑"逫(適)皮(彼)"二字之下漏抄重文號,恐不可信。整理者認爲:若以《毛詩》爲准,"樂=或(國)=""樂=土=""樂=蒿(郊)=",重文號皆應連讀兩次。[3] 此說可從。鄔可晶先生也舉過清華簡中一些重文符號連讀多次的例子:[4]

　　《耆夜》簡3 "作歌一終曰藥=脂=酉="讀作"作歌一終曰《樂樂旨酒》:樂樂旨酒……";《耆夜》簡6 "作歌一終曰蟲蟲="讀爲"作歌一終曰《蟲蟲》:蟲蟲戎服……";簡8 "明=上=帝="讀爲"《明明上帝》:明明上帝"。[5] 這裏的"藥(樂)""蟲""明"都讀了四遍。

　　參照上面例句中重文符號的用法,《有駜》篇"振=鷺=于下"當讀爲"振鷺振鷺,振鷺于下";"振=鷺=于飛"當讀爲"振鷺振鷺,振鷺于飛",與兩章首句"有駜有駜,駜彼乘黃""有駜有駜,駜彼乘牡"相互一致。[6] 需要說明的是,重文符號"連讀兩次"的用法畢竟屬於罕見特例,不被讀者熟知,因此才會形成後世《碩鼠》詩的不同版本;才會出現《毛詩》"顧此(《碩鼠》)失彼(《有駜》)"的尷尬。

　　另外,《有駜》末章其實也有常被忽略的異文。陸德明云:"'歲

---

[1] 俞樾:《古書疑義舉例》,北京:中華書局,1956年,第105頁。
[2] 秦樺林:《安大簡〈詩·碩鼠〉札記》,簡帛網2019年9月25日。http://www.bsm.org.cn/show_article.php?id=3421。
[3] 黃德寬、徐在國主編:《安徽大學藏戰國竹簡(一)》,第123頁。
[4] 參看簡帛論壇"安大簡《詩經》初讀"162樓網友"海天遊蹤"(蘇建洲)帖所引。http://www.bsm.org.cn/forum/forum.php?mod=viewthread&tid=12409&extra=&page=17。
[5] 此例程鵬萬《簡牘帛書格式研究》(上海:上海古籍出版社,2017年,第182頁)已經指出。
[6] "有駜"之下的"駜"字是獨立書寫還是采用重文符號,也存在多種可能性。此句之所以沒有出現異文,應該是由其句式特點決定的。

其有'，本或作'歲其有矣'，又作'歲其年者矣'，皆衍字也。'詒孫子'，本或作'詒厥孫子''詒于孫子'，皆是妄加也。"[1] 通過我們對《有駜》前兩章"振_鷺_于下""振_鷺_于飛"的復原可以看出，陸氏對末章異文的態度過於武斷。"本或作'歲其有矣'"，"本或作'詒厥孫子'"，實際上反映了《詩》之原貌。

若以上所說不誤，《有駜》整詩應該都是四字一句的。目前尚有"鼓咽咽，醉言舞""鼓咽咽，醉言歸"兩句沒有得到落實，下面嘗試做一些推測。"咽"，《釋文》云"本又作鼘，同"。《説文》："鼘，鼓聲也。""鼘鼘"一詞又可以寫作"淵淵"。《小雅·采芑》云"伐鼓淵淵"、《商頌·那》云"鞉鼓淵淵"，似可以作爲"鼓咽咽"上脱一字的佐證。再聯繫《周南·葛覃》"言告言歸"、《小雅·黃鳥》"言旋言歸"等辭例來看，"醉言舞""醉言歸"上或脱一"言"字。當然，"鼓"和"醉"之前的脱文，也有可能是在"振_鷺_于下""振_鷺_于飛"被誤讀之後，爲了句式整齊的需要而刪去的。按照我們的理解，《魯頌·有駜》的原文當作：

> 有駜有駜，駜彼乘黃。夙夜在公，在公明明。振鷺振鷺，振鷺于下。□鼓咽咽，言醉言舞。于胥樂兮。
>
> 有駜有駜，駜彼乘牡。夙夜在公，在公飲酒。振鷺振鷺，振鷺于飛。□鼓咽咽，言醉言歸。于胥樂兮。
>
> 有駜有駜，駜彼乘駽。夙夜在公，在公載燕。自今以始，歲其有矣。君子有穀，詒厥孫子。于胥樂兮。

（原載 Bamboo and Silk 第 4 卷第 1 期，荷蘭博睿出版社，2021 年；後收入《安大簡〈詩經〉研究》，上海：中西書局，2022 年）

---

[1] 阮元校刻：《十三經注疏·毛詩注疏》，第 610 頁。

《詩·魯頌·泮水》"角弓其觓"別解

——讀海昏侯簡《詩經》札記一則

一

《詩·魯頌·泮水》主要記述了魯侯降服淮夷、在泮獻功之事。第七章有"角弓其觓,束矢其搜"句,傳云:"觓,弛貌。"箋云:"角弓觓然,言持弦急也。"毛、鄭訓釋已然不同。[1] "觓"之本義爲"獸角彎曲之貌",見於《小雅·桑扈》《周頌·絲衣》"兕觥其觓"。字或作"觓",《説文》:"觓,角皃。从角、丩聲。《詩》曰:兕觥其觓。"又或作"捄",《周頌·良耜》云:"有捄其角。"[2]

獸角是古代製弓不可或缺的"六材"之一,《周禮·考工記·弓人》云:"弓人爲弓,取六材必以其時,六材既聚,巧者和之。幹也者,以爲遠也;角也者,以爲疾也;筋也者,以爲深也;膠也者,以爲和也;絲也者,以爲固也;漆也者,以爲受霜露也。"朱熹《詩集傳》也説:"角弓,以角飾弓也。"表面上看,把"觓"解釋成"鬆弛"或因弓弦拉緊而造成的"彎曲之貌"似乎都是可能的。實際上,這裏存在兩點疑問:其一,"觓"字屢見於《毛

---

[1] 毛亨、鄭玄:《毛詩傳箋》,北京:中華書局,2018年,第484頁。
[2] 馬瑞辰:《毛詩傳箋通釋》,北京:中華書局,1989年,第1110頁。

詩》,《説文》却没有收録,頗爲奇怪;其二,《毛詩》之"觓"乃描寫獸角彎曲之貌,而非弓貌,鄭玄的箋釋不免有彌縫之嫌。

江西省文物考古研究所和北京大學聯合整理公布的海昏侯簡《魯頌·泮水》目録釋文七章首句作"角弓其解",與傳世本文字有異。[1]蔡偉先生《海昏竹書〈詩〉異文小札》認爲竹簡"解"字應是"觓"之誤寫或誤釋。[2]蔡文發表後,楊博先生又核驗海昏侯簡圖版,對《詩經》相關釋文進行了校訂,有些地方採納了蔡文的意見,"角弓其解"句則一仍其舊,未作更改。[3]説明整理者堅持"解"字的釋讀是正確的,至少此字右半的偏旁絶不是"求"。

不過,此處"解"字實在令人費解。我們認爲所謂的"解"字應改釋爲"觧"。如果猜測不誤的話,這個"解"和整理者在《小雅·魚藻》"有鮮(莘)其尾"中釋爲"鮮"的字當爲一字("鮮"也當改釋爲"觧")。[4]漢代隸書中的"魚""角"形近易混,《隸續》卷十七漢魯峻石壁殘畫象"觧明騎",洪适云:"碑以觧爲鮮。"[5]馬王堆帛書《春秋事語》中也有"魚""角"作爲偏旁互訛的例子。[6]"解"字在六朝碑刻中或省訛作"觧",[7]但漢隸中很少有這樣的寫法:

漢代隸書"解"	解 西漢·居延漢簡	解 西漢·馬王堆帛書	觧 東漢·禮器碑

---

[1] 朱鳳瀚、柯中華:《海昏簡牘初論》,北京:北京大學出版社,2020年,第86頁。
[2] 蔡偉(抱小):《海昏竹書〈詩〉異文小札》,復旦大學出土文獻與古文字研究中心網站,2021年1月20日。
[3] 楊博:《〈海昏侯《詩》初讀〉訂補》,武漢大學簡帛網,2021年3月15日。
[4] 朱鳳瀚、柯中華:《海昏簡牘初論》,第97頁。
[5] 洪适:《隸釋 隸續》,北京:中華書局,1986年,第432、434頁。
[6] 劉釗主編:《馬王堆漢墓帛書文字全編》,北京:中華書局,2020年,第494頁。
[7] 毛遠明:《漢魏六朝碑刻異體字典》,北京:中華書局,2014年,第423頁。

《詩・魯頌・泮水》"角弓其觲"別解   213

續　表

| 六朝碑刻"觲" | 北魏・于景墓誌 | 北魏・翟普林造像記 | 北魏・陶浚墓誌 |

總之，海昏侯簡中這個寫得很像"觧"的字當即"觲"之省體。

《海昏簡牘初論》第 97 頁附圖

　　《説文》："觲，用角低仰便也。从羊、牛、角。（讀若）《詩》曰：觲觲角弓。"諸家多認爲引文出自《詩・小雅・角弓》，今本《毛詩》此句作"騂騂角弓"，傳云："騂騂，調利也。"朱熹《集傳》云："騂騂，弓調和貌。"[1]　"騂""觲"上古音皆屬心紐真部，音同可通。《説文》所引"觲"爲本字，《毛詩》"騂"爲借字。段玉裁云："毛意謂角弓張弛便易，許意謂獸之舉角高下馴擾，毛説正許説之引伸（申）也。"[2]　"莘""騂"二字諧聲，所以《詩・小雅・魚藻》"有莘其尾"之"莘"，海昏侯簡可以寫作"觲"。"莘""騂"在文獻中常常表示"赤色"之義，不能排除"觲"在《詩》中的本義也是"赤色"。

　　海昏侯簡《詩・魯頌・泮水》的"角弓其觲"，正是《詩・小

---

[1] 朱熹：《詩集傳》，北京：中華書局，1958 年，第 166 頁。
[2] 段玉裁：《説文解字注》，鄭州：中州古籍出版社，2006 年，第 185 頁。

雅·角弓》"觲觲角弓"的另一種表達形式，亦猶《衛風·碩人》首章言"碩人其頎"，箋云："言莊姜儀表，長麗佼好頎頎然。"次章言"碩人敖敖"，箋云："敖敖猶頎頎也。"[1]今本《毛詩》"角弓其觩"的"觩"，可能是在"觲"之省體的基礎上訛變而來的。

另外，需要解釋一下《魯頌·泮水》的韻讀問題。此詩共分八章，有學者認爲第七章"角弓其觩"的"觩"和"束矢其搜"的"搜"同押幽部韻：[2]

　　角弓其觩，束矢其搜。戎車孔博，徒御無斁。既克淮夷，孔淑不逆。式固爾猶，淮夷卒獲。

但是，除了此章以外的其餘七章首句末字皆不入韻，因此"觩""搜"的押韻顯得非常突兀，難以憑信。從整首詩的韻例看，不但"觩"字的校改不宜否定，"束矢其搜"的"搜"恐怕也是一個訛字。

二

上文對《詩·魯頌·泮水》"角弓其觩"的校改，主要根據《詩·小雅·角弓》"騂騂角弓"和《説文》引《詩》的異文"觲觲角弓"。值得注意的是，海昏侯簡《小雅·角弓》的首句與《毛詩》不同，而作"涓涓角弓"。[3]

前引《詩·小雅·角弓》"騂騂角弓"句下，陸德明《經典釋文》云："騂騂，息營反，沈又許營反，《説文》作'觲'，音火全反。"[4]《説文》："觲，角弓也。洛陽名弩曰觲。从弓、羊

---

[1]毛亨、鄭玄：《毛詩傳箋》，第82頁。
[2]參看王力：《詩經韻讀》，上海：上海古籍出版社，1980年，第405頁；向熹：《詩經詞典（修訂本）》，北京：商務印書館，2014年，第850頁。
[3]朱鳳瀚、柯中華：《海昏簡牘初論》，第98頁。
[4]參看阮元校刻：《十三經注疏》，北京：中華書局，1980年，第490頁。

聲。"並無引詩。段玉裁以陸氏《釋文》有誤，謂本當云"《説文》作'觲'也"。[1] 馬瑞辰則認爲"騂"之本字爲"弲"：[2]

>據陸氏云"騂，《説文》作弲"，則弲字注本當作"角弓兒"，今作"也"者誤也。其"洛陽名弩曰弲"自另一義，與《詩》無涉。《説文》："觲，用角低仰便也。讀若《詩》曰：觲觲角弓。"今按，許所引《詩》作觲，則不得言"讀若"，六朝舊本蓋作"讀若《詩》曰：弲弲角弓"，爲陸氏《釋文》所本。古辛讀若先，故騂得讀同弲。

今按，"騂"與"弲"古音有一定的距離，二字未必是通假關係。但海昏侯簡的異文"涓涓"却證明了陸氏《釋文》所引的"弲"並非空穴來風。"涓涓角弓"可讀爲"弲弲角弓"，大概另有來源，[3] 與今本《毛詩》的"騂騂角弓"不必强合。

（原載《戰國文字研究》第四輯，合肥：安徽大學出版社，2021年）

---

[1] 段玉裁：《説文解字注》，第186頁。
[2] 馬瑞辰：《毛詩傳箋通釋》，第765頁。
[3] 海昏侯簡《詩經》的整理者認爲這一抄本屬於魯詩的系統。

《荀子·勸學》"錯簡"問題申論

一

《勸學》是《荀子》一書的開篇，其後相繼以《修身》《不苟》，三篇參互綜覽，可見儒門爲學宗旨。物雙松云："方荀子時，學廢久矣！世之小有才者，率恃聰慧，低視聖法，議論無統，百家鼎沸。故荀卿作書，首勸學也。"[1] 該篇對後世影響深遠，西漢學者戴德撰有《大戴禮記》，其中的《勸學篇》，即多采擇《荀子·勸學》段落編入。[2]

《勸學》一文的結構可以分成四個部分。首先，説明教學的意義（自"君子曰：學不可以已"至"君子生非異也，善假于物也"）；其次，論述"里仁"與修身的重要性（自"南方有鳥焉"至"君子慎其所立乎"）；再次，闡明正確的學習態度（自"積土成山，風雨興焉"至"爲善不積焉，安有不聞者乎"）；最後，討論問學次第和方法（自"學惡乎始，惡乎終"至篇末）。今本《荀子》在第一部分有一句引述《詩經》的話，爲了便於更直觀地反映其在文中的位置，我們把該句前後的内容都抄在下面：

---

[1]［日］物雙松：《讀荀子》，寶曆十四年（1764）京師水玉堂刊本，轉引自王天海《荀子校釋》，上海：上海古籍出版社，2005年，第1頁。
[2] 參看孔廣森：《大戴禮記補注》，北京：中華書局，2013年，第141頁。

《荀子·勸學》"錯簡"問題申論　217

　　君子曰：學不可以已。青，取之於藍，而青於藍；冰，水爲之，而寒於水。木直中繩，輮以爲輪，其曲中規，雖有槁暴，不復挺者，輮使之然也。故木受繩則直，金就礪則利，君子博學而日參省乎己，則知明而行無過矣。故不登高山，不知天之高也；不臨深谿，不知地之厚也；不聞先王之遺言，不知學問之大也。干越夷貉之子，生而同聲，長而異俗，教使之然也。**《詩》曰："嗟爾君子，無恒安息。靖共爾位，好是正直。神之聽之，介爾景福。"神莫大於化道，福莫長於無禍。**

　　吾嘗終日而思矣，不如須臾之所學也。吾嘗跂而望矣，不如登高之博見也。登高而招，臂非加長也，而見者遠；順風而呼，聲非加疾也，而聞者彰。假輿馬者，非利足也，而致千里；假舟楫者，非能水也，而絶江河。君子生非異也，善假於物也。

　　劃綫部分所引詩句出自《小雅·小明》，"神莫大於化道，福莫長於無禍"在有的版本中提行屬下一節，俞樾認爲此句的"神"和"福"即據《小明》"神之聽之，介爾景福"而言，與《詩》文義一貫。[1] 所以，上面劃綫部分作爲一個整體應該没有什麽問題。不過，它和上下文之間的銜接却並不緊密。帆足萬里最早提出"錯簡説"："《詩》曰以下三十八字，文義不相屬，疑他篇錯簡。"[2] 認爲是其他篇中的文字闌入《勸學》所致。

　　《小雅·小明》毛傳："正直爲正，能正人之曲曰直"。[3] 學者多據之以繫聯引《詩》與前文的關係："《荀子》之意，以人性本惡，必以學正之。上所謂'木受繩則直，金就礪則利'也，故引此詩以證之。"[4] 有趣的是，《大戴禮記·勸學》相關部分的語句

---

[1] 俞樾：《諸子平議》，南京：鳳凰出版社，2020年，第285頁。
[2] [日]帆足萬里：《荀子標注》，昭和二年（1927）排印本，轉引自王天海《荀子校釋》，第8頁。
[3] 毛亨、鄭玄：《毛詩傳箋》，北京：中華書局，2018年，第305頁。
[4] 參看王天海：《荀子校釋》，第8頁。

次序已經較《荀子》有所變化：[1]

> 君子曰：學不可以已矣，青取之於藍，而青於藍；水則爲冰，而寒於水；木直而中繩，輮而爲輪，其曲中規，枯暴不復挺者，輮使之然也。是故不升高山，不知天之高也；不臨深谿，不知地之厚也；不聞先王之遺道，不知學問之大也。于越戎貉之子，生而同聲，長而異俗者，教使之然也。**是故木從繩則直，金就礪則利，君子博學如日參己焉，故知明則行無過**。《詩》云："嗟爾君子，無恒安息；靖恭爾位，好是正直；神之聽之，介爾景福。"神莫大於化道，福莫長於无咎。

其中"是故木從繩則直，金就礪則利，君子博學如日參己焉，故知明則行無過"整句被調整到了後面，應該就是爲了解決所引《詩》句與上文不連貫的問題。戴德對《荀子・勸學》的語序進行了重新編排，也從側面證明了帆足萬里的"錯簡説"。只不過，戴氏認爲錯簡的位置在"《詩》云……"的前面。

《大戴禮記・勸學》的語序有没有可能更原始、更可靠呢？答案顯然是否定的。如果按照《荀子・勸學》的次序，由"木從繩""金就礪"類比"君子受教"，再到下句"是故不升高山，不知天之高也；不臨深谿，不知地之厚也；不聞先王之遺道，不知學問之大也"（此三句的主語是人），主語的轉换和過渡十分巧妙。而被調整語序之後，不唯"木從繩"與前文出現脱節，"不升高山"等三句話的主語也變得非常模糊了。

二

我們認爲"《詩》曰"以下三十八字，本當在《勸學》第二部分"論述'里仁'與修身的重要性"的結尾，也就是"君子慎其

---

[1] 孔廣森：《大戴禮記補注》，第141頁。

所立乎"之後。下面從文義、抄寫形式兩方面進行論證。

《荀子·勸學》共引《詩》三次，除去上文討論的一例外，其餘兩次分別如下：

（1）行衢道者不至，事兩君者不容。目不能兩視而明，耳不能兩聽而聰。螣蛇無足而飛，梧鼠五技而窮。《詩》曰："尸鳩在桑，其子七兮。淑人君子，其儀一兮。其儀一兮，心如結兮。"故君子結於一也。

（2）故未可與言而言，謂之傲；可與言而不言，謂之隱；不觀氣色而言，謂之瞽。故君子不傲、不隱、不瞽，謹順其身。《詩》曰："匪交匪舒，天子所予。"此之謂也。

不難發現，所引《詩》句客觀上都起到了總結、歸納前文的作用。《勸學》第二部分先是通過"蒙鳩"和"射干"因各自依附的物體而產生的不同結果，來說明"君子居必擇鄉，游必就士，所以防邪僻而近中正"，接下來指出"言有招禍，行有招辱"，榮辱、禍福和"君子所立"息息相關。如在其後加上"《詩》曰：'嗟爾君子，無恒安息。靖共爾位，好是正直。神之聽之，介爾景福。'神莫大於化道，福莫長於無禍"，可謂"畫龍點睛"之筆。且"靖共爾位""福莫長於無禍"等句都能在前文中找到很好的照應。從文義看，是非常合適的。

再來看抄寫形式。《史記·孟子荀卿列傳》記載："齊人或讒荀卿，荀卿乃適楚，而春申君以爲蘭陵令[1]……於是推儒、墨道德之行事興壞，序列著數萬言而卒。"可知《荀子》一書完成於戰國末年，再結合《大戴禮記》援引《荀子·勸學》所呈現的文本面貌，推測"錯簡"產生於戰國末年到西漢初年這一段時間。所以，本文在討論抄寫形式時，選擇先秦、秦漢時期的出土文獻作爲參照。

---

[1] 錢穆對《史記》所載荀子生平頗有異議，說見《先秦諸子繫年考辨》，上海：上海書店，1992年，第394頁。

在不考慮重文、合文等因素的情況下，《勸學》從開篇到"教使之然也"共一百三十三字（錯簡之前），"《詩》曰"以下共三十八字（錯簡位置），"吾嘗終日而思矣"至"君子慎其所立乎"共三百六十一字（錯簡之後[1]）。若一支竹簡抄寫三十八字的話，錯簡位置前後的竹簡容納字數皆有盈餘；若一支竹簡抄寫十九字的話，則錯簡共有兩支，錯簡之前恰爲七支，錯簡之後恰爲十九支（參見模型圖例），這大概也不是偶然的巧合。

模型圖例：

9	8	7	6	5	4	3	2	1
之聽之介爾景福神莫大於化道福莫長於無禍	詩曰嗟爾君子無恒安息靖共爾位好是正直神	干越夷貉之子生而同聲長而異俗教使之然也	知地之厚也不聞先王之遺言不知學問之大也	無適矣故不登高山不知天之高也不臨深溪不	就礪則利君子博學而日參省乎己則知明而行	有槁暴不復挺者輮使之然也故木受繩則直金	爲之而寒於水木直中繩輮以爲輪其曲中規雖	君子曰學不可以已青取之於藍而青於藍冰水

（自右至左，簡1—9，簡8—9爲錯簡位置）

28	27	26	25	24	23	22	21	20	19	18	17	16	15	14	13	12	11	10
焉故言有招禍也行有招辱也君子慎其所立乎	茂而斧斤至焉樹成蔭而眾鳥息焉醯酸而蚋聚	焉物各從其類也是故質的張而弓矢至焉林木	火就燥也平地若一水就濕也草木疇生禽獸群	自取柱柔自取束邪穢在身怨之所構施薪若一	其德肉腐出蟲魚枯生蠹怠慢忘身禍災乃作強	而近中正也物類之起必有所始榮辱之來必象	者然也故君子居必擇鄉遊必就士所以防邪僻	漸之滫君子不近庶人不服其質非不美所以漸	扶而直白沙在涅與之俱黑蘭槐之根是爲芷其	仞之淵木莖非能長也所立者然也蓬生麻中不	木焉名曰射干莖長四寸生於高山之上而臨百	苕折卵破子死巢非不完也所繫者然也西方有	名曰蒙鳩以羽爲巢而編之以髮繫之葦苕風至	絕江河君子生非異也善假於物也南方有鳥焉	馬者非利足也而致千里假舟楫者非能水也而	而見者遠順風而呼聲非加疾也而聞者彰假輿	望矣不如登高之博見也登高而招臂非加長也	吾嘗終日而思矣不如須臾之所學也吾嘗跂而

（自右至左，簡10—28）

---

[1] 此處統計時，據王念孫說補入"白沙在涅，與之俱黑"八字。參看王念孫：《讀書雜志》，上海：上海古籍出版社，2014年，第1629頁。

從先秦、秦漢出土文獻的實際情況看，竹簡簡長最短者約 15 釐米（如郭店《語叢》簡），最長者可達 69.5 釐米（如包山文書簡）。每支簡上抄寫的字數也隨字迹大小、間距和竹簡長短而改變，少者不到十字，多者近百字。如果我們推測《荀子·勸學》每支簡容十九字不誤的話，那麼，其抄寫所用竹簡長度和形制應當與郭店簡《緇衣》《魯穆公問子思》《窮達以時》《忠信之道》（《緇衣》篇長 32.5 釐米，其餘三篇簡長 26—28 釐米，平均每支簡容 20—21 字）等篇章近似。[1] 值得注意的是，一些學者已經對竹簡形制特別是簡長與抄寫内容之間的聯繫作了有益的探討，如周鳳五指出郭店楚墓出土竹簡按照簡長可分爲三類，形制符合兩漢學者所述"儒家典籍以簡長區分經、傳"的標準；[2] 楊博認爲"簡册形制如簡長、編繩等物理要素與文獻性質存在密切關聯，似乎存在按照簡册形制分别文獻門類的情形"。[3]《荀子·勸學》屬於儒家類文獻，與上引郭店簡《魯穆公問子思》《窮達以時》《忠信之道》等篇性質相似，因而采用相近長度的竹簡抄寫也就不足爲奇了。

（原載曹錦炎主編《古文字與出土文獻青年學者西湖論壇（2021）論文集》，上海：上海古籍出版社，2022 年）

---

[1] 參看程鵬萬：《簡牘帛書格式研究》，上海：上海古籍出版社，2017 年，第 231—241 頁。

[2] 周鳳五：《郭店竹簡的形式特徵及其分類意義》，《郭店楚簡國際學術研討會論文集》，武漢：湖北人民出版社，2003 年，第 53—63 頁。

[3] 楊博：《由篇及卷：區位關係、簡册形制與出土簡帛的史料認知》，《史學月刊》2021 年第 4 期。

《韓非子·五蠹》"共工之戰"考辨

《五蠹》篇是韓非子政治理論的重要組成部分，它批判了儒家的"法先王"和墨家的"禪讓"學說，論證了法家"富國強兵，獎勵耕戰"等主張的合理性，並結合"守株待兔"的寓言故事，指出歷史在不斷向前發展，沒有一勞永逸的"萬能公式"，需要根據社會現實靈活調整治國理念和施政方針。相傳秦王讀到韓非所著《孤憤》《五蠹》之書，發出"嗟乎，寡人得見此人與之遊，死不恨矣"的感慨。[1]

《五蠹》有一段論述"世異則事異，事異則備變"的文字：

> 古者文王處豐、鎬之間，地方百里，行仁義而懷西戎，遂王天下。徐偃王處漢東，地方五百里，行仁義割地而朝者三十有六國，荊文王恐其害己也，舉兵伐徐，遂滅之。故文王行仁義而王天下，偃王行仁義而喪其國，是仁義用於古不用於今也。故曰："世異則事異。"當舜之時，有苗不服，禹將伐之，舜曰："不可。上德不厚而行武，非道也。"乃修教三年，執干戚舞，有苗乃服。**共工之戰**，鐵銛矩〈短〉者及乎敵，鎧甲不堅者傷乎體，是干戚用於古不用於今也。故曰："事異則備變。"

---

[1] 司馬遷：《史記·老子韓非列傳》，北京：中華書局，2013年，第2607頁。

這段文字利用古今對照的方式來説明不同時代的價值取向：以西周時期的文王爲古，以春秋時期的徐偃王爲今；以舜伐有苗爲古，以共工之戰爲今。既云"干戚用於古不用於今"，可知在韓非的心目中，"共工之戰"一定是晚於"舜伐有苗"這個時間點的。

該段後面還有一句"上古競於道德，中世逐於智謀，當今争於氣力"的議論和總結，與之相似的内容又見於《韓非子·八説》篇："搢笏干戚，不適（敵）有方鐵銛；登降周旋，不逮日中奏百；狸首射侯，不當強弩趨發；干城距衝，不若埋穴伏櫜。古人亟於德，中世逐於智，當今争於力。"陳啟天認爲其中的"古人"指堯舜禹湯文武；"中世"指春秋；"當今"指戰國，其時強國兼併，弱國力守，攻戰不休，一決於"力"。[1] 若據《八説》一一指實，則"共工之戰"也應該是戰國時期發生的事情。

"共工之戰"的"共工"一般被視作人名。傳世文獻中既有"共工"（《漢書·古今人表》次於蚩尤、九黎，屬下下愚人），也有"共工氏"（《漢書·古今人表》次於女媧氏，屬上中仁人）。後世學者或將其混而爲一，不甚區別，遂導致對"共工"所處時代的認識大相分歧。這裏主要根據梁玉繩《人表考》所引，[2] 繫聯相關文獻，列表如下：

典籍	内容	説明
《左傳·昭公十七年》	昔者黃帝氏以雲紀，故爲雲師而雲名；炎帝氏以火紀，故爲火師而火名；共工氏以水紀，故爲水師而水名。	杜預注："共工，以諸侯霸有九州者，在神農前，大皞後。亦受水瑞，以水名官。"

---

[1] 陳啟天：《增訂韓非子校釋》，轉引自張覺《韓非子校疏》，上海：上海古籍出版社，2010年，第1150頁。
[2] 梁玉繩等：《史記漢書諸表訂補十種》，北京：中華書局，1982年，第513頁。

續 表

典　籍	内　　容	説　　明
《國語·魯語上》	**共工氏**之伯九有也，其子曰后土，能平九土，故祀以爲社。黄帝能成命百物，以明民共財，顓頊能修之。	韋昭注："共工氏，伯者，在戲、農之間。有，域也"。
《禮記·祭法》	**共工氏**之霸九州也，其子曰后土，能平九州，故祀以爲社。	鄭玄注："共工氏無録而王，謂之霸，在大昊、炎帝之間。"
《管子·輕重十一揆度》	燧人以來，未有不以輕重爲天下也。**共工**之王，水處什之七，陸處什之三，乘天勢以臨制天下。至於黄帝之王……	尹知章注："帝共工氏，繼女媧有天下。"
《吕氏春秋·蕩兵》	兵所自來者久矣，黄、炎故用水火矣，**共工氏**固次作難矣，五帝固相與争矣。	《史記·楚世家》云："共工氏作亂，帝嚳使重黎誅之而不盡。"
《淮南子·原道》	昔**共工**之力，觸不周之山，使地東南傾。與高辛（帝嚳）争爲帝，遂潛於淵，宗族殘滅，繼嗣絶祀。	高誘注："共工，以水行霸於伏犠、神農間者也，非堯時共工也。"《天文篇》和《論衡·變動篇》"高辛"作"顓頊"。
《淮南子·本經》	舜之時，**共工**振滔洪水，以薄空桑，龍門未開，吕梁未發，江、淮通流，四海溟涬，民皆上丘陵，赴樹木。	《兵略篇》作："共工爲水害，故顓頊誅之。"《史記·律書》所述近似。
《尚書·堯典》	帝曰："疇咨若予采？"驩兜曰："都，**共工**方鳩僝功。"	《論衡·宣漢篇》"驩兜"與"共工"位置互易。
《尚書·舜典》	（舜）流**共工**于幽洲（州），放驩兜于崇山，竄三苗于三危，殛鯀于羽山，四罪而天下咸服。	《孟子·萬章上》所引略同。《莊子·在宥》《大戴禮記·五帝德》《淮南子·脩務》主語作"堯"。

續　表

典　籍	内　容	説　明
《山海經·海外北經》	共工之臣曰相柳氏，九首，以食于九山。相柳之所抵，厥爲澤谿。禹殺相柳，其血腥，不可以樹五穀種。	郭璞注："共工，霸九州者。"
《山海經·大荒西經》	西北海之外，大荒之隅，有山而不合，名曰不周負子，有兩黄獸守之。有水曰寒暑之水。水西有濕山，水東有幕山。有禹攻共工國山。	郭璞注："言攻其國，殺其臣相柳於此山。（歸藏）《啟筮》曰：'共工人面，蛇身，朱髮也。'"
《荀子·議兵》	是以堯伐驩兜，舜伐有苗，禹伐共工，湯伐有夏，文王伐崇，武王伐紂，此四帝兩王，皆以仁義之兵行於天下也。	類似内容又見於《戰國策·秦策》"蘇秦始將連横章"。

綜上可知，"共工（氏）"跨越了整個三皇、五帝時代，幾乎與每一位帝王都有交集。鄭樵《通志》乃謂"共工始於伏羲之後，子孫承傳以至堯舜之世，皆謂之共工氏"，實在是一種不得已的解釋。有學者根據班固《漢書·古今人表》，認爲作爲人君的"共工氏"和作爲四惡之一的"共工"時代不相銜接，似應有所區分。[1] 上古帝王多稱作"××氏"，如有巢氏、燧人氏、伏羲氏、女媧氏、容成氏等等，因此把在三皇時代曾經霸有九州的"共工"叫作"共工氏"是合適的。東漢荀悦《前漢紀·高祖皇帝紀》還利用"五行生滅"理論對其何以厠於太皞、炎帝之間而未稱王（《禮記·祭法》

---

[1] 王梓材輯本《世本·集覽通論》云："號共工者三，一爲伏羲臣，一爲炎帝祝融後，一爲帝堯臣。"參看《世本八種》，北京：中華書局，2008年，第61頁。此外，"共工"還是職官之稱，與"司空""少府"等關係密切。《夏書》云："所謂六卿者，后稷、司徒、秩宗、司馬、作士、共工也。"《漢書·王莽傳》："更名少府曰共工。"這些稱號與"共工氏"所居水德也不無關係。

鄭玄注同）進行過一番附會："以爲《易》稱'帝出乎震'。故太皞始出於震，爲木德，號曰伏羲氏。共工氏因之爲水德，居木火之間，霸而不王，非其序也。炎帝承木生火，固爲火德，號曰神農氏。"[1]

"共工"也多次見於出土文獻。《楚帛書》創世神話中的"共攻（工）"，因與伏羲、女媧同篇出現，當對應典籍中的"共工氏"。[2] 馬王堆帛書《十六經》"共工"與"蚩尤"並列，銀雀山漢簡《孫臏兵法》"共工"是被堯征伐的對象，二者皆爲堯之逆臣。[3]

《孫臏兵法》所謂的"堯伐共工"和《莊子·在宥》《大戴禮記·五帝德》《淮南子·脩務》所述相同，而與《尚書·舜典》及《孟子·萬章上》"（舜）流共工于幽洲（州）"有異。我們認爲後者的記載是可信的，征討"四惡"的是帝舜而並非帝堯。這些不同的記述，體現了各家對《尚書·舜典》相關章節的理解差異。《舜典》原在《堯典》之內，後來受到僞古文的影響，才獨立成篇。[4] 文中堯、舜的行事界限不甚清晰，這一章節前又沒有主語，再加上共工本爲堯之臣子，所以才會導致後人的誤讀。[5]《史記·五帝本紀》云"於是舜歸而言於帝（堯），請流共工於幽陵，以變北狄"，即是調停折中之舉。

《韓非子·外儲説右上》有這樣一則故事：

> 堯欲傳天下於舜，鯀諫曰："不祥哉！孰以天下而傳之於

---

[1] 荀悦:《前漢紀》，收入《兩漢紀》，北京：中華書局，2020年，第1頁。
[2] 劉信芳:《楚帛書解詁》，《中國文字》新21期，臺北：藝文印書館，1996年，第83頁。
[3] 王輝:《簡帛人物名號考》，上海：中西書局，2021年，第29、36頁。
[4] 參看劉起釪:《尚書學史》，北京：中華書局，1989年，第68頁。
[5]《尚書·堯典》："帝（舜）曰：俞咨！垂，汝共工。""垂"是舜即位之後册封的共工（官名）。《禮記·明堂位》"垂之和鐘，叔之離磬，女媧之笙簧"，鄭注："垂，堯之共工也。"大概也是犯了同樣的錯誤。《禮記正義》以爲"鄭不見古文"，非是。參看阮元校刻《十三經注疏》，北京：中華書局，1980年，第1491頁。

匹夫乎？"堯不聽，舉兵而誅殺鯀於羽山之郊。共工又諫曰："孰以天下而傳之於匹夫乎？"堯不聽，又舉兵而誅（流）共工於幽州之都。於是天下莫敢言無傳天下於舜。

此處也把"堯"當成了征伐"共工"的主角，我們自然是不能贊成的。不過，它提供的這個素材頗爲新穎，可以爲讀者了解相關歷史打開新的思路。舜因出身卑賤（"發於畎畝之中"）而在被立爲"儲君"之時遭到了鯀、共工等勢力集團的反對。驩兜曾對共工有舉薦之功，二者當屬一個利益共同體。《竹書紀年》載："堯之末年，德衰，爲舜所囚。復偃塞丹朱，使不與父相見。"[1]可證舜登上君主之位的過程也並非一帆風順。待其繼承大統之後，鯀、共工、驩兜和一直反叛作亂的不廷方"三苗"理所當然地被列爲"四惡"，成爲舜所全力剿滅的對象。[2]《荀子·議兵》《戰國策·秦策》"禹伐共工"以及《山海經》"禹殺相柳"的傳説則是共工殘餘勢力繼續反抗的一種反映。總之，典籍中的"堯伐共工""舜伐共工""禹伐共工"實爲一事，不必疑惑糾纏。

理清了"舜伐共工"這一問題之後，再回過頭來看《韓非子·五蠹》就比較容易了。文中之所以稱爲"共工之戰"，是因爲承前"舜伐三苗"省略了主語。否則無論換作"堯伐共工"還是"禹伐共工"，都不能省稱爲"共工之戰"（除非把"共工"當作地名[3]）。再者，"堯伐共工"也不符合《五蠹》的邏輯次序。至於後面的"干戚用於古不用於今"，"古今"只能是"先後"的意思，而無法與具體時代相對應。韓非子援引"舜伐三苗"和"共工之戰"，可能主要是爲了證明"事異則備變"。

---

[1] 范祥雍：《古本竹書紀年輯校訂補》，上海：上海古籍出版社，2018年，第2頁。
[2] 參看吕思勉：《中國通史》，北京：中華書局，2015年，第30頁。
[3] "共工"也可能和古"共"國有關，爲河内衛輝附近的一個地名。"共工之戰"是韓非所熟知的發生在戰國時期一場戰役的可能性似無法完全排除。

還有另外一個問題需要解釋,那就是"共工之戰"之後的"鐵銛矩〈短〉者及乎敵,鎧甲不堅者傷乎體"不像是在描述堯舜時代的武器裝備。人工冶鐵技術到了東周時期才開始出現,《韓非子·八說》把"鐵銛"歸爲"爭於氣力"的戰國時代,似乎更可信一些。對於《韓非子·五蠹》的這一矛盾,讀者大可不必求全責備。《戰國策·秦策》"蘇秦始將連橫章"元人吴師道《補正》曰:[1]

> 《書》"放驩兜"。又"堯伐驩兜""禹伐共工",見《荀子》。此遊士之辭。下言五帝、三王,不能坐而致地,故以戰續之,此不過欲售其攻戰之説耳。凡戰國言帝王事,類如此,皆不足辨。後放此。

此説雖然對"禹伐共工"的闡釋與我們的結論不盡相同,但總體看來極有見地,可以作爲閱讀有關古書的一條準則。

(原載"戰國文字青年學者論壇"會議論文集,安徽大學,2022 年 11 月)

---

[1] 引自諸祖耿《戰國策集注彙考》,南京:江蘇古籍出版社,1985 年,第 127 頁。

從《仲尼曰》的一處簡文看"儒道之争"對儒家經典文本産生的影響

一、引　言

戰國時代是中國古代社會一個重要的變革期，政治、經濟上的劇烈變化促成了思想文化的興盛。各個學派從不同立場提出各自的見解，形成了儒、墨、道、名、陰陽、農、縱橫、雜家"百花齊放"的繁榮局面。[1] 其中最流行的學説當數"儒"和"墨"，《韓非子·顯學》云："世之顯學，儒、墨也。儒之所至，孔丘也；墨之所至，墨翟也。"漢代賈誼《過秦論》、班固《答賓戲》尚以"仲尼、墨翟"並舉，足見"儒""墨"之深入人心。此外，以"老莊"爲代表的道家"歷記成敗、存亡、禍福、古今之道"，同樣也擁有衆多的信徒。近年來出土的戰國和西漢時期不同版本的《老子》，即其明證。

"諸子百家"在宣揚自己主張之時，經常會對其他各家的學説加以駁斥和批判。例如《墨子·非儒》就是"儒""墨"激烈鬥争的産物；《孟子·滕文公》中有專門反對農家學説的"許行"章；《莊子·天下》把各家的思想逐一點評，指出其局限和偏頗之處，

---

[1] 楊寬：《戰國史（增訂本）》，上海：上海人民出版社，1998年，第466頁。

以"關尹、老聃"爲"古之博大真人","道"是學術之正軌。這些論辯客觀上有利於諸子學説的分化和完善,具有積極的歷史意義。

儒家和道家最初的思想理念並非截然對立、水火不容,儒、道關係具有複雜性和多層次的特點。[1] 司馬遷撰寫《老子韓非列傳》時,就采信了"孔子問禮於老子"的史料和孔氏對老子"其猶龍邪"的高度評價。隨着道家學説的進一步發展,戰國晚期逐漸出現了以批判"儒""墨"爲己任的"放者",他們完全摒棄禮學和仁義學説,認爲"獨任清虚,可以爲治",把儒家和墨家推崇的"仁義"和"聖"擺到了對立面,甚至不惜爲此篡更《老子》一書原文,把今本第十九章改得面目全非。[2] 現在已經知道,"儒道之争"對道家的經典文本産生過一定的影響。那反過來,儒家經典會不會也受到同樣的影響呢?下面根據一則新近公布的簡文,談一點不成熟的看法。

二、從《仲尼曰》一處簡文看"儒道之争"對儒家經典文本産生的影響

《安徽大學藏戰國竹簡二·仲尼曰》簡1有這樣一段話(釋文用寬式):"仲尼曰:花繁而實厚,天;言多而行不足,人。"整理者已經指出,與上引簡文類似的内容也見於以下傳世文獻:[3]

(1) 曾子疾病,曾元抑首,曾華抱足。曾子曰:"微乎!吾無夫顏氏之言,吾何以語汝哉?然而君子之務,盡有之矣。<u>夫華繁而實寡者天也,言多而行寡者人也</u>;鷹鶚以山爲卑,而

---

[1] 參看劉笑敢:《孔老同異》,原載《老子古今》,後收入曹峰主編:《出土文獻與儒道關係》,桂林:灕江出版社,2012年,第14—27頁。

[2] 裘錫圭:《關於〈老子〉的"絶仁棄義"和"絶聖"》,《出土文獻與古文字研究》第一輯,上海:復旦大學出版社,2006年;後收入《老子今研》,上海:中西書局,2021年,第65頁。

[3] 安徽大學漢字發展與應用研究中心編,黄德寬、徐在國主編:《安徽大學藏戰國竹簡(二)》,上海:中西書局,2022年,第45頁。

曾巢其上，魚鱉黿鼉以淵爲淺，而蹶穴其中，卒其所以得之者，餌也；是故君子苟無以利害義，則辱何由至哉？"

(《大戴禮記·曾子疾病》)[1]

(2) 曾子有疾，曾元抱首，曾華抱足，曾子曰："吾無顏氏之才，何以告汝？雖無能，君子務益。夫華多實少者，天也；言多行少者，人也。夫飛鳥以山爲卑，而層巢其巔；魚鱉以淵爲淺，而穿穴其中；然所以得者，餌也。君子苟能無以利害身，則辱安從至乎？"　　　　　　(《説苑·敬慎》)[2]

對比上舉幾處文本，除了這句話的出處有仲尼和曾子之不同，還有一個顯著的差別，即"花繁而實厚"變成了"華（花）繁而實寡""華（花）多而實少"。植物生長、開花結果屬於自然現象，"華而不實""不華而實（即無花果）"是概率很低的非正常事件，"花繁而實厚"才是符合天道的。《晏子春秋·外篇不合經術者第八》記載這樣一則故事：[3]

景公謂晏子曰："東海之中，有水而赤，其中有棗，華而不實，何也？"晏子對曰："昔者，秦繆公乘龍舟而理天下，以黄布裹烝棗，至東海而捐其布。彼黄布，故水赤；烝棗，故華而不實。"公曰："吾詳問子，何爲對？"晏子曰："嬰聞之，詳問者，亦詳對之也。"

晏子與齊景公之間的問對雖荒誕不經，但也説明了一般情況下植物"華"與"實"的嚴格對應關係。安大簡的整理者認爲《大戴禮記·曾子疾病》"華（花）繁而實寡"是後人承下文"言多而行寡者"而妄改。[4] 誠然，古書在抄寫過程中存在"涉下文而

---

[1] 孔廣森：《大戴禮記補注》，北京：中華書局，2013年，第107頁。
[2] 向宗魯：《説苑校證》，北京：中華書局，1987年，第246頁。
[3] 張純一：《晏子春秋校注》，北京：中華書局，2014年，第386頁。
[4] 徐在國、顧王樂：《安徽大學藏戰國竹簡〈仲尼〉篇初探》，《文物》2022年第3期。

誤"的例子。不過,這種說法成立的前提條件是假設了一個"花繁而實厚,天;言多而行寡,人"的文本形態。否則,由《仲尼曰》簡1的文句直接過渡到《大戴禮記・曾子疾病》似乎比較困難。也有學者試圖在簡文"厚"前補"不"字,甚或把"厚"改釋,以彌合出土文獻與傳世文獻之間的差異。[1] 我們認爲簡文的"天人對立"和傳世本的"天人合一"區別明顯,"厚"和"寡"字形也毫不相涉,二者關係不宜歸結爲偶然的脱文或誤書。仔細體會《大戴禮記・曾子疾病》和《説苑・敬慎》的語境,把上面劃綫部分的前一個"寡""少"替換成"厚"顯然更符合文意。人道本應遵從天道而行,而偏偏有人不顧天道"花繁實厚"所示,"言多行少",甚至"以利害義""以利害身",是以曾子"人之將死,其言也善",勸誡君子行事要合乎天道,《説苑》將此章編入"敬慎"篇,其用意也不言自明。如果按照原文,天人已然合一,"言多行少"成了正確的做法,又何必引證於此?所以,《大戴禮記・曾子疾病》和《説苑・敬慎》的文本(或者二書所據的底本)可能是被故意篡改了。現在的問題是,爲什麼要對原來的内容加以修改呢?

在孔門後學的認知中,孔子很少言及天道,這大概也是上引《大戴禮記・曾子疾病》和《説苑・敬慎》將相關言論歸到"曾子"名下的原因。《論語・公冶長》記載子貢曰:"夫子之文章,可得而聞也;夫子之言性與天道,不可得而聞也。"楊伯峻先生推測這是由於孔子受到子産"天道遠,人道邇,非所及也"和晏嬰"天道不諂"等思想的影響,反對將自然現象和人類吉凶禍福捆綁在一起的緣故。[2] 與之相反,"天道"却是道家熱衷討論的話題。

---

[1] 參看簡帛論壇"安大簡《仲尼曰》初讀"衆網友觀點,不一一列舉。簡帛網,2022年4月14日。

[2] 楊伯峻:《論語譯注》,北京:中華書局,1980年,第47頁。

《老子》第二十五章云："人法地，地法天，天法道，道法自然。"第七十三章云："天之道，不爭而善勝，不言而善應，不招而自來，繟然而善謀。"第七十九章云："天道無親，常與善人。"揭示了天道的特點，強調人類活動只有遵循天地自然運行規律，才會得到庇護。[1]

初讀《仲尼曰》簡1這句話時，令人最先想到的是今本《老子》第七十七章的内容：

> 天之道，其猶張弓歟？高者抑之，下者舉之，有餘者損之，不足者與之。天之道，損有餘而補不足也；人之道則不然，損不足以奉有餘。孰能損有餘以奉天下？其唯有道者。是以聖人爲而不恃，功成而不處，其不欲見賢邪？

此章不見於抄寫於戰國時期的郭店楚簡《老子》，而見於馬王堆帛書本（略有殘損），[2] 其産生當不會遲於戰國晚期。彼時恰是"儒""道"鬥爭比較劇烈、道家經典文本《老子》被篡改之時。[3]文中"人道"與"天道"的背道而馳正好與《仲尼曰》簡文所述"天人對立"一致，使讀者不由自主就把二者聯繫起來，甚而認爲簡文是對道家經典的"仿寫"（即便"仲尼曰"出現可能更早）。這對於維護儒家正統的學者來説，當然是無法容忍的事情。[4] 因此，儒家後學在編寫《論語》時没有收録有關内容，[5] 而《大戴

---

[1] 王博《郭店楚簡所見儒道關係》認爲"老子重視天道，而儒家專務人道"。參看曹峰主編：《出土文獻與儒道關係》，第327頁。

[2] 楊炳安著，楊雯整理：《老子古本合校》，北京：中華書局，2014年，第335頁。

[3] 《史記·老子韓非列傳》所謂"世之學老子者則絀儒學，儒學亦絀老子"。

[4] 這種心理狀態，陸機《文賦》"雖杼軸於予懷，怵他人之我先；苟傷廉而愆義，亦雖愛而必捐"差可比擬。參看張文治編纂《古書修辭例·摹擬之例》，北京：中華書局，1996年，第120—121頁。《禮記·曲禮上》也説"毋剿説，毋雷同"，可見"反對因襲"是儒家一貫的思想。

[5] 從《大戴禮記·曾子疾病》和《説苑·敬慎》可知《論語》編寫者能够見到與《仲尼曰》簡1類似的材料，今本《論語》中也數見曾子的言論。

禮記・曾子疾病》的文本也被改成與聖人之旨大相徑庭的文字（《説苑・敬慎》當據《大戴禮記》而成），從而減少與道家經典的關聯性。《周易・謙卦・象辭》云"天道虧盈而益謙……人道惡盈而好謙"，説明儒家並不排斥這種"人道"合於"天道"的表述。[1]

《仲尼曰》簡1描寫"天人對立"的文字雖然因爲呈現出濃厚道家風格而遭到儒家後學割棄，但我們可以在今本《論語》中找到大量與"言多而行不足，人"相關的句子：

（1）子曰："君子食無求飽，居無求安，敏於事而慎於言，就有道而正焉，可謂好學也已。"　　　　（《學而》）

（2）子曰："古者言之不出，恥躬之不逮也。"（《里仁》）

（3）子曰："君子欲訥於言，而敏於行。"　　（《里仁》）

（4）子曰："始吾於人也，聽其言而信其行；今吾於人也，聽其言而觀其行。於予與改是。"　　　　（《公冶長》）

（5）司馬牛問仁。子曰："仁者其言也訒。"曰："其言也訒，斯謂之仁已乎？"子曰："爲之難，言之得無訒乎？"

（《顔淵》）

（6）故君子名之必可言也，言之必可行也。君子於其言，無所苟而已矣。　　　　　　　　　　（《子路》）

（7）子曰："君子恥其言而過其行。"　　　　（《憲問》）

孔子對於"言""行"關係的態度可謂一以貫之，要求君子"少説多做""言行一致"，與人相處則是不要只聽別人説了什麽，還要看他到底做了什麽，對社會上那些"只説不做""言過其實"的現象提出了嚴厲的批評。

---

[1]《老子》一書中也偶見正面描述合乎"天道"的一種理想狀態的"人道"，如第五章"天地不仁，以萬物爲芻狗；聖人不仁，以百姓爲芻狗"，第八十一章"故天之道，利而不害；聖（馬王堆帛書本無"聖"字）人之道，爲而不爭"。但整體而言，道家對人性持消極和悲觀態度。

《仲尼曰》簡 1 的上半句"花繁而實厚，天"看似在《論語》中不見影蹤，其實也並非完全無迹可尋。《論語·子罕》有這樣一句話：

子曰："苗而不秀者有矣夫！秀而不實者有矣夫！"

舊注多認爲此句以"苗而不秀"喻顔回之早夭，而朱熹《集注》云："穀之始生曰苗，吐華曰秀，成穀曰實。蓋學而不至於成有如此者，故君子貴自勉也。"[1] 把"秀而不實"和爲學進行對比。姑且不論夫子此歎到底爲何而發，據《集注》可知"苗而不秀者有矣夫，秀而不實者有矣夫"即"苗而不華者有矣夫，華而不實者有矣夫"。總之，"花繁而實厚"與"秀而不實者有矣夫"僅僅是從不同的角度立論，它們正如矛盾之普遍性和特殊性，對立而又統一。

附記：本文曾提交芝加哥大學東亞語言文學系 2023 年 5 月 2—6 日在香港舉辦的"The Future of China's Past"研討會，會後根據與會代表的提問略作修改而成。《江漢考古》2023 年第 2 期刊登了趙曉斌先生《湖北荆州王家嘴 M798 出土戰國楚簡〈孔子曰〉概述》，公布了數則與《論語》相關的内容，其中有"孔子曰：苟非天道，人力與又能達歟"句，不見於傳世本《論語》，説明孔子言論中與"天道"有關的内容可能確實經過儒家後學的删削，也可作爲本文結論的一個佐證。

---

[1] 黄懷信主編：《論語彙校集釋》，上海：上海古籍出版社，2008 年，第 812 頁。

《越絶書》校勘一則

——附論與"岑崿"有關的幾組聯綿詞

《越絶書》是研究吴越歷史的重要文獻。其卷二《吴地記》記載了春秋戰國時期吴地的山川、亭館、水利交通等沿革情況,被譽爲中國最早的地方志。[1] 其中關於"莋碓山"的一段,叙述了"莋碓山"得名的原因、地理位置及其周邊的名勝:

> 莋碓山,故爲鶴阜山,禹遊天下,引湖中柯山置之鶴阜,更名莋碓。放山者,在莋碓山南。以取長之莋碓山下,故有鄉名莋邑。吴王惡其名,内郭中,名通陵鄉。莋碓山南有大石,古者名爲"墜星",去縣二十里。

上引"(禹)引湖中柯山置之鶴阜,更名莋碓"的説法近於小説家言,但説"莋碓山"曾經名爲"鶴阜山"還是有可能的。張宗祥在"故爲鶴阜山"下有注云:[2]

> 即岑崿山。《圖經》云:形如獅子,故亦名獅子山也。梁隱士何求、何點葬此,後改名何山。

據此可知"莋碓山"又被稱作"岑崿山""獅子山""何山"。[3]

---

[1] 張仲清:《越絶書校注》,北京:國家圖書館出版社,2009年,第33頁。
[2] 參看李步嘉:《越絶書校釋》,武漢:武漢大學出版社,1992年,第55頁。
[3] 《姑蘇志》卷九又説"何山在獅山北一里",似分獅山、何山爲二,與此説小異。

不唯如此，《姑蘇志》卷九説此山又名"莋雄山"，《北堂書鈔》卷一六〇引作"莋雉山"，[1]《水經注》卷二十九則引作"岸嶺山"。[2]

"莋碓""莋雄""莋雉"形體相近，很顯然是由傳抄訛誤而形成的。至於這些異名孰是孰非，首先要從"岸崿"一詞説起。"岸崿"爲疊韻聯綿詞，形容山勢起伏貌：[3]

　　《文選·左思〈吴都賦〉》："雖有石林之岸崿，請攘臂而靡之。"

"崿"聲字和"各"聲字音近可通，[4]所以"岸崿"又可寫作"岸峉""岸嶺"。

　　《文選·張衡〈南都賦〉》："岸峉嶭嵬。"
　　《文選·木華〈海賦〉》："啟龍門之岸嶺。"

獅子山之所以又被稱作"岸崿山"，大概是因爲其山勢起伏較大的緣故。《水經注》所引"岸嶺山"，"嶺"字全祖望、趙一清校改爲"崿"，熊會貞校改爲"嶺"，熊氏按語云"嶺""崿"音近，此"嶺"與"嶺"形近，當爲傳抄之誤。[5]今按，熊氏之説甚是。熊氏又認爲《越絶書》"莋碓"之"碓"乃誤字，也是正確的，但是他斷言《北堂書鈔》卷一六〇引作"雉"亦誤則失之拘泥。其實《北堂書鈔》的這個異文不僅没有錯，還非常重要，它恰好能幫助我們解釋"莋碓""莋雄"等異名產生的原因。

---

[1] 虞世南：《北堂書鈔》（影印孔廣陶刻本），北京：中國書店，1989年，第704頁。
[2] 陳橋驛：《水經注校證》，北京：中華書局，2007年，第685頁。
[3]《文選·張衡〈南都賦〉》李善注引《埤蒼》曰："岸峉，山不齊也。""岸峉"與"岸崿"同。
[4] 參高亨、董治安：《古字通假會典》"鄂與維"條、"鄂與䎡"條，濟南：齊魯書社，1989年，第828頁。
[5] 楊守敬、熊會貞：《水經注疏》，南京：江蘇古籍出版社，1989年，第2443—2444頁。

"峇"和"荅"是通假字,"雒"字和"嶺""峉"皆从"各"聲;亦可通用,所以"荅雒"是"峇崿"這個疊韻聯綿詞的另外一種形式。"雒""碓""雄"三者形近,由"雒"字誤爲"碓""雄"兩字是很自然的事情。典籍中就有"雒""雄"互訛的例子:《吕氏春秋·淫辭》"空雄之遇",《聽言》篇作"空雒之遇"。[1]《史記·越世家》"公孫雄",或本作"公孫雒"。

綜上所述,可以把"峇崿山"的異名錯訛情況用下表揭示出來:[2]

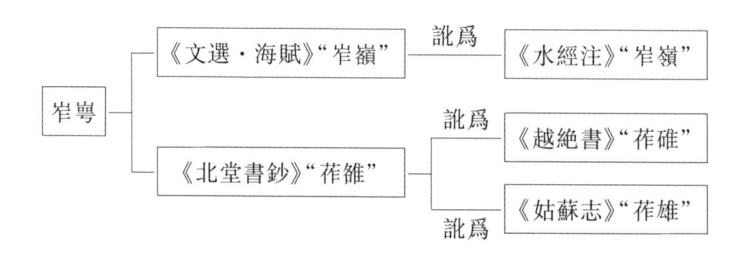

```
                   ┌─《文選·海賦》"峇嶺" ──訛爲──《水經注》"峇嶺"
峇崿 ──────┤
                   │                                          ┌──訛爲──《越絶書》"荅碓"
                   └─《北堂書鈔》"荅雒" ─┤
                                                      └──訛爲──《姑蘇志》"荅雄"
```

附帶討論一下和"峇崿"可能有同源關係的幾組詞語。

(一)柞鄂—柞格(從紐鐸部、疑紐鐸部)

1.《周禮·秋官·雍氏》:"春令爲阱擭溝瀆之利於民者,秋令塞阱杜擭。"鄭玄注:"擭,柞鄂也。堅地阱淺,則設柞鄂於其中。"賈公彦疏:"柞鄂者,或以爲豎柞於中,向上鄂鄂然,所以載禽獸,使足不至地,不得躍而出,謂之柞鄂也。"

2.《墨子·備蛾傅》:"柞[3]格,貍四尺,高者十尺,木長短相雜,兑(鋭)其上,而外内厚塗之。"

3.《商君書·兵守》:"客至,而作土以爲險阻及柞格阱陷,發梁徹屋,給徙,徙之;不給而燌之,使客無得以助攻備。"

---

[1] 楊寬:《戰國史料編年輯證》,上海:上海人民出版社,2001年,第821頁。
[2] 此圖表僅表示文字的錯訛情況,不代表文獻、版本的時代先後次序。
[3] 本作"杜",此據孫詒讓《墨子閒詁》(北京:中華書局,2001年,第569頁)校改。

"柞鄂"或作"柞格"，本爲聯綿詞，《周禮·雍氏》賈疏引或說將其分開訓釋，恐有不妥。"柞鄂"一詞的本義，《墨子·備蛾傅》篇的"木長短相雜"已經解釋得非常清楚了。以長短不齊的木條豎立於阱擭之中，禽獸掉落其中，很難向上跳躍而出，這是"堅地阱淺"也能獲取獵物的一個重要原因。《墨子·備蛾傅》和《商君書·兵守》用於戰爭的"柞格"不知是否置於阱擭之中使用，即便不是，其取義於"長短相雜"則是和"柞鄂"一致的。"柞鄂"和"岸崿"同源是没有問題的：施之於山則曰"岸崿"，施之於木則曰"柞鄂""柞格"。

（二）岨峿—鉏鋙—齟齬（從紐魚部，疑紐魚部）

1.《文選·陸機〈文賦〉》："或妥帖而易施，或岨峿而不安。"注："岨峿，不安貌。"

2.《楚辭·九辯》："圜鑿而方枘兮，吾固知其鉏鋙而難入。"

3.揚雄《太玄·親》："其志齟齬。"范望注："齟齬，相惡也。"

4.《廣韻》八語"齬"下云："齟齬，不相當也；或作鉏鋙。"

"岨峿"在《文賦》中與"妥帖"對文，其義爲"不妥帖"可知矣。這個詞的另外兩種形式如"鉏鋙""齟齬"，都是表示不平整、參差不齊的樣子，在語音上也和"岸崿"非常接近，應該也有同源關係。古代一種名爲"敔"的樂器上也有"鉏鋙"。《尚書·益稷》："合止柷敔。"鄭玄注："敔，狀如伏虎，背有刻鉏鋙，以物櫟之，所以止樂。"《吕氏春秋·仲夏紀》："調竽笙塤箎，飭鐘磬柷敔。"高誘注："敔，木虎，脊上有鉏鋙，以杖櫟之以止樂。"《舊唐書·音樂志》："敔，如伏虎，背皆有鬣二十七，碎竹以擊其首而逆刮之，以止樂也。"辭書或把"敔"上的"鉏鋙"解釋爲櫛齒狀物，目前可見的後代木敔的造型也是如此（圖一）。但是從"鉏鋙"一詞的語源義看來，"鉏鋙"的排列可能是有參差的，這也可以解釋《舊唐書·音樂志》爲何要用"碎竹"以擊其首而逆刮之。

圖一　木敔

（三）錯迕—錯愕—錯落（清紐魚/鐸部，疑紐鐸部）

1.《文選·宋玉〈風賦〉》："耾耾雷聲，回穴錯迕。"李善注："錯迕，錯雜交迕也。"

2.《後漢書·寒朗傳》："朗心傷其冤，試以建等物色獨問忠、平，而二人錯愕不能對。"李賢注："錯愕，猶倉卒也。"

3.《文選·班固〈西都賦〉》："屋不呈材，牆不露形，裏以藻繡，絡以綸連。隨侯明月，錯落其間。"

"錯迕"和"錯落"等詞表示的"錯雜、交錯"義，可能也是由"長短相雜"的意思引申而來的。李賢注訓爲"倉促"的"錯愕"，審其文義，應當是回答問題與實際有出入的意思。後代使用"錯愕"一詞，也多用於應對的語境中，但是詞義已經逐漸演變爲與"倉卒（猝）"相關的"驚慌失措"了。[1]

（原載《中國文字學報》第九輯，北京：商務印書館，2018年）

---

[1] 可能是受到"愕"字詞義的影響造成的。

其他

榮寶齋木版水印"溥心畬磚文箋"校釋

隨着現代通訊技術的發展，手寫書信已經成爲一種歷史，箋紙的實用功能逐漸喪失。不過，具有藝術收藏價值的木版水印花箋却並未隨之消亡。北京榮寶齋、上海朵雲軒這兩家百年南紙店每年仍有新印的花箋上市，便是明證。據統計，自1896年以來，榮寶齋印製的箋紙大約有1 200餘種，這些箋紙大部分收入該店20世紀50年代陸續出版的各式《箋譜》中。[1] 也有少量應市的品種未見著録，"溥心畬磚文箋"便是其中之一（此箋榮寶齋命名爲"溥心畬瓦當箋"，不確）。榮寶齋所印"溥心畬磚文箋"共有兩種：一種四幅，一種八幅（其中有一幅爲陶文）。後者題跋内容和圖樣都優於前者，下文提到"溥心畬磚文箋"，就特指八幅的那一種。

溥儒（1896—1963），字心畬，滿清皇室後裔，清亡後隱居北京西山戒臺寺，自號"西山逸士""羲皇上人"等。又鐫一印，曰"舊王孫"。溥氏爲近現代著名書畫家，尤擅北派山水，畫宗馬遠、夏圭，與張大千並稱爲"南張北溥"。魯迅、鄭振鐸合編的《北平箋譜》收録有溥氏繪製的山水畫箋。[2] "溥心畬磚文箋"製

---

[1] 鄭茂達：《製箋藝術》，北京：榮寶齋出版社，2012年，第17頁。
[2] 魯迅、鄭振鐸合編：《北平箋譜》，杭州：浙江人民美術出版社，2017年，第293—296頁。

作於乙亥（公元 1935 年）正月，題跋間有"心畬製箋"四字，大概是溥儒應榮寶齋之請而作。其中磚文紋樣爲手摹而非影拓，雖神韻仿佛，然不免偶有失真之處。下面先將溥氏跋文列出，再進行校釋。

一

磚作魚形泉文，晉磚之側文也。藏諸名山，如對義熙甲子。乙亥孟春西山逸士心畬製。鈐印：**榮寶**、**溥儒之印**、**心畬**。

"魚形泉文"是晉磚中常見的形式，簠齋陳介祺所藏古磚拓本中，有一種和溥氏所摹磚文相近。[1] "義熙"是東晉安帝最後一個年號（405—418 年），以之紀年的磚文不下數種。[2] "義熙"也是陶淵明詩文創作的重要時期，清人舒位有句"只有東坡閒不過，加餐遍和義熙年"，[3] 即指蘇軾創作的大量"和陶詩"。溥儒身爲遜朝宗室，懷隱逸之志，取號"羲皇上人"，實以靖節先生自比。他在古磚殘瓦中消磨時光，恰似陶淵明《與子儼等疏》所云："日月遂往，機巧好疏。緬求在昔，眇然如何？"[4] "如對義熙甲子"的心境，飽含黍離之悲，自與普通的金石愛好者不同。有溥氏詞爲證："檢點殘雲，低回片瓦，前朝舊迹堪嗟。"（《望海潮·題靈光寺殘磚塔建於遼咸雍間，燬於庚子之亂》）"閱滄桑，成今古，漳臺片瓦皆愁侶。"（《鳳銜杯·詠羽陽千歲瓦》）[5]

---

[1] 國家圖書館金石拓片組編：《陳介祺藏古拓本選編·古磚卷》，杭州：浙江古籍出版社，2008 年，第 178 頁。

[2] 陸心源輯：《千甓亭古磚圖釋》，杭州：浙江古籍出版社，2011 年，第 548—550 頁。

[3] 舒位：《瓶水齋詩集·讀〈文選〉詩九首》，上海：上海古籍出版社，1991 年，第 314 頁。

[4] 參看《陶淵明詩文集》卷八《疏祭文》，北京：文物出版社，2015 年，第 2 頁。

[5] 溥儒：《溥儒集·凝碧餘音詞》，杭州：浙江人民美術出版社，2015 年，第 459、488 頁。

二

晉磚多泉蕉文，此側文作梟雁形，古茂有壁畫意。出臨淄，蓋簠齋舊藏磚也。心畬手摹。鈐印：榮寶齋精製、溥儒之印、心畬。

早期的金石收藏，偏重於考據和書法。磚文本是小宗，畫像磚則更少人措意。羅振玉論畫磚云：[1]

> 畫專（磚）前人多未見，王文敏公所藏七八枚，畫皆在側面，有車馬人物，仿佛武梁祠畫象。濰縣陳氏藏一方專（磚）尤奇：其畫在平面，中一人作舞狀，長袖拂地。兩旁各一人，左者跽，右者開弓（按，羅氏誤將左右互易），人狀至奇佹，乃畫專（磚）中之至罕見者。

羅氏提到的這枚方形畫像磚，拓本已見於著錄，題曰"南陽漢畫像磚"，當出於河南。[2] 唯溥儒推測同屬簠齋舊藏的"梟雁磚"，却不見於國家圖書館金石拓片組編的《陳介祺藏古拓本選編·古磚卷》，或此磚拓本遭編者汰除；或因拓本流入他所，未被國家圖書館收藏。

三

晉殘甓，王文敏公藏器，今歸寒齋。乙亥孟陬心畬手摹其文並記。鈐印：榮寶、溥儒之印、心畬。

王文敏公，即王懿榮（1845—1900年），福山（今屬山東省煙臺市）人，光緒六年進士，二十五年升補國子監祭酒。八國聯軍侵華時，派充團練大臣，城破，投井殉國。清廷嘉褒其義，賜諡"文敏"。"公性嗜古，凡書籍字畫，三代以來之銅器、印章、泉貨、殘

---

[1] 羅振玉：《俑廬日札》，收入《羅振玉學術論著集》第三集《雪堂藏古器物圖説外九種》，上海：上海古籍出版社，2013年，第158頁。

[2] 國家圖書館金石拓片組編：《陳介祺藏古拓本選編·古磚卷》，第1頁。

石片瓦，無不珍藏而秘玩之"。[1] 王氏所著《天壤閣雜記》記錄了其賞鑒、收藏古磚的情形，"見張充勳所藏本縣境郭東村所出甋、漢琴亭侯國刻石、書畫、磚瓦，多而且精""見南鄭麗珍所藏古泉、古磚、古印""所得古匋、泉範、磚瓦不悉數"。[2] 王氏在與友朋書信中也多次提及古磚，如《與丁榦圃》一札云"（大秦龍興一瓦）此恰可與尊藏赫連鳳翔一磚，同爲十六國金石塵見之品"，後來又建議丁氏把書齋更名爲"赫連磚館"。又一札云"吾丈近年所得金石磚瓦之屬，如有可搨賜者，萬望隨時惠我墨本，至禱至叩"，[3] 對新品拓本的渴求溢於言表。王氏藏磚頗富，據羅振玉言，二十四字吉語磚"富貴昌，意氣揚。宜宮堂，宜弟兄；長相思，爵祿尊。勿相忘，壽萬年"爲其中精品。[4] 王氏歿後，生前藏品多由其子售歸丹徒劉鶚。"庚子之難"時，溥儒年方垂髫，此磚當是後來輾轉所得。

四

此磚出臨淄，字體兼隸法，晉磚之良也。乙亥孟陬心畬題記。鈐印：溥儒之印、心畬、榮寶。

溥氏所摹條形磚出於臨淄，亦簠齋陳介祺舊藏。[5] 此磚之正反兩面作蒲草紋（繩紋），磚側各有三乳釘回形菱字紋，磚首三字爲"孫伯世"，磚尾二字爲"孫久"。"伯世"和"久"應是一名一字的關係。[6] 簠齋所藏磚銘中，同爲蒲草紋（繩紋）的尚有"基

---

[1] 王漢章纂輯：《王文敏公年譜》，收入呂偉達主編：《王懿榮集·附錄》，濟南：齊魯書社，1999年，第486頁。
[2] 王懿榮：《天壤閣雜記》，收入《王懿榮集》，第257—267頁。
[3] 參看《王懿榮集·書札》，第206、208頁。
[4] 羅振玉：《俑廬日札》，《羅振玉學術論著集》第三集《雪堂藏古器物圖説 外九種》，第156頁。學者對磚銘讀序有不同的理解。
[5] 國家圖書館金石拓片組編：《陳介祺藏古拓本選編·古磚卷》，第72頁。
[6] "久"字也有可能表示"押記"之義。參看裘錫圭《嗇夫初探》，收入《古代文史研究新探》，南京：江蘇古籍出版社，1992年，第476頁。

字磚"、河北河間出土的漢代"君子磚"、山東濰縣出土的"甘露二年磚"。[1] 西漢宣帝和三國曹魏皆有"甘露"年號，再結合銘文字體，"甘露二年磚"當屬三國時期。可知漢魏到晉初之際，有以蒲草紋（繩紋）裝飾磚文的風尚。

五

此王文敏公舊藏磚也。何代劉郎，乃傳於世？刻石沉江之意，可以休矣。乙亥孟春之月上元，溥儒手摹藏磚並題。鈐印：溥儒之印、榮寶齋。

溥氏手摹王文敏公舊藏磚，殘存"仲劉所"三字。簠齋所藏拓本則完整無缺，側文作"栗仲劉所"。[2] 兩相對照，當出於一源。此磚或爲陳介祺舊藏，後歸王懿榮，溥氏入手時，"劉"字之上已經殘斷。然則不知乃劉郎乎？抑栗郎乎？"刻石沉江"，似用《史記·秦始皇本紀》典，[3] "可以休矣"，言千秋萬代之不可期也。

六

晉太康七年磚，雖旅人所作，有漢魏遺意焉。西山逸士手摹藏磚並識。鈐印：榮寶、溥儒之印、心畬。

"太康"磚是晉代紀年磚中的大宗，清人錢泳《履園叢話》記其所見"太康"磚甚多，銘文不一。簠齋藏"太康"磚亦有六年、八年、九年數件。[4] 千甓亭所藏浙江地區出土的"太康"磚共六十六件，數量僅次於"元康"紀年磚。[5] 《周禮·考工記》："陶

---

[1] 國家圖書館金石拓片組編：《陳介祺藏古拓本選編·古磚卷》，第154、17、158頁。
[2] 同上書，第74頁。
[3] "點校本二十四史修訂本"《史記》，北京：中華書局，2013年，第312—326頁。
[4] 國家圖書館金石拓片組編：《陳介祺藏古拓本選編·古磚卷》，第49—51頁。
[5] 陸心源輯：《千甓亭古磚圖釋》，第128—142頁。

人爲甑……旅人爲簋。""旅人"即陶工之古稱。這些無名氏書家的磚銘作品很早就受到了學者的重視，淩瑕在爲陸心源《千甓亭古磚圖釋》所作序文中寫道："若夫字迹之瑰奇，猶覺變態不窮，雖間出匠工俗手，其古致亦可喜也。"[1] 同樣表達了對民間書法的欣賞之情。

七

磚出彰德，字體近兩京，當在西晉之前。"王"者取昌茂之義。西山逸士溥儒臨古並記。鈐印：溥儒之印、心畬、榮寶齋製。

"子王孫王"磚，反文，溥氏據字形特徵將其年代歸入漢魏。今按，"王"字之義，當非溥氏所言之"昌茂"，"王"乃"侯王"之王。簠齋所藏磚銘有"宜子孫王"，[2] 千甓亭藏磚亦有"宜侯王""大吉昌，宜侯王""大吉羊，宜侯王，二千石令長""宜王富貴"等吉語，[3] 皆可資參證。

八

此古陶甕殘甓，蓋任器也。雪堂學部有此器。心畬製箋。鈐印：溥儒之印、心畬、榮寶。

該箋爲"磚文箋"中唯一名不副實者，且溥氏摹本也略有訛舛。"雪堂學部有此器"云云，指《雪堂藏古器物目錄》下收錄有"漢陶甕'常飲食百口宜孫子'八字印二品"。[4]《俑廬日札》云：

---

[1] 陸心源輯：《千甓亭古磚圖釋》，第1頁。
[2] 國家圖書館金石拓片組編：《陳介祺藏古拓本選編·古磚卷》，第88頁。
[3] 陸心源輯：《千甓亭古磚圖釋》，第12、705、709、728頁。
[4] 《羅振玉學術論著集》第七集《雪堂藏古器物目錄 外五種》，第59頁；又《雪堂藏古器物目錄》，《羅雪堂合集》第二十六函，杭州：華寶齋，2005年，第33頁。

漢殘甓文有數種，陳壽卿藏者曰"宜子孫飲百口"，曰"宜子孫飲百口壽長久"分書，曰"樂未渠央"篆書。予所藏二種，曰"取□□家常富貴"，"□家常富貴"篆書。[1] 皆以範印於甕口，多出營丘故城。

蓋羅氏寫作《日札》時，"八字印"陶甕尚未入藏，故其文不錄。高密市博物館藏有漢代井圈，腰部也有同類型銘文。[2] 因過去所見"宜子孫飲百口""常飲食百口宜孫子"陶片多爲殘器，所以前人根據其殘存形狀，把它當成陶甕。參照完整的器物來看，這些所謂的陶甕應是廢棄的井圈。

（原載《中國文字學報》第十三輯，北京：商務印書館，2023 年）

高密市博物館藏漢代井圈（圖片來源：鳳凰網）

---

[1] 據《雪堂藏古器物目錄》，前一種"富貴"當作"貴富"，後一種無闕文。
[2] 鳳凰網 http://news.ifeng.com/a/20160815/49779894_0.shtml。

局部

研究上博楚簡的重要參考著作
——《上博楚簡儒學文獻校理》評介

  20世紀70年代以來，大批簡牘帛書不斷出土面世，語言文字學、古典文獻學迎來了新的春天。研究先秦史、思想史、文化史、藝術史的學者也紛紛投身其中，"簡牘學"日益發展成爲當今顯學。而隨着湖北荆門郭店楚簡、上海博物館藏戰國楚竹書、清華大學藏戰國竹簡的陸續公布，戰國楚簡成了"簡牘學"中最引人關注的一個分支，相關論著多如雨後春筍。《上博楚簡儒學文獻校理》的研究對象是上海博物館藏戰國楚竹書（一～九）中包含的儒學類文獻，該書作爲第三批國家社科基金後期資助項目（批准號：14FZS017）的結項成果，是作者侯乃峰先生在博士後出站報告的基礎上增補修訂而成的。[1]

  儒學類文獻是上博所藏楚簡的主要組成部分。其中《孔子詩論》對探討《詩經》的形成、《風》《雅》《頌》之次序及各篇主旨具有無法替代的重要作用；楚竹書《周易》是目前可知最早的抄本，學術價值不言而喻；《緇衣》《武王踐阼》等篇對於認識《禮記》《大戴禮記》等傳世典籍的成書過程很有啓發意義；其他諸篇也有助於我們了解戰國時期儒學的傳承和發展並深入探討早期儒學的相關問題。

  由於上博竹簡多由楚系古文寫成，存在大量的異體字、通假字

---

[1] 侯乃峰：《上博楚簡儒學文獻校理》，上海：上海古籍出版社，2018年。

和疑難字，不同的學者對這些文字或有不同的解讀，容易讓對戰國簡帛領域不太熟悉的讀者目迷五色。《上博楚簡儒學文獻校理》的正文部分，對學術界最新的研究成果大多都已囊括吸收，甚便讀者使用。略舉兩例，以見一斑：如《周易》表示"需"卦卦名的"☒"已從新説隸定爲"乳"，[1] 引清華簡《繫年》"齊☒（頃）公"之"☒（頃）"論證《君子爲禮》簡 7 之"毋☒（傾）"，[2] 皆確鑿不可易。對於那些爭議較大的問題，作者詳列衆説，亦可起索引之效用。如《緇衣》簡 16"則民言不詹行，行不詹言"之"詹"字下，引用了裘錫圭、李零、陳斯鵬、徐在國、黄德寬、黄錫全、趙平安、大西克也、史傑鵬、馮勝君等先生的意見。[3] 此外，"校理"還有不少觀點是作者本人的心得體會，如認爲《民之父母》《相邦之道》《弟子問》等文獻中出現的表示"曰"的"☒"是"泪"的省體象形字，[4] 將《昔者君老》簡 3 的"子告割"讀爲"子省謁"，意思是指兒子去省視、探望父母，[5] 皆令人信服；讀《天子建州》"耻戹"爲"止度"，亦當可備一説。[6] 總之，全書正文提綱挈領，去取裁斷之間，可窺作者之功力識見。

　　書後附録也非常有價值。"對讀部分"是上博竹書儒學文獻與傳世文獻對比匯輯，"小到一個字詞的特殊涵義的相似，大到某種思想觀念的類同，皆在其列"。作者引郭店簡《性自命出》"人之巧言利詞者"，對讀《孔子詩論》"《東方未明》有利詞"，可供讀者理解簡文文意；[7] 引《論語·先進》"以吾從大夫之後"、《上

———

[1] 侯乃峰：《上博楚簡儒學文獻校理》，第 175 頁。
[2] 同上書，第 252 頁。
[3] 同上書，第 67 頁。
[4] 同上書，第 527 頁。
[5] 同上書，第 216 頁。
[6] 同上書，第 300、535 頁。
[7] 同上書，第 378 頁。

博五·季庚（康）子問於孔子》"肥從有司之後"，對讀《仲弓》"使雍也從於宰夫之後"，可供讀者直觀感受先秦語言表述習慣；[1]引《詩·商頌·玄鳥》《楚辭·天問》《春秋繁露·三代改制質文》《吕氏春秋·音初》等對讀《子羔》先王降生神話，可供深入研究早期古史傳說以及戰國時期的儒學思想。[2]"闕疑部分"則指明疑難問題所在，使讀者了解可以從哪些方面入手進行後續研究。"新說索引"將作者個人認為較為可信的創新性說法製成索引，一目了然，便於讀者快速閱讀其中的主要觀點。

金無足赤，《上博楚簡儒學文獻校理》一書也存在個別疏失之處，比如對學術界一些已有的正確結論没有及時吸收。《周易》簡22"曰班車戔"，作者根據傳世本在"戔"後括注"衛"，但"衛"字於義無通，其實此字當從李零先生的意見讀為"軎（轄）"。[3]順便指出，上博四《昭王與龏之脽》"楚邦之良臣所酱骨"的"酱"字，從"日"從"戔"作，亦當讀為訓"曝曬"的"簀"，[4]字或作"箦"。簡文"簀骨"意即《左傳》中所謂的"暴骨"。《漢書·賈誼傳》引黄帝語曰"日中必簀"，顔師古注："此語見《六韜》，簀謂暴（曝）曬之也。"典籍所見辭例正可為此字注脚。

瑕不掩瑜，綜合看來，《上博楚簡儒學文獻校理》是學習、研讀上博楚簡相關內容不可繞過的重要參考著作，它的出版必將對先秦儒學思想以及相關學術領域的研究起到較大的推動作用。

（原載《中國文物報》2019 年 1 月 22 日）

---

[1] 侯乃峰：《上博楚簡儒學文獻校理》，第 445 頁。

[2] 同上書，第 413 頁。

[3] 李零：《讀上博楚簡〈周易〉》，《中國歷史文物》2006 年第 4 期。

[4] 張繼凌先生說，參看季旭昇：《上海博物館藏戰國楚竹書（四）讀本》，臺北：萬卷樓圖書有限公司，2007 年，第 49 頁。

後　記

　　這本小書收錄了我在二〇二三年之前撰寫的語言文字方面的論文三十八篇，依照内容和發表先後次序進行編排，統一了格式，必要的地方以"論集編按"的形式作了補充。之所以命名爲《青玉案》，有以下三層意思。

　　一爲紀念。二〇一三年六月博士畢業後，我懷着"服務家鄉"的熱忱回到母校安徽大學文學院任教，在磬苑校區的蕙園教師周轉房生活了三年之久。這裏也是我教學工作的起點，見證了我從初登講臺的青澀到後來的逐漸從容。"青玉案"連讀就是"磬苑"，恰好可以記錄那一段平静而充實的歲月。

　　二爲致謝。張衡《四愁詩》云"美人贈我錦繡段，何以報之青玉案"，此即取其意。首先感謝我的父母和家人，他們一直默默支持着我，爲我解除後顧之憂。其次感謝關心和幫助過我的各位師友，"紙短情長"，恕不一一具名。安徽大學文學院將小書列入"安徽省高峰學科建設"資助出版項目，責任編輯顧莉丹女士爲本書的編校付出了辛勞和汗水，徐俊先生賜題書名，馬强兄專爲設計封面，在此也一併表示感謝。

　　三爲自勉。熟悉的朋友都知道，我近年來的學術興趣主要在出土文獻和傳世文獻的互證研究。而"二重證據法"的首倡者與代表人物王國維先生曾在《人間詞話》中提出著名的"治學三境界"，其中第三境"衆裏尋他千百度。驀然回首，那人却在，燈火闌珊處",正是出自辛稼軒的《青玉案·元夕》。我自然不敢認爲小書已經達到了這一境界,但不妨作爲努力的方向——雖不能至,然心向往之!

作　者

二〇二三年十二月二十四日